Christian Dunker
Cláudia Perrone
Gilson Iannini
Miriam Debieux Rosa
Rose Gurski
(ORGANIZADORES)

SONHOS CONFINADOS

O que sonham os brasileiros em tempos de pandemia

autêntica

EDITORAS RESPONSÁVEIS
Rejane Dias
Cecília Martins

COORDENAÇÃO EDITORIAL
Gilson Iannini

REVISÃO
Aline Sobreira

CAPA
Diogo Droschi

DIAGRAMAÇÃO
Guilherme Fagundes

Dados Internacionais de Catalogação na Publicação (CIP)
(Câmara Brasileira do Livro, SP, Brasil)

Sonhos confinados : o que sonham os brasileiros em tempos de pandemia? / organização Christian Dunker ... [et al.]. -- 1. ed. -- Belo Horizonte, MG : Autêntica, 2021.

Outros organizadores : Cláudia Perrone, Gilson Iannini, Miriam Debieux Rosa, Rose Gurski.
ISBN 978-65-88239-92-6

1. Freud, Sigmund, 1856-1939 2. Psicanálise 3. Psicologia 4. Sonhos I. Perrone, Claúdia. II. Iannini, Gilson. III. Rosa, Miriam Debieux. IV. Gurski, Rose. V. Título

21-54294 CDD-616.89170722
NLM-WM-460

Índices para catálogo sistemático:
1. Psicanálise : Estudo de casos : Medicina 616.89170722

Aline Graziele Benitez - Bibliotecária - CRB-1/3129

GRUPO **AUTÊNTICA**

Belo Horizonte
Rua Carlos Turner, 420
Silveira . 31140-520
Belo Horizonte . MG
Tel.: (55 31) 3465-4500

São Paulo
Av. Paulista, 2.073 . Conjunto Nacional
Horsa I . Sala 309 . Cerqueira César
01311-940 . São Paulo . SP
Tel.: (55 11) 3034 4468

www.grupoautentica.com.br
SAC: atendimentoleitor@grupoautentica.com.br

Sumário

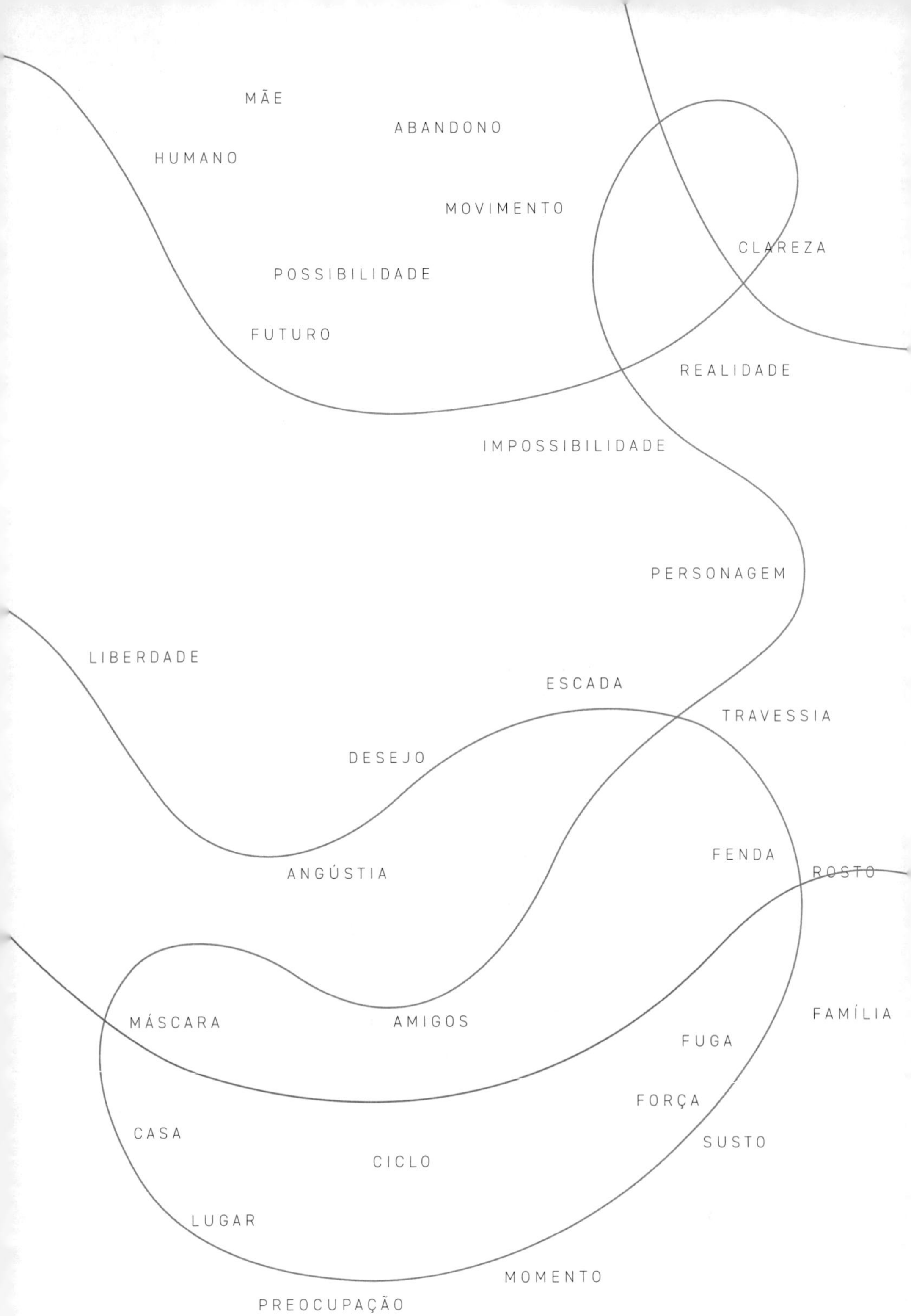
MÃE
ABANDONO
HUMANO
MOVIMENTO
CLAREZA
POSSIBILIDADE
FUTURO
REALIDADE
IMPOSSIBILIDADE
PERSONAGEM
LIBERDADE
ESCADA
TRAVESSIA
DESEJO
FENDA
ANGÚSTIA
ROSTO
MÁSCARA
AMIGOS
FAMÍLIA
FUGA
FORÇA
CASA
SUSTO
CICLO
LUGAR
MOMENTO
PREOCUPAÇÃO

"Sonhei que estava numa **CASA** que não era minha, e estava **CHEIA** de gente. Entraram umas pessoas de **MÁSCARA**, acho que eram todos **HOMENS**, e eles usavam máscaras de pano. Essas mesmas que usamos na pandemia. Eles iam matar a gente. Eu saí correndo da casa e consegui ir pra rua. Estava de noite, a rua estava **VAZIA**. Eles vieram atrás de mim. Eu comecei a correr e precisava gritar **'SOCORRO'** para me salvar. Só assim eu iria me salvar. Eu abria a boca, fazia esforço e o grito **NÃO SAÍA**. Eu ia **MORRER**. Me esforcei muito para gritar, eu estava **CORRENDO**. Até que eu acordei (de verdade) gritando 'socorro', e muito **CANSADA**, como se estivesse correndo. Fiquei cansada todo o dia."

(RAQUEL, 50 ANOS, 26 DE MAIO DE 2020)

APRESENTAÇÃO

Christian Dunker, Cláudia Perrone, Gilson Iannini, Miriam Debieux Rosa, Rose Gurski

O que são cem anos, o que são mil anos,
se um único instante os apaga?

Bossuet

Fomos dormir em um mundo, acordamos em outro. Ao cair da noite, sem que soubéssemos exatamente por quê, começamos a sonhar mais e mais intensamente. Ou estaríamos nos lembrando mais dos nossos sonhos? "Não era real, não era real!", "Era real demais!", "Acordei assustada, demorei a dormir...", "Não costumo me lembrar de meus sonhos, estou estranhando minha própria maneira de sonhar". De uma hora para a outra, estávamos compartilhando nossos sonhos. Mal acordávamos e precisávamos falar. "Difícil explicar..." Mas a sensação de estranhamento era terrivelmente real.

Assustados, atônitos, descrentes ou desconcertados, começamos a nos familiarizar com um novo cenário, povoado de máscaras e com as ruas vazias; com novas palavras, como "corona", "quarentena" e "lockdown", que rapidamente até as crianças começaram a declinar; e com novos objetos, como as máscaras e o álcool em gel, que passamos a manusear cotidiana e desajeitadamente; passamos a conviver com novas distâncias e novos ritmos. O vírus, que, nas imagens que vinham da China, parecia longe demais, de repente estava entre nós; e foi assim que todos aqueles que eram os mais próximos, nossos vizinhos, amigos e parentes, de uma hora para outra, estavam longe – ou perto – demais. O virtual invadiu, mais do que nunca, o espaço de nossas casas: aulas, reuniões, "lives", tudo passou a ser remoto, como remotas eram nossas chances de prever a duração da pandemia ou a chegada da vacina. Os sonhos, projetos e votos que havíamos feito na virada do ano pareciam se dissolver num horizonte sem horizonte. De uma hora para a outra, estávamos confinados. Foi nesse diapasão que começamos a sonhar mais, a lembrar mais dos nossos sonhos, a ter a sensação de sonhos mais vívidos, mais intensos. Como disse um dos sonhadores: "Não tenho certeza de nada, só que esses sonhos estão ficando mais 'reais'". As redes sociais, rapidamente, tornaram-se um espaço de compartilhamento dessas narrativas. O sonho entrou na nossa realidade, e a realidade, ou o que ainda restava dela, invadiu nossos sonhos. Em algum momento de março de 2020 começava, de fato, o século XXI.

***

De onde vinha essa necessidade quase irresistível de contar nossos sonhos a nossos amores, a nossos amigos e amigas, a nossos analistas ou terapeutas? Por que diabos começamos a compartilhar nossos sonhos mais íntimos nas redes sociais? "Nunca fui de sonhar com freqüência,[1] mas nos últimos dias tenho sonhado wuase todas as noites, e mais de um sonho por noite", diz Lucíola, 36 anos, cabelereira no Distrito Federal. "Normalmente eu não sonho, mas, os poucos que tenho sonhado são com momentos anteriores à pandemia! Momentos em família, lembranças de entes falecidos há vários anos. Porém, na última semana, sonhei todos os dias com o momento em que fui à entrada da minha cidade ver o carro funerário com o corpo da minha tia passar. Eu e minha filha ficamos às margens da estrada e, quando o carro passou, levantei um cartaz e gritei para ela ir em paz e que nos a amamos! Acordo com essa cena e o choro aflora em mim!", relata Vanusa, 51, parda, professora, mãe de dois filhos, que havia acabado de perder a tia, vítima de covid-19, numa cidade vizinha à sua, no interior de Minas Gerais, em maio de 2020.

---

[1] Todos os relatos de sonho foram reproduzidos fielmente, incluindo eventuais erros ortográficos ou gramaticais.

"**MEDO** do futuro, da ascensão do **FASCISMO**. Medo da **MORTE**, do **LUTO**. Medo de ficar **PRESA**... de perder liberdade. Não tenho certeza de nada, só que esses sonhos estão ficando mais **'REAIS'**."

(ALGUÉM, BRASIL, 2020)

As redes sociais captaram esse fenômeno ímpar: uma corrente ao mesmo tempo subterrânea e noturna, mas que corria à flor da pele, à luz do dia, uma onda gigantesca e sutil que não apenas nos fez sonhar mais, mas que, principalmente, nos fez compartilhar nossos sonhos. As redes captaram nossos sonhos. Em vários países, pipocaram perfis que perguntavam "com o que você sonhou hoje?". Cientistas, curiosos, artistas, psicólogos das mais diversas orientações, psicanalistas, neurocientistas, antropólogos, muita gente ficou intrigada com esse fenômeno. No mundo todo começaram a surgir pesquisas, de escopos os mais diversos. Foi surpreendente perceber o renovado interesse de jornais, revistas, rádios e TVs na temática dos sonhos. A pergunta sobre o adensamento do trabalho psíquico noturno passou a circular de forma mais ampla nos espaços sociais. Se, apenas um ano antes, *O oráculo da noite*: *história e ciência do sonho*, de Sidarta Ribeiro, já era um fenômeno editorial, com a pandemia, o interesse pelo tema passou a ocupar o centro do debate.

Tínhamos, afinal, despertado de um estado de nosso sono profundo, de nossa letargia social, de um adormecimento político? Foi o sonho que nos despertou? A precariedade das vidas e a fragilidade das condições humanas e sociais parecia se desnudar de forma quase poética nas narrativas oníricas. A exigência suplementar de trabalho psíquico que a chegada da pandemia nos impôs, principalmente nos primeiros meses, torna esses sonhos particularmente interessantes. Como não dispúnhamos de formas simbólicas, nem de narrativas padrão, nem de um repertório de imagens compartilhadas capazes de apreender tudo que se passava, nosso psiquismo teve que trabalhar mais. Teve que processar, dia e noite, sem parar, esse novo real. Os sonhos desempenham, nesse contexto, um papel decisivo em nossa saúde psíquica. Como afirma Sidarta Ribeiro (2019, p. 372), "o sonho é um momento privilegiado para prospectar o inconsciente [...]. O sonho pode, portanto, ser considerado um teste de hipóteses em ambiente de simulação". Os sonhos podem combinar elementos heterogêneos, com liberdade maior do que aquela disponível em nossa consciência de vigília, com muito mais segurança do que no mundo externo.

Não por acaso, depois de alguns meses, notou-se uma tendência à "estabilização" da atividade onírica. As redes sociais também testemunharam esse refluxo: menos gente contando ou conversando sobre os sonhos. Isso torna o fenômeno aqui investigado ainda mais interessante. Com o passar do tempo, muitas pessoas começaram a relatar uma maior continuidade entre os sonhos atuais e os sonhos anteriores à pandemia. Mais ou menos como fomos, aos poucos, nos acostumando às novas rotinas, os sonhos, de certa forma, refletem isso.

Na ressaca do carnaval de 2020, a pandemia que parecia tão distante, tão improvável, tão impalpável, de repente, invadia nossa intimidade. Incrédulos e desnorteados, fomos apresentados a uma realidade que parecia ficcional: uma distopia concreta e brutalmente real. Nada do que estava por vir poderia ter sido antecipado apenas algumas semanas antes. No réveillon, soltamos fogos, fizemos promessas que sabíamos que não iríamos cumprir, brindamos ou pulamos ondinhas. No carnaval, desfilamos, namoramos ou colocamos os trabalhos em dia. Mas, no dia 11 de março de 2020, a Organização Mundial de Saúde declarou oficialmente a pandemia de covid-19.

Como uma faca afiada, a chegada da pandemia dividiu o século. Trata-se de um acontecimento traumático, tanto para os sujeitos quanto para a coletividade. Talvez ela seja o marcador mais fidedigno da entrada no século XXI e no desconhecido que ele nos lança. O mundo ao qual estávamos acostumados, sua imaginada solidez, desfez-se como um castelo de areia, com um simples sopro. Um inimigo invisível, intangível, desconhecido e ameaçador invadiu nossas vidas. Não poucos sonhadores em suas narrativas nos mostram a estranheza de conviver com um inimigo sem cara. Nos sonhos podemos deduzir a angústia pela ausência de antigos referentes de vida. Será que seguiremos sendo os mesmos? O que nos aguarda como sociedade?

Esse recorte dos sonhos em momentos importantes da história não é algo exatamente novo. Desde Freud sabemos da importância que tem a escuta psicanalítica estar lá onde o desamparo dos sujeitos se encontra. Foi assim quando Freud deu voz e condições de fala à dimensão do sofrimento sociopolítico das histéricas, foi assim com a escuta dos sujeitos emudecidos pelos horrores da primeira grande guerra e é neste diapasão que um grupo de psicanalistas e professores universitários, de diferentes regiões do país, decidiu não deixar que a intensa produção onírica deste tempo conturbado fosse apenas um amontoado de sonhos singularmente ruins e traumáticos. O sonho é a via régia para o inconsciente, como dizia Freud, assim como o é também para a própria fundação da psicanálise; e o trabalho que aqui apresentamos evoca a célebre passagem na qual Jacques Lacan lança um importante desafio: "Que antes renuncie a ela [a prática da psicanálise, g.i.], portanto, aquele que não puder alcançar em seu horizonte a subjetividade de sua época" (Lacan, 1966, p. 322).

Esse é o desafio, ou a primeira parte dele: "Pois, como poderia de seu ser fazer o eixo de tantas vidas aquele que nada souber da dialética que o engaja com essas vidas [...]. Que ele conheça bem a espiral a que sua época o conduz na obra contínua de Babel, e que saiba sua função de intérprete na discórdia das linguagens" (Lacan, 1966, p. 322). Como alcançar a subjetividade de nossa época? Poderia o psicanalista se furtar a seu compromisso com as vidas às quais está, de uma forma ou de outra, ligado? Como transpor essa confusão de línguas, tão mais aguda no mundo das bolhas digitais hiperpolarizadas? Como decantar dos sonhos os fragmento de real, algo que possa ser construtivo coletivamente, em meio a tanto obscurantismo?

***

Se o sonho é a via régia para o inconsciente, o que os sonhos em tempos de pandemia podem evocar das questões de nosso tempo? Com a publicação de *A interpretação dos sonhos*, em 1900, de Freud, os processos oníricos passaram a receber um novo estatuto. Por trás de imagens absurdas, associações incongruentes, situações, personagens e lugares aparentemente sem sentido, ele descobriria o sentido dos sonhos, a lógica do desejo inconsciente. O absurdo é a superfície aparente do sonho; mas uma escuta atenta desvelaria a lógica inerente aos processos oníricos latentes. Com isso, Freud retirou o desejo das brumas do inefável, do incognoscível e o devolveu à trama das experiências contingentes da vida de um sujeito. É desse modo que Freud (1999, p. 126) formula a hipótese de que o "sonho é a realização de um desejo", para logo em seguida reformulá-la. Ao examinar pesadelos, sonhos de angústia e outros materiais que pareciam desmenti-la, conclui que "o sonho é a realização (disfarçada) de um desejo (reprimido, recalcado)" (p. 166). Foi a partir de então que o sonho apareceu como uma via privilegiada de acesso ao inconsciente. Tinha início o primeiro século da Psicanálise.

Grosso modo, sabe-se que, apesar de a consciência vigorar em nossa vida de vigília, ela é apenas uma camada, uma parte limitada de nossa experiência. Muito do que percebemos durante o dia não é processado ou elaborado pela consciência. O que não quer dizer que esses processos psíquicos não deixem rastros em memórias, digamos assim, não conscientes. Esse é um sentido lato de inconsciente, mas que tem um papel importante nos sonhos. Neles, esse material, que Freud chamava de "restos diurnos", é processado, elaborado. O inconsciente, no sentido estritamente psicanalítico do termo, processa, encena, associa, em suma, trabalha. Conecta esses restos diurnos com nossos desejos recalcados e, portanto, com nossa história singular.

Vai de *per si* o truísmo de que o sonho só pode ser escutado e interpretado um a um, no contexto transferencial de um tratamento singular. E, mesmo nesses casos, vale lembrar que há ainda o que Freud chamava de "umbigo do sonho", aquele ponto impenetrável, aquele núcleo real que torna a interpretação de um sonho uma tarefa infinita. Embora este seja um ponto inegociável da clínica psicanalítica, o psicanalista não poderia ser surdo ao que emerge na tênue fronteira que separa o individual e o coletivo.

De todo modo, no livro que o leitor tem em mãos, examinamos algumas facetas desse imenso arquivo onírico, cuja relevância salta aos olhos e aos ouvidos. Aliás, a própria tendência à "normalização" da atividade onírica (a certa altura, passamos a sonhar mais ou menos como antes), observada alguns meses depois do início da pandemia, confirma como o aspecto traumático desse acontecimento culminou com uma exigência suplementar de trabalho psíquico de que os sonhos confinados em tempos de pandemia são testemunha.

***

Mesmo cônscios da dimensão do "umbigo do sonho"; temos de nos perguntar sobre outra faceta. Qual é afinal o estatuto do inconsciente? Estaríamos diante de uma instância intrapsíquica imune ao contexto sócio-histórico que a circunscreve, isolada dos processos políticos que a situam? Embora seja mais ou menos assim que certa *doxa* percebe a psicanálise, essa apreensão distancia-se da experiência freudiana e da perspectiva que esse grupo de psicanalistas endossa através desta pesquisa. De fato, a concepção de sujeito para a psicanálise nunca se confundiu com a noção de um indivíduo solipsista ou dotado de uma interioridade fechada sobre si mesma. O sujeito da psicanálise sempre se situou na fronteira tênue entre a psicologia individual e a psicologia social. Não por acaso, insistia Jacques Lacan (1966, p. 258), o inconsciente é uma instância "transindividual". Isso quer dizer que o inconsciente – aquele trabalhador que não julga, não pensa e não descansa – elabora conteúdos, impressões, intuições e percepções que nossa consciência não processa, não admite e não reconhece. Os sonhos funcionam como uma espécie de radar capaz de apreender com mais agudeza aquilo que parece recalcado ou não dito em nossa experiência social compartilhada. Os sonhos ressoam e testemunham a forma como a falta de sentido experimentada na vida social ordinária é tratada pela falta de sentido dos sonhos, cumprindo uma função protetora, ainda que desagradável, e de elaboração de algo que escapa às nossas representações. Além disso, no trabalho psíquico do sonho, Freud mostra que ficamos entregues às significações que as ruínas dos registros nos ofertam, sendo a narratividade sobre os sonhos uma liberação para novos possíveis a partir das edições singulares que cada sujeito faz das imagens oníricas recolhidas nas vivências diurnas.

Além disso, não é demais lembrar que Freud escreveu alguns de seus textos fundamentais em períodos de profunda transformação social e política: durante e logo após a Primeira Guerra Mundial, assim como em meio à pandemia de gripe espanhola, que vitimou uma de suas filhas, e ao longo da ascensão do nazifascismo. No início de 1915,

Freud escreve suas "Considerações contemporâneas sobre a guerra e a morte". O desafio metapsicológico da guerra se torna claro, pois ela obriga a todos e a cada um a enfrentar a negação da morte: "no fundo, ninguém acredita em sua própria morte, ou, o que vem a ser o mesmo: no inconsciente, cada um de nós está convencido de sua imortalidade" (Freud, 2020, p. 117). Ora, a guerra nos confronta com a impossibilidade de matar a morte pelo silêncio. A desilusão causada pela guerra nos obriga a mudar de atitude em relação à morte, pois ela desnuda a precariedade de nossas normas morais coletivas, exibindo o mecanismo pulsional subjacente a nossas ações. Durante a guerra, o caráter convencional de nossa cultura e de nossa moral se mostra em toda sua fragilidade: o homem primitivo se descortina por baixo de uma fina camada de convenções e de ideais.

Não poderíamos transpor essa leitura para o contexto atual da pandemia? Se, convencionalmente, renegamos a morte, preferimos não falar dela, a pandemia não nos confronta diariamente com imagens, números, discursos sobre pessoas mortas, corpos largados à rua, filas de caixões e falência dos sistemas de saúde, mesmo das nações mais ricas? Talvez possamos formular a hipótese de que tudo isso empresta imagens e palavras, ou seja, o contexto atual fornece representações para aquilo que é irrepresentável para o inconsciente: nossa própria mortalidade.

***

Em meio a todo esse relicário de nossas percepções e registros infraordinários, apresentamos, neste livro, a pesquisa multicêntrica "Sonhos confinados em tempos de pandemia". Ela resulta do trabalho de pesquisadores que decidiram reunir e levar adiante algumas iniciativas regionais que já vinham estudando a temática dos sonhos em articulação com a política e a psicanálise antes da chegada da pandemia.

No Instituto de Psicologia da UFRGS, a pesquisa é coordenada pelas professoras Rose Gurski e Cláudia Perrone, na USP, pelos professores Christian Dunker e Miriam Debieux Rosa, e, na UFMG, pelo professor Gilson Iannini. Cada coordenador montou equipes com alunos de graduação, bolsistas de iniciação científica, mestrandos, doutorados e/ou pós-doutorandos. Capitaneados por psicanalistas, os grupos atraíram ainda pesquisadores ligados à filosofia, à história, às neurociências e às letras.

De modo geral, os núcleos e laboratórios envolvidos nesse estudo têm a psicanálise implicada como um comum na realização de trabalhos de pesquisa e extensão. Todos, de alguma forma, vêm buscando a construção de modos de levar a escuta psicanalítica – tradicionalmente marcada pela experiência em clínica privada – para outros espaços da cidade, aproximando a Universidade das demandas da sociedade. Além disso, o primeiro resultado dessas pesquisas é a constituição de um riquíssimo acervo, um arquivo desse momento traumático do ponto de vista singular e coletivo, e que poderá ser explorado nos próximos anos como testemunho fundamental de uma experiência histórica e social.

É preciso ainda contar que sob o signo da "Oniropolítica em construção", os grupos da UFGRS e da USP começaram a trabalhar com sonhos ainda em 2019, buscando, através da dimensão do sonho e do despertar, uma possibilidade de fazer furo no discurso totalitário e hermético da atualidade. A ênfase da oniropolítica não recai exclusivamente sobre a dimensão terapêutica do sonho, nem tampouco sobre a proposta de construir noções específicas de uma biografia ou mesmo da psicopatologia do sujeito; trata-se, principalmente, de pensar na função coletiva do sonho e do sonhar.

Por seu turno, em abril de 2020, surgiu no Programa de Pós-Graduação em Psicologia da UFMG o projeto "Sonhos confinados": realizado por um grupo de pesquisadores e psicanalistas de Belo Horizonte, com o objetivo de coletar relatos de sonhos produzidos durante o período da pandemia de covid-19, a fim de analisar e/ou interpretar as estratégias subjetivas de elaboração do contexto histórico *sui generis* pelo qual estamos passando. O grupo partiu da premissa de que o espaço para relatar e para ser escutado pode não apenas fornecer material onírico importante para compreensão do mal-estar contemporâneo, mas ainda funcionar como uma ferramenta a mais para que o sujeito possa expressar as angústias, os medos e as frustrações vividas, sentidas ou pensadas durante o confinamento. Nesse sentido, trata-se de uma pesquisa-intervenção, que ofertou escuta individual a mais de uma centena de pessoas, na perspectiva dos efeitos terapêuticos rápidos.

Rapidamente, devido ao grande número de relatos de sonhos por mulheres, o grupo de pesquisa da professora Carla Rodrigues, da UFRJ, foi convidado a integrar o projeto e passou a reunir-se semanalmente com o grupo da UFMG, resultando numa colaboração intensa e fecunda. Além disso, foram discutidos métodos e hipóteses com pesquisadores associados ao Instituto do Cérebro da UFRN, sobretudo com a neurocientista Natália Mota, que nos ajudou especialmente com as ferramentas de análise computacional de linguagem natural.

Os dois coletivos de pesquisadores – UFRGS/USP e UFMG/UFRJ – tiveram o livro *Sonhos do Terceiro Reich*, da jornalista alemã Charlotte Beradt, como referência indispensável para esses trabalhos. No livro, a autora compila cerca de 300 sonhos de alemães depois da ascensão de Hitler, entre 1933 e 1939.

Beradt não era psicanalista, mas inscreveu a importante articulação do sonho como uma produção que reside nos limiares entre o sujeito e o social. Ela percebeu, através dos próprios pesadelos, a importância que o material dos sonhos pode ter em momentos de grandes catástrofes. Com a reunião e a publicação dos 300 sonhos de alemães, ela ofereceu um documento psíquico do totalitarismo. Os sonhos narrados por Beradt não explicam nada, nem a natureza do nazismo, nem a psicologia dos sonhadores, mas funcionam como uma espécie de sismógrafo íntimo da história política do III Reich. O livro mostra que, para muitos, o território onírico foi uma forma singular de resistir ao poder da tirania da época.

O interessante é que, nas narrativas oníricas, aparece claramente a percepção de um modo de funcionamento totalitário, ainda que, para a sociedade alemã da época, o regime não estivesse completamente explicitado. Um dos exemplos é um alemão que, no início dos anos 1930, sonha que todas as paredes de sua casa desabam, em uma clara alusão à destruição da privacidade também no espaço mais íntimo.

Todo esse trabalho com os sonhos também nos ajuda a problematizar o cenário atual vivido pela sociedade brasileira. Parece que a crise sanitária e política de nosso tempo nos transformou em espectadores passivos, cujos sentidos são produzidos em laboratórios e gabinetes, onde se tece a genealogia de todos os tipos de ódios e onde se preparam as condições para o achatamento do pensamento e para a produção, como dizia Hannah Arendt, da banalidade do mal. Foi nesse âmbito que, gradativamente, vimos a política se perder como espaço da esfera pública passível de garantir o o livre pensar. Trocamos o debate de ideias por uma matemática perversa de algoritmos que, ao retirar a dimensão do desejo e do sonho, nos desumaniza. Será que, em meio a este cenário, os sonhos podem ser um elemento crítico que nos ajude a despertar deste tempo de adormecimento em que parecemos ficar na espera passiva pelo fim da história?

É neste sentido que buscamos renovar a psicanálise não somente como uma clínica do sofrimento psíquico individual, mas também como uma forma crítica de pensar as questões coletivas do tempo presente.

É importante destacar que não se trata de sugerir algo como uma predição do futuro ou adivinhação futurística, mas de dar relevo a percepções mínimas acerca das condições totalitárias de uma época. Ora, se o sujeito se constitui nos limiares entre o individual e o social, como dizia Freud, as questões públicas e sociais estão presentes nas singularidades e, portanto, na composição das narrativas dos sonhos. O livro de Beradt e o próprio desenrolar desta pesquisa nos mostrou exatamente que a luta social e política é travada não apenas na arena pública, mas também no espaço mais íntimo de cada sujeito, no inconsciente. Isso porque a vida onírica testemunha questões que constroem nosso tempo social, político e cultural.

***

O livro que o leitor tem em mãos, portanto, é um primeiro retrato, um instantâneo da pesquisa multicêntrica que reuniu diferentes pesquisadores de universidades públicas do país. Uma espécie de ontologia do tempo presente do ponto de vista psicanalítico. Nele, cada grupo de pesquisa destacou um tema, um recorte específico.

Cada grupo foi fiel a suas premissas teóricas e metodológicas, sob o fundo comum do acervo principal e da ética da psicanálise.

Este livro não pretende ser uma descrição científica exaustiva da pesquisa em curso. Para esses fins, existem as revistas científicas, para onde serão submetidos os resultados devidamente ponderados, descritas as técnicas, os métodos etc. Este livro dirige-se a um público mais amplo e adota, deliberadamente, uma linguagem um pouco menos técnica: destina-se a pessoas como Marina, Vanusa, Carioca, Zé Ninguém, Maria Preta, Ursa, Morena da Odontologia, oLIV, Eueueu, Nekara Ojuara, Risonha Azulada, CW, Mauro, Camélia. São gente como a gente, artistas visuais, professores, bibliotecários, autônomos, operadores de telemarketing, desempregadas, engenheiros, cozinheiras, psicanalistas, agentes de aeroporto, trabalhadoras do lar, artesãos, K-idols que nos enviaram seus sonhos, seus temores, suas palavras. Este livro é destinado a eles e elas.

Os coordenadores gostariam de agradecer imensamente aos inúmeros alunos de graduação e de pós-graduação que dedicaram seu tempo, seu esforço e sua paixão com a temática para a realização desta pesquisa. Muitos deles tiveram participação passageira, mas decisiva; outros fizeram e ainda fazem parte do projeto maior, o sonho de que os sonhos possam ganhar um espaço de reconhecimento social e coletivo em nossa vida cotidiana. ■

REFERÊNCIAS

BERADT, C. *Sonhos no Terceiro Reich*. São Paulo: Três Estrelas, 2017.

FREUD, S. (1900). Die Traumdeutung. In: *Gesammelte Werke chronologisch geordnet*. Editado por A. Freud, E. Bibring, W. Hoffer, E. Kris e O. Isakower. Frankfurt am Main: S. Fischer Verlag, 1999. v. 2-3. p. 1-643.

FREUD, S. *Cultura, sociedade, religião: o mal-estar na cultura e outros escritos.* Tradução Maria Rita Salzano Moraes. Belo Horizonte: Autêntica, 2020. (Obras Incompletas de Sigmund Freud).

LACAN, J. *Écrits.* Paris: Seuil, 1966.

RIBEIRO, S. *O oráculo da noite: história e ciência do sonho.* São Paulo: Companhia das Letras, 2019.

"Estava num prédio muito **ALTO**, imagino que no vigésimo andar. Não era um prédio luxuoso, mas era aparentemente **SÓLIDO** e com uma estrutura bacana, além de visualmente bem decorado. Por algum motivo que não sei exatamente qual, tive que sair de forma **URGENTE**, poderia ser um **INCÊNDIO**, poderia ser um curto-circuito apenas... mas o fato é que não poderia usar o elevador. Então corri para a **ESCADA** e quando a encontrei fiquei muito chocada, pois o prédio havia 'se virado em seu **EIXO**'... tipo, invertido os lados... e a escada ficou virada para a **PAREDE**, além de ter aberto um **BURACO**, um vão da altura dos andares.

Além de a escada ficar aparentemente **INACESSÍVEL** por 'começar na parede', a fenda muito larga que se abriu me **IMPEDIA** de sequer tentar chegar até a parede das escadas. Olhava o tamanho do buraco e a altura em que estava e sabia que seria **IMPOSSÍVEL**. Fiquei muito desesperada por estar **ENCURRALADA** ali e tive clareza de que não conseguiria me salvar, meu sentimento era de **PÂNICO**, muito **REAL** e até físico, tanto que acordei muito assustada e impressionada com tantos detalhes e a clareza com que eu via minha morte."

(ANNA, 38 ANOS, 20 DE MAIO DE 2020)

PÓS-ESCRITO

...Um ano depois

Gilson Iannini, Carla Rodrigues, Ana Luisa Sanders Britto, Ana Paula Menezes de Souza, Elisa Pires Atman, Gustavo Andrade Soares, Isa Gontijo Moreira, Julia Werneck, Juliana de Moraes Monteiro, Olívia Ameno Brun

Um ano depois, como estamos sonhando? Um dos primeiros participantes da pesquisa enviou seu primeiro relato ainda em março de 2020, logo depois de a OMS declarar que a covid-19 havia se tornado uma pandemia. Naquela altura, Júlio, nordestino, profissional da saúde, relatou um sonho em que viajava com uma amiga para Wuhan, na China, um dos principais polos da doença até então. No sonho, visitava feiras, hospitais, e tinha medo de ser contaminado. Sua amiga ignorava os riscos. Essa mesma amiga aparecia em outros sonhos, sempre negando o perigo do novo coronavírus. Um ano depois, Júlio diz que no início estava com muito medo, e que os sonhos sempre mostravam essa ameaça. Hoje, os sonhos não são tão angustiantes quanto antes: "Aprendi a lidar com a solidão e aprendi a me cuidar". Afastado da amiga do sonho de Wuhan, percebeu que "o nome coronavírus é apenas uma ponta do iceberg do real da realidade da pandemia e das relações".

Thaís, paulista de 21 anos, também observa que já não sonha tanto nem tem mais sonhos marcantes que a façam acordar no meio da noite, em pânico, confusa. "Sinto que meus sonhos mudaram bastante... Sonho muito com reencontros e às vezes reelaboro memórias". Já Marina, 30 anos, estudante de pós-graduação, conta que tinha muito medo dos conteúdos dos seus sonhos, principalmente quando sonhava com animais. Os sonhos com animais diminuíram, e, quando ainda ocorrem, os sentimentos que eles evocam estão mais próximos da pena do que do medo. "É estranho que meus sonhos sejam mais tranquilos atualmente, porque hoje estou passando por situações muito mais difíceis do que naquela época." Segundo ela, o fato de ter se acostumado com o isolamento e de ter conseguido estabelecer uma rotina a ajudou a se sentir mais segura também no universo onírico.

Esses três relatos, escutados individualmente, são paradigmáticos do ponto em que nossa vida onírica se encontra neste momento, um ano depois da chegada da pandemia. O relato de Marina formula o paradoxo de maneira exemplar: concretamente, a situação está mais difícil, mas os sonhos, estranhamente, parecem mais tranquilos. Apesar do número de mortos ter ultrapassado a barreira de 2.000 mortes diárias no Brasil, apesar do colapso cada vez mais iminente do sistema de saúde, do cenário político cada vez mais incerto e mais polarizado, em linhas gerais, a vida onírica parece apontar uma tendência de estabilização, de "normalização". Como explicar essa aparente contradição? Tipicamente, nos sonhos coletados cerca de um ano depois da chegada da pandemia, em fevereiro e março de 2021, ouvimos declarações como: "No início da pandemia eu sonhava bastante, agora sonho bem menos" (NG, 25 anos); "Talvez meus sonhos agora estejam como eram antes da pandemia" (Carla, 35 anos); "Acho que os sonhos não estão mais relacionados à pandemia" (Amarilys, 71 anos). Isso vale também para a sensação de intensidade: os sonhos agora parecem menos intensos, menos "reais" do que aqueles relatados nos três ou quatro primeiros meses da pandemia.

Um ano depois, o que os sonhadores associam espontaneamente a seus relatos? "[O sonho] me fez pensar em como estou levando minha vida desde o ano passado: em movimento, mas sem destino", diz a estudante carioca Maíra. "No sonho, eu tive uma sensação muito grande de tentar me adaptar ao caos", completa L.A., de 20 anos. Essa tentativa de se adaptar, de seguir em frente, parece responder a diversos fatores, especialmente à longa duração da pandemia, que obriga as pessoas a se adaptarem a novos cenários. Mesmo assim, persiste uma sensação de estranheza, uma espécie de desgosto relativo ao que a pandemia revelou sobre nós mesmos, que surge na fala desta sonhadora: "É um sentimento contínuo de estranhamento, de não sentir que fazemos um pacto coletivo nessa pandemia, seja o pacto pelo isolamento, pelo uso de máscaras ou em tomar vacina".

Dados preliminares da pesquisa com os sonhos recebidos em fevereiro de 2021 – justamente em um período de pico de casos contaminação, de aumento significativo do número de mortes – sugerem que algumas características dos sonhos coletados no início da pandemia parecem estar menos presentes. Um exemplo são os sonhos com elementos fantásticos, surreais, quase ininteligíveis. Apesar de a sensação de ausência de sentido ou o caráter absurdo serem traços dos mais corriqueiros no universo dos sonhos de modo geral, ou pelo menos de seu conteúdo latente, a chegada da pandemia havia intensificado essa sensação de estranheza exponencialmente. "Estou estranhando minha própria maneira de sonhar", era uma das sentenças que mais escutávamos. Como se a estranheza própria ao sonho se reduplicasse frente à ausência de coordenadas simbólicas para lidar com a ruptura traumática vivida cerca de um ano atrás. A novidade do isolamento social, das medidas restritivas e dos rituais de higienização, além do medo de se contaminar e de morrer, bem como o horror às desconhecidas consequências do sombrio momento histórico que nos pegou a todos de surpresa, exigia de cada um grande trabalho de processamento, elaboração e assimilação da nova realidade. Os sonhos expressavam essa exigência suplementar de trabalho psíquico. Com a relativa reordenação e adaptação de nossas vidas a novas rotinas, a sensação de que os sonhos no início da pandemia eram mais confusos e mais absurdos é confirmada de várias maneiras.

Tomemos o caso de Anna, 38 anos, que elegemos como "sonho paradigmático" no Capítulo 1 deste livro. Diante de um contexto catastrófico que fez dissolver a sua estável situação profissional e financeira, ela sonha que precisa escapar de um edifício, mas seu elevador não funciona; ela corre em direção às escadas, mas estas se viram para o lado da parede, tornando-se inacessíveis; para completar, abre-se uma fenda entre a parede e a escada, que encurrala a sonhadora ainda uma vez. Ela, então, desperta em pânico, com a sensação de que era tudo "muito real", como nos contou em maio de 2020, nos primeiros meses do confinamento.

Recentemente, Anna foi escutada de novo, quase um ano depois de ter narrado seu sonho para a pesquisa. Como muitos dos participantes, ela também nota que, apesar de a situação poder ser descrita como "pior que aquela", houve certa adaptação à nova realidade. Se naquele momento ainda estávamos protegidos pela ignorância de que o pior ainda estaria por vir e até esperançosos de que a pandemia não fosse durar tanto tempo, atualmente, segundo ela, o sentimento é de "resignação" e de "frustração". Essa mudança de grau, mas talvez não de natureza, se reflete nos sonhos. Para ela, aquela foi "uma fase muito fértil nesse aspecto e agora é como se fosse um breu, assim, uma escuridão...". Seus sonhos perderam a profusão de detalhes e as características vívidas, que chegavam a apontar para a dissolução das fronteiras entre a realidade e o sonho: "não tenho aquele cenário tão claro!", conclui.

Apesar de todas essas diferenças, a angústia persiste. Seus sonhos atuais, de certa maneira, manifestam a marca da impotência, especialmente através da sensação de que o cerco sobre ela continua a se fechar: "É sempre umas coisas assim, coisas que eu não consigo resolver. É como se eles se repetissem com essa temática, né, eu preciso de entregar uma coisa que eu não vou conseguir entregar, eu preciso de encontrar alguém que eu desencontro dessa pessoa o tempo todo, ela está num lugar e eu estou no outro... Essa impossibilidade de não ter esse mínimo controle...", diz ela em março de 2021.

***

O cenário pandêmico frequentemente presente nos sonhos de 2020, como sair e esquecer a máscara, entrar por engano em aglomerações, ser contaminado, já não aparece com a mesma frequência ou intensidade daquela constatada, especialmente, nos primeiros três ou quatro meses da pandemia. Aqueles sonhos serviam como uma elaboração de um contexto que escapava às representações dos sujeitos, visto que tudo era novidade e incerteza.

Depois de um ano, os sonhos parecem, até certo ponto, já ter cumprido essa função de elaborar cenários possíveis e processar o trauma. Persistem, no entanto, elementos que desde o início tinham invadido o espaço onírico e a vida cotidiana, como a máscara de proteção, o medo da contaminação e a morte. Essa função protetora, mesmo que desagradável, parece ter se diluído na volta à rotina – ainda nada normal, mas um pouco menos desconhecida. Ainda há relatos de sonhos como "sempre me assusto por perceber que estou sem máscara". Contudo, percebemos um deslocamento interessante: enquanto a palavra "máscara" aparecia antes não exatamente no interior dos sonhos, mas nas lembranças conscientes (nos "restos diurnos") ou nas associações dos próprios sonhadores, agora ela aparece no interior do sonho, no próprio relato, como um elemento novo, de certa forma integrado ao espaço psíquico. Despertamos para voltar a dormir, como dizia o psicanalista Jacques Lacan.

Um dado extremamente relevante é o próprio número de sonhos endereçados à pesquisa. Nos primeiros meses, recebemos cerca de 900 sonhos. Embora a coleta tenha permanecido aberta ao longo do tempo, pelo menos na base de dados da UFMG, o número de sonhos recebidos caiu vertiginosamente. As redes sociais também testemunharam esse refluxo: menos gente contando ou conversando sobre sonhos. Isso torna o fenômeno aqui investigado ainda mais interessante. Com o passar do tempo, muitas pessoas começaram a relatar uma maior continuidade entre os sonhos atuais e os sonhos anteriores à pandemia. Mais ou menos como fomos aos poucos nos acostumando às novas rotinas, os sonhos, de certa forma, refletem isso. Além disso, o próprio entusiasmo de muitos psicanalistas com o tema dos sonhos pandêmicos decaiu ao longo do tempo. É claro que houve flutuações e ondas de fluxo e refluxo, tanto do número de sonhos quanto do interesse dos psicanalistas. Mas, de modo geral, o próprio interesse coletivo pelo tema indica um dado importante, que confirma as hipóteses apresentadas neste livro.

Cerca de um ano atrás havia um acontecimento traumático e coletivo a ser absorvido, processado, e os sonhos foram um caminho particularmente importante para aquilo que restava não-simbolizável no acontecimento traumático. Com o passar do tempo, parece ter havido uma espécie de normalização, uma acomodação que, para muitos, tornou banal até mesmo as mortes cotidianas – chegamos a 2.798 em 16 de março de 2021. Ao mesmo tempo em que os hospitais estão lotados de pessoas lutando por suas vidas, que os corpos são acondicionados em contêineres, o número de pessoas nos bares e restaurantes de algumas cidades nos dão uma amostra da indiferença cada vez maior.

Como isso se manifesta no universo onírico? Teriam os sonhos perdido a capacidade de representar, no sujeito, o sofrimento social? Essa banalização das mortes no campo coletivo em nada diminuiu – talvez, bem ao contrário, tenha aumentado – o sofrimento de quem passou por experiências de perda, como no sonho da professora Jussara:

● Sonhei que era noite e uma mulher estava tratando uma comida na pia e colocando as partes numa panela. Ela esperava a família para almoçar. Cortava a carne e temperava bem. Em seguida ela coloca para cozinhar num grande caldeirão de água fervente. Após colocar todas as partes temperadas ela olha a cabeça decepada de um homem branco caucasiano que ainda estava na pia. Ela olha para os lados e coloca a cabeça do homem num saco preto de lixo. Na sua mente ela pensa que precisa jogar fora antes que as pessoas que espera para almoçar cheguem. Ela sabe que ninguém pode ver a cabeça. A comida que será servido é o corpo do homem. A família, que comerá a comida que está sendo preparada não deve saber o que será comido. Acordo antes dela se livrar do saco preto com a cabeça dentro (Jussara, 48 anos, 28 de fevereiro de 2021).

Apesar do cenário catastrófico do ponto de vista sanitário, com mais de 1.200 mortes ocorridas por covid-19 naquele 28 de fevereiro, o sonho é ambientado num cenário corriqueiro, cotidiano de muitas famílias brasileiras. Uma mulher prepara o almoço para sua família e espera. Mas ela guarda um segredo sobre o que será servido: o corpo de um homem. À psicanalista que a escuta individualmente, Jussara relata que se sentia bem naquele dia. Depois de ter passado quase sete meses em isolamento em um apartamento pequeno, ela acabara de retornar de uma temporada de quase 120 dias no interior, em uma casa em que havia podido recobrar o contato com a natureza que ela tanto amava e do qual a quarentena a havia privado. Ao falar especificamente do sonho, Jussara nos conta que essa cena de intenso horror, paradoxalmente, não lhe causava mais nenhum estranhamento. Ela menciona ainda esse sentimento de anestesia diante da morte: de certa forma, tornou-se banal colocar corpos em sacos para, pura e simplesmente, descartá-los depois. Segundo Jussara, parece que, em algum momento, perdemos a capacidade de nos horrorizar diante da morte. É com alguma indiferença, e não mais com horror, que, depois de temperar e cozinhar as partes do corpo do homem, "ela olha para os lados e coloca a cabeça do homem num saco preto de lixo".

Nesse momento, Jussara relata à psicanalista culpa por estar bem enquanto o país está tão mal: "Isso que a gente não fala no dia a dia vem nos sonhos né?". A cena do sonho nos remete a uma junção de processos de introjeção e incorporação, típicos de mecanismos psíquicos bastante primitivos, representados na cena pelo ato de canibalismo. Mas esse canibalismo é integrado ao cotidiano. A banalização da morte é incorporada à vida onírica. Tudo se passa como se mecanismos regressivos mais arcaicos fossem mobilizados diante de uma falência do pacto social que sustenta o princípio de realidade, acarretando uma espécie de sensação de anestesia psíquica. Para nos proteger, nos tornamos indiferentes.

Teriam os sonhos cumprido seu papel de amparo e proteção, elaborando e processando o real do primeiro tempo do trauma até onde era possível com os meios que lhe são próprios? Teriam esgotado sua capacidade de processamento e levado até o limite sua capacidade de simular futuros possíveis? Aquilo que sobrevém do trauma, como resto não elaborado pelo processo onírico, não retorna sob a forma de sofrimento e de sintomas? Por exemplo, se os sonhos dos primeiros meses da pandemia eram acompanhados de intensas sensações de angústia e ansiedade, a angústia antes manifesta nos sonhos parece ter se deslocado para a vida de vigília.

Um achado surpreendente da leitura computacional dos sonhos coletados em fevereiro e março de 2021 revela alguns dados que, embora sujeitos à ponderação e análise mais aprofundada, merecem nossa atenção. Para que o leitor apreenda a relevância do que está dito aqui, é necessário que leve em consideração os dados apresentados nos capítulos 1 e 4 deste livro. Em suma, trata-se do seguinte: uma das palavras mais recorrentes nos sonhos coletados nos primeiros meses da pandemia era "mãe". Tratava-se de uma descoberta importante, principalmente, porque a ocorrência da palavra nos relatos de sonho era uma variável independente de sua ocorrência nas lembranças conscientes, nos restos diurnos dos sujeitos. Ou seja, as pessoas sonhavam com "mãe" independentemente de terem conversado, pensado ou lembrado dela no dia do sonho. Esse dado remetia ao problema do desamparo e de como a mãe aparecia nos sonhos como paradigma da proteção e da segurança psíquicas (para uma análise detalhada, ver Capítulo 4 deste livro).

Ora, o dado surpreendente dos sonhos recebidos em 2021 é que, apesar do mapa de frequência de palavras permanecer bastante similar aos mapas dos primeiros meses, essa palavra surpreendeu por sua ausência. A "mãe" sumiu do mapa! É claro que a amostra recente é significativamente menor do que as anteriores e que esse dado bruto precisa de ponderação e confirmação. Mesmo assim, se tomarmos como referência meses com número de relatos igualmente baixo, mas bastante similares – por exemplo, agosto de 2020 e março de 2021 –, notaremos uma a inversão da frequência das palavras "pai" e "mãe". Ao passo que, na amostra de agosto do ano passado, a palavra "mãe" figurava entre as mais recorrentes e não havia nenhuma menção a "pai", apenas poucos meses depois, em março de 2021, o que podemos observar é uma mudança hierárquica entre essas palavras, uma inversão completa de seu valor posicional: "pai" passa a ocupar lugar de destaque nos sonhos, com valores similares aos registrados anteriormente para "mãe", enquanto a ocorrência desta se mostra estatisticamente insignificante. Embora não possamos fazer assertivas conclusivas, podemos, pelo menos, propor algumas questões. O que essa relação inversamente proporcional da frequência relativa das palavras "mãe" e "pai" ao longo do tempo poderia nos indicar?

Podemos conjecturar que "mãe" conflui duas séries associativas, ligadas à "casa", como os sonhos dos primeiros meses da pandemia já sinalizava, mas também a segurança como proteção. A casa é "o lugar para onde se volta", ainda que com os estranhamentos e as disrupções conhecidas. Reconstruir rotinas e interpretar o inesperado remete à mãe como lugar de encontro, de retorno ao já conhecido. Por outro lado, "mãe" também pode remeter a uma não-separação, a um objeto privilegiado de gozo, especialmente diante de um objeto invisível, como o coronavírus.

"Pai", ao contrário, pode estar confluindo duas outras séries, aquela composta por "mãe" com seu ponto de retorno e indeterminação, acrescentando novas demandas psíquicas impostas pela extensão da quarentena. Essas duas séries poderiam ser descritas na forma de perguntas: "Em nome do quê?"– ficar em casa, suportar sacrifícios econômicos e sociais? – e "Até quando?" – cuja determinação depende de cadeias de condicionais e ações coordenadas: compra e distribuição de vacinas, unificação de normas e procedimentos. Além disso, seria preciso lembrar do declínio social da função simbólica de autoridades como presidente, líderes religiosos e comunitários, que, como de costume, inspiram a repetição do empuxo a uma figura paterna. Teríamos um jogo de deslocamentos de duas modalidades de angústia: angústia de indeterminação materna e angústia de determinação paterna.

Deixemos o sonho falar por si:

● Eu estava em uma casa que não era exatamente a minha casa, mas era familiar. [...] Estava com meus pais na lavanderia. Quando chegavam invasores armados. [...] Quando eu vi, era alguém conhecido do lado de fora e eu tentava ajudar a entrar. Mas aí meu pai atirava na pessoa. Quando eu vi, era um invasor disfarçado. Eles conseguiram tomar formas familiares e por algum motivo meu pai sabia disso. Então corríamos pra fechar aquela janela e tentávamos nos proteger ao máximo (Clara, 19 anos, 9 de março de 2021).

Um ano depois da chegada da pandemia, os sonhos de brasileiros e brasileiras ainda continuam funcionando como um termômetro dessa situação extraordinária que virou o mundo de cabeça para baixo. Como diz Anna, "para mim é doído, houve uma perda". O livro que o leitor tem em mãos é um retrato onírico da pandemia, o retrato onírico desta perda. ■

CAPÍTULO 1

"Casa": Sonhos infamiliares

Gilson Iannini, Ana Cláudia Castello Branco Rena, Ana Luisa Sanders Britto, André Gil Alcon Cabral, Débora Ferreira Bossa, Fídias Gomes Siqueira, Gustavo Andrade Soares, Isa Gontijo Moreira, Juliana de Moraes Monteiro, Olívia Ameno Brun

● Estava num prédio muito alto, imagino que no vigésimo andar. Não era um prédio luxuoso, mas era aparentemente sólido e com uma estrutura bacana, além de visualmente bem decorado. Por algum motivo que não sei exatamente qual, tive que sair de forma urgente, poderia ser um incêndio, poderia ser um curto-circuito apenas... mas o fato é que não poderia usar o elevador. Então corri para a escada e quando a encontrei fiquei muito chocada, pois o prédio havia "se virado em seu eixo"... tipo, invertido os lados... e a escada ficou virada para a parede, além de ter aberto um buraco, um vão da altura dos andares. Além de a escada ficar aparentemente inacessível por "começar na parede", a fenda muito larga que se abriu me impedia de sequer tentar chegar até a parede das escadas. Olhava o tamanho do buraco e a altura em que estava e sabia que seria impossível. Fiquei muito desesperada por estar encurralada ali e tive clareza de que não conseguiria me salvar, meu sentimento era de pânico, muito real e até físico, tanto que acordei muito assustada e impressionada com tantos detalhes e a clareza com que eu via minha morte (Anna, 38 anos, 20 de maio de 2020).

Este sonho foi relatado, por escrito, por uma jovem mulher, residente em uma metrópole. Anna (nome fictício) também se dispôs a uma escuta individual com um psicanalista. Por telefone, ela conta que é sócia de uma empresa já consolidada no mercado imobiliário. Fala pouco ou quase nada sobre família ou relações pessoais, privilegiando temas ligados ao universo do trabalho. Assim como na vida, no sonho ela está só. É o que a escuta confirma: Anna já vinha lidando com a questão desse superinvestimento profissional, situação intensificada pelo isolamento social.

Anna relata ainda que, há alguns anos, trabalhava para uma grande empresa que encerrou suas atividades subitamente, com a consequente demissão de todos os funcionários. Passou por períodos de muitas incertezas, "de muitas turbulências", mas conseguiu reerguer-se, reconquistando uma "posição sólida" no mercado. Era o que tudo indicava, pelo menos até o início da pandemia. O recuo do mercado em geral lhe parece inevitável, e o futuro profissional a aflige. Durante o isolamento social, tem feito muitos cursos on-line, destacando, entre outros, um curso de literatura: "gosto muito de literatura", completa. Esse traço em particular será determinante na maneira como ela elabora o conteúdo de seus próprios sonhos. Além disso, faz exercícios físicos em casa e relata visitas semanais à mãe e à irmã. Esse é o único momento em que fala, de passagem, sobre seus laços familiares.

Convidada a falar sobre seu sonho, o primeiro elemento ao qual se refere e que parece lhe ter causado maior perplexidade são as escadas viradas para a parede e o prédio que gira em seu próprio eixo. Ela acaba por associar o sonho ao desmantelamento de sua carreira e de sua vida profissional, em ascensão até aquele ponto. O que era "sólido" e "bem estruturado" parece, subitamente, dissolver-se. Segundo a própria sonhadora, as escadas que se viram para a parede podem ser lidas de duas formas: por um lado, representam a ascensão profissional que vinha ocorrendo e que foi brutalmente interrompida, e, por outro, a impossibilidade de sair da situação angustiante que atravessa naquele momento, pois o que a sonhadora destaca é o aspecto dos acessos fechados, do desmantelamento do edifício e sua dissolução, o que resulta em um sentimento de impotência. Em relação à imagem do edifício que gira em torno de seu próprio eixo, a sonhadora associa mais um elemento decisivo: "me lembrei das obras de Dalí, [...] aquelas coisas desmanchando, dissolvendo...". A referência à "dissolução da realidade", tão característica das obras de Salvador Dalí, poderia apontar uma primeira chave de leitura do momento presente. Se os sonhos parecem funcionar como sismógrafos, como lentes de aumento de nossas experiências coletivas e individuais, é também porque neles combinam-se elementos heterogêneos, elementos que nossa limitada experiência consciente não se permite ou não consegue processar. A associação espontânea da sonhadora a um artista cujo programa estético se inspirava, pelo menos em parte, na potência crítica da psicanálise é digna de nota. Não por acaso, Dalí batizava seu método como uma "paranoia crítica", cuja meta era a conquista do irracional concreto, através da "hiperconsciência" (Santos, 2017).

Tudo indica que, com a chegada da pandemia, nossos quadros referenciais tipicamente empregados para interpretar a realidade parecem falhar, parecem se desmantelar. Não por acaso, Anna remete sua produção onírica ao surrealismo, movimento que valorizou a dimensão crítica da psicanálise e que nunca se cansou de denunciar a fragilidade do que chamamos comumente de "realidade". O sonho de Anna parece confrontá-la com o intenso investimento libidinal em sua carreira profissional, seu grande e sólido edifício, que agora, diante do embaralhado cenário mundial, desmancha-se e já não lhe oferece saídas. Ao classificar sua relação com o trabalho como uma "posição sólida", a sonhadora parece elaborar em seu imaginário algo sobre si mesma, por meio da produção onírica de um edifício sólido que vai se desfazendo: ele gira no seu próprio eixo, a escada vira para a parede e um buraco se abre. O que era conhecido se torna, então, infamiliar: algo que nos é, ao mesmo tempo, íntimo e desconhecido, familiar e estranho.

Esse sonho aglutina vários elementos recorrentes em parte significativa dos sonhos coletados ao longo da pandemia de covid-19. As imagens que surgem nesse relato, a dimensão do susto, o sentimento de infamiliaridade, entre outros vários aspectos, emprestam a esse sonho em particular um caráter até certo ponto modelar, quase poderíamos dizer paradigmático. Mas o que é um paradigma? Em 1900, em *A interpretação dos sonhos*, que muitos consideram o livro inaugural da psicanálise, Freud elegeu o célebre "sonho da injeção de Irma" como sonho modelo. O que isso quer dizer? O que está em jogo não é a presença de elementos comuns a todos os sonhos, mas o caráter paradigmático que sua análise tem para a análise de outros sonhos. Nesse sentido, o "sonho de Irma" não é apenas o sonho analisado por Freud, mas é um sonho "analisador", o sonho a partir do qual ele analisa outros sonhos, um a um. Nesse sentido, tudo se passa segundo a noção de paradigma, que "não vai do particular ao todo e do todo ao particular, mas do individual ao individual" (Agamben, 2019, p. 36).

Em "O que é um paradigma?", o filósofo italiano Giorgio Agamben expõe o método paradigmático, que desconcerta as habituais representações que fazemos das relações entre o particular e o universal: "no paradigma, a inteligibilidade não precede o fenômeno, mas está, por assim dizer, 'ao seu lado' (*pará*)" (Agamben, 2019, p. 36). Nesse sentido, o paradigma não se apresenta nem por dedução nem por indução, mas por analogia, movimento que vai do singular ao singular. Segundo essa concepção, o caso paradigmático, ao mesmo tempo que não é externo ao seu conjunto de pertencimento, não pode ser dele isolado. No método paradigmático, as imagens não são um repertório iconográfico ou, como afirma o autor, "nenhuma das imagens é o original, assim como nenhuma das imagens é simplesmente cópia ou repetição" (p. 37). O que o paradigma expõe é a singularidade de cada imagem, em uma relação na qual divisões são apagadas para dar lugar a indiferenciações e indecidibilidades. De certa forma, foi assim que Freud procedeu com os sonhos.

Híbridas entre "arqueologia e fenômeno" (p. 38), na concepção do historiador da arte Aby Warburg, as imagens localizam-se em algum lugar entre a diacronia e a sincronia, entre "a unicidade e a multiplicidade" (p. 38). Em que medida esse método pode ser empregado para ler os sonhos dos brasileiros durante a atual pandemia? Diante da dificuldade de trabalhar com uma amostra com cerca de 900 sonhos, incluindo não apenas seus relatos, mas ainda lembranças, associações e interpretações ensaiadas pelos próprios sonhadores, sem cair em generalizações apressadas nem na mera coleção de casos que serviriam apenas à ilustração de uma teoria engessada e imune ao novo, fomos obrigados a inventar. Para tanto, fizemos uso de várias ferramentas, incluindo *softwares* de processamento de linguagem natural, que nos ajudaram a detectar recorrências e co-ocorrências de palavras, bem como a análise artesanal, no caso a caso, no um a um. Desses quase 900 sonhos, cerca de 100 pessoas foram também escutadas individualmente, às vezes em uma, duas ou mais sessões, em que o sujeito era instigado a associar livremente a partir do reconto de seu sonho. Entre ciência e arte, a psicanálise ocupa um lugar um tanto híbrido na economia dos saberes. Decidimos ser fiéis a esse lugar de indeterminação, sem abrir mão de um princípio metodológico fundamental: a primazia do objeto. É o objeto que determina o método, e não o inverso.

O *software* e o artesanato

No polo ciência, recorrendo a ferramentas de processamento de linguagem natural, investigamos perguntas como: quais palavras apareceram com mais frequência não apenas nos relatos de sonhos, mas também nas lembranças e nas associações desses sujeitos? Quais as principais conexões entre essas palavras mais frequentes, independentemente de seu conteúdo semântico? Buscamos sempre que possível tensionar os resultados dessas investigações de cunho genérico com o trabalho artesanal de leitura dos sonhos coletados por escrito e com as escutas individuais oferecidas pela equipe de psicanalistas. Para a psicanálise, o sonho interessa sobretudo como via régia para o conhecimento do inconsciente, o que torna imprescindível a escuta do que cada sujeito tem a dizer a partir de seu sonho. Por outro lado, a ética do um a um não pode nos tornar surdos aos elementos que se repetem, que insistem, que se inscrevem em algum ponto dessa fronteira tênue entre o individual e o coletivo no qual o sujeito da psicanálise se inscreve.

Ao contrário de nossa expectativa inicial, para nossa surpresa, as palavras mais frequentes nos relatos de sonhos coletados não foram "vírus", "morte" ou "pandemia", mas termos mais triviais, como "casa", "amigo/a/s" ou "mãe". Resultados preliminares da leitura computacional de cerca de 900 sonhos coletados na base de dados da Universidade Federal de Minas Gerais (UFMG) entre abril e julho de 2020[1] trazem dados surpreendentes. Algumas considerações preliminares precisam ser feitas, antes de prosseguirmos. Quando dizemos, por exemplo, que a palavra mais recorrente nos sonhos dos brasileiros por nós ouvidos nesse período é a palavra "casa", isso não quer dizer que "casa" tenha o mesmo sentido ou a mesma valência para todos. Ao contrário, a dimensão semântica foi deliberadamente afastada nessa vertente da pesquisa. Trata-se apenas e tão somente de detectar a frequência de palavras – independentemente de seu sentido – e a co-ocorrência delas. Dessa forma, interessa-nos a dimensão puramente significante dos sonhos. Nesse sentido, a "casa" que ocorre em cada sonho representa para este ou aquele indivíduo sentidos bastante diversos. Trata-se, no limite, de uma construção única da relação do sujeito com aquela palavra, que se refere à trama contingente de cada história pessoal. O que não quer dizer, por outro lado, que o significante "casa" não indexe também algo que diz respeito à nossa inserção social e política, e especialmente ao momento histórico que recorta nossa experiência individual e coletiva. É no âmago dessa porosidade entre o singular e o coletivo que a pesquisa se localizou.

O significante "casa" é especialmente interessante por toda a ambiguidade de sentimentos que ele aglutina, especialmente neste momento histórico particular. A frequência absoluta da palavra "casa" em relatos de sonho parece não ser uma especificidade de sonhos pandêmicos. O que chama a atenção aqui são dois aspectos: a ambiguidade afetiva associada à "casa" e a rede de co-ocorrências que ela encerra.[2] É para

[1] Entre 10 de abril e 24 de julho de 2020 foram coletados 884 relatos de sonhos na base de dados da UFMG. Os relatos eram recolhidos através de formulários on-line divulgados em mídias e redes sociais, prioritariamente pelo perfil no Instagram @sonhosconfinados.

[2] A comparação da presente amostra com a de sonhos coletados à época das eleições presidenciais brasileiras de 2018 mostra que a palavra "casa" também ocupava ali um lugar

casa que queremos voltar, quando estamos cansados; é de casa que queremos fugir, quando estamos confinados. É em casa que nos sentimos à vontade, mas também é dentro de casa que nos sentimos sós, mesmo estando com outros. É em casa que nos sentimos seguros, mas é em casa que nos angustiamos. Uma casa nem sempre significa apenas espaço de abrigo, mas também de inúmeras pressões sociais ou mesmo de violência física e simbólica, especialmente para mulheres. Por meio de uma ideologia da domesticidade, discursos médicos, religiosos e jurídicos reafirmaram o mundo privado como inerente à vida das mulheres, estendendo-se da maternidade ao cuidado familiar – apesar da entrada massiva no mercado de trabalho (ver, neste volume, Capítulo 4).

É toda essa riqueza e ambiguidade que fomos levados a estudar a partir dos sonhos que nos foram relatados.

Os relatos coletados em pesquisa foram, então, divididos em dois momentos distintos para análise. O primeiro momento, que foi aqui circunscrito pelo início da quarentena no Brasil, representa a coleta de dados e escutas feitas entre abril e maio de 2020. O segundo momento corresponde ao segundo período de coleta e escutas, de junho a julho de 2020. Decidiu-se preservar essa divisão, que é puramente metodológica, nesses dois momentos distintos,[3] na esteira do entendimento de que, a partir de uma coleta longitudinal dividida em duas fatias de tempo, talvez fosse possível identificar continuidades e descontinuidades, variantes e invariantes entre o conteúdo dos sonhos coletados no início da pandemia e o conteúdo dos sonhos coletados em meados

proeminente, figurando entre as palavras mais frequentes. Contudo, a significância e o mapa de co-ocorrências da palavra é significativamente distinto antes e depois da pandemia. Um estudo aprofundado das continuidades e descontinuidades entre a significância da palavra "casa" nestes dois momentos ainda está por ser realizado. Agradecemos a Denise Mamede e Paulo César Endo por nos fornecer acesso ao Inventário de Sonhos por eles recolhido.

[3] O primeiro momento corresponde ao tempo de vigência do Formulário 1, ou seja, entre 10 de abril e 28 de maio de 2020, momento de trabalho autônomo da equipe da UFMG. O segundo momento, quando o Formulário 2 (unificado com UFRGS, UFRN, UFRJ e USP) passou a ser a fonte de coleta de dados, corresponde ao segundo período de coleta e escuta, compreendido entre 28 de maio e 24 de julho de 2020. Importante ressaltar que os dados aqui analisados foram extraídos de perguntas que não se modificaram nos dois formulários aplicados, sendo, portanto, cabível uma análise comparativa.

de junho e julho, quando o cenário político, social e sanitário parecia mais claramente desenhado.

Essa pesquisa não se restringiu apenas aos relatos dos sonhos, mas abrangeu ainda lembranças e associações dos próprios sujeitos. Esses três níveis foram analisados separada e conjuntamente.

Nas duas amostras, a palavra que mais ocorreu nos relatos dos sonhos – excetuada, evidentemente, a própria palavra "sonho" – foi a palavra "casa".[4] Essa palavra é também a que mais apresentou *links* com as demais, ou seja, é a palavra que tem maior força de conectividade com outras palavras, quando tomamos todos os relatos como uma rede. Logo em seguida, temos palavras como "amigo/a/s" e "mãe", com frequência significativamente maior do que a palavra "pai", por exemplo. Entre uma e outra, vale destacar palavras como "lugar" ou "rua". Do ponto de vista das co-ocorrências, a palavra "casa" surge diretamente conectada a palavras como "mãe" e "pessoas". Nesse sentido, "casa" aparece não apenas como o local ou a cena onde os sonhos se desenrolam, mas como lugar habitado por memórias, afetos, desejos.

Se, no que diz respeito ao conteúdo dos relatos dos sonhos, ou seja, o modo como o sujeito narra seu próprio sonho, não há mudanças significativas entre o primeiro e o segundo período de coleta de dados, o mesmo não ocorre no que diz respeito às lembranças e às associações.

Quanto às lembranças ou, na linguagem freudiana, aos "restos diurnos", ou seja, quanto àquilo que os participantes recordam acerca do dia ou dos dias anterior(es) aos sonhos, há mudanças dignas de nota. Enquanto no primeiro momento (abril e maio) a palavra que mais apareceu foi "quarentena", no segundo momento (junho e julho) a palavra privilegiadamente lembrada foi "pandemia".

Ou seja, tudo indica que as pessoas estavam mais preocupadas inicialmente com a quarentena do que com a própria pandemia. O resultado é trivial e esperado. Menos trivial é o fato de que esse deslocamento das preocupações predominantes na vida de vigília *não* afeta significativamente o conteúdo dos sonhos, cuja gramática permanece

[4] Resultados preliminares minerados através do KH Coder, um *software* gratuito para análise quantitativa de conteúdo ou mineração de texto (HIGUCHI, 2015).

mais ou menos indiferente a essa reconfiguração dos restos diurnos. Ainda quanto às lembranças, vale ressaltar que, entre junho e julho, a palavra "pandemia" aparece fortemente conectada com "notícias" e também com a própria "casa".

Passando para a análise das associações, ou seja, para o que o sujeito associa livremente a partir dos relatos, foi possível identificar que "medo" se manteve como a palavra com maior conectividade ao longo de todo o período, com pequenas variações nos dois momentos. No entanto, há significativa mudança no nível sintático do "medo". O que varia não é exatamente as palavras que co-ocorrem, mas sua proximidade, a força de sua conectividade. Em movimento paralelo aos deslocamentos ocorridos com os restos diurnos, as associações da palavra "medo" também covariam: se antes o medo estava associado à casa e a termos genéricos como "tudo", sugerindo um medo de certa forma indeterminado, ligado a um perigo ainda não nomeado, difícil de localizar ou de circunscrever, num segundo momento o medo se liga a ideias mais concretas, como "vida" e "pandemia", recebendo contornos mais definidos e delimitados.

Apesar de todas essas mudanças relativas aos restos diurnos que emolduram os sonhos e às associações que os interpretam, continua intrigante o dado de que o conteúdo propriamente dito dos relatos não varia tanto quanto esses demais elementos, o que sugere que o trauma coletivo implica a ativação de mecanismos inconscientes relativamente invariantes. Como entender esse aparente paradoxo? Se a "casa" é o lugar no qual supostamente nos sentiríamos seguros e protegidos frente às ameaças do mundo, o que teria acontecido com os indivíduos em uma situação imposta na qual fossem impedidos de sair de casa? Esperávamos, então, que as imagens oníricas narrassem um pouco como a virada trazida por esse evento atravessou as sociedades em escala global e impactou sensivelmente os sujeitos na contemporaneidade.

O que se segue é um esforço de entender como e por que a "casa" é o significante por excelência dos sonhos em tempos de pandemia. Foi a partir dessa constatação que recorremos a uma releitura contemporânea do conceito freudiano de infamiliar (*Unheimliche*).

Grosso modo, o infamiliar é um sentimento paradoxal, quando estranhamos o que nos é familiar, quando sentimos desconhecer o que conhecemos há muito. O infamiliar designa a impossibilidade de nos sentirmos em casa em casa (CASSIN, 2004, p. 548). Nesse sentido podemos pensar como o infamiliar, ou, mais precisamente, como uma experiência generalizada do sentimento de infamiliar, é uma chave que permite ler os sonhos pandêmicos. É a partir desse paradigma que buscaremos dar conta dos sonhos confinados. Se podemos falar de uma generalização do *Unheimlich* é porque uma das condições requeridas por Freud para a detecção do infamiliar parece se apresentar de forma aguda em nosso tempo presente. Com efeito, se certa indeterminação entre a fantasia e realidade é uma das condições para a ocorrência do infamiliar, o que leva Freud a afirmar que o efeito de infamiliaridade seria mais facilmente alcançado na ficção do que em nossas experiências cotidianas, tudo se passa como se na contemporaneidade vários fatores concorressem concomitantemente para a dissolução cada vez mais acentuada das fronteiras nítidas entre ficção e realidade. Como se, a cada dia, dispuséssemos de menos indícios de compartilharmos uma mesma e única realidade. Fenômeno esse aguçado pelo efeito de redundância típico das bolhas digitais: o compartilhamento de índices de realidade e de crenças baseadas neles é fortemente dependente de interações sociais, que, por sua vez, são cada vez mais dependentes de mediações nas redes. A sensação de que a ficção invade a realidade não é mais restrita aos artistas de vanguarda.

Assim, muitas de nossas experiências subjetivas mostram-se instáveis, reiteradamente submersas em novas espacialidades, virtualidades, rupturas espaçotemporais, que certamente afetam a sensação de estabilidade. Há, também, dimensões traumáticas que se tornaram feridas ainda mais expostas durante a pandemia, evidenciando a enorme desigualdade social brasileira, os racismos e as violências contra corpos diversos, sem falar no colapso ambiental – pesadelos que invadem o sonho e a vigília.[5] Historicamente, Walter Benjamin acenava, nos

[5] Sobre tais temas, ver a série Pandemia Crítica da n-1 edições, em especial, MARQUES, L. *A pandemia incide sobre o ano mais importante da história da humanidade. Serão as*

anos 1930, para as vivências traumáticas que instauraram efeitos de ruptura e esgotamento, após a catástrofe da Primeira Guerra Mundial. Questionava, assim: "qual o valor de todo o nosso patrimônio cultural, se a experiência não mais o vincula a nós?" (Benjamin, 1994, p. 115). Em outras palavras, denunciava como fenômeno da modernidade o empobrecimento da experiência, com a perda da capacidade de transmissão e de narração do vivido, colocando-nos numa posição bastante nova e desafiadora.[6]

Nesse momento, portanto, em que as fronteiras entre a ficção e a realidade parecem se dissolver e se embaralhar, o conceito freudiano de infamiliar pode nos fornecer um paradigma da nossa condição contemporânea: a pandemia na qual estamos mergulhados seria o acontecimento que teria explicitado essa generalização e precipitado seus efeitos. A presente pesquisa pretende, portanto, mapear os efeitos psicológicos do confinamento através da análise dos sonhos.

Sentir-se em casa... em casa?

Nas "Conferências introdutórias sobre a psicanálise", Freud ofereceu uma definição que poderia descrever a experiência dos indivíduos modernos ao afirmar que "o Eu não é mais senhor em sua própria casa" (Freud, 2006, p. 295).[7] A sentença do psicanalista metaforiza o descentramento do sujeito: nem a consciência nem a vontade livre são capazes de abarcar nossa experiência subjetiva, marcada, ao contrário pelo inconsciente e pelas pulsões. Em 1919, no texto "O infamiliar", Freud descreve não apenas como o eu não é senhor em sua própria casa, mas também como nos angustiamos exatamente diante daquilo

próximas zoonoses gestadas no Brasil? (n. 106); MBEMBE, A. *O racismo anti-negro funciona da mesma maneira que um vírus* (n. 93) e KRENAK, A. *Do tempo* (n. 38). Disponível em: www.n-1edicoes.org.

[6] Márcio Seligmann-Silva (2003, p. 408), sobre tal dimensão da obra benjaminiana, comenta: "O trabalho de retecer o texto da experiência – destruído pelos choques da vigília – é, a priori, indeterminável. A promessa do reencontro nunca se cumpre totalmente", p. 408. In: "Catástrofe, história e memória em Walter Benjamin e Chris Marker: a escritura da memória".

[7] "[...] *dem Ich nachweisen will, j daß es nicht einmal Herr ist im eigenen Hause*" (FREUD, [1917] 1967, p. 295).

que nos é mais íntimo e mais familiar. Como isso é possível? Que a tranquilidade de nosso lar seja também o local onde nos sentimos sozinhos, ou angustiados, ou até mesmo aprisionados? Que ao nos depararmos com nossos sentimentos mais íntimos e secretos possamos, paradoxalmente, sentir estranheza e inquietação? É a perguntas desse tipo que Freud responde com o conceito de infamiliar no ensaio com esse mesmo nome, a ambiguidade inerente ao que nos é familiar – o doméstico, o relativo à dimensão da casa – é também aquilo que é íntimo e, por extensão, secreto. O infamiliar é o sentimento angustiante de quando essa ambiguidade inerente ao familiar, que deveria ficar oculta, vem à tona. É quando estranhamos o que nos é familiar, como uma criança que teme o escuro de seu próprio quarto, ou quando nos sentimos atordoados por não podermos sair de casa. "É numa casa que a gente se sente só. Não do lado de fora, mas dentro", escreveria Marguerite Duras.

Vale a pena reconstruir minimamente o contexto histórico no qual essa obra foi escrita. "O infamiliar" é escrito na ressaca da Primeira Guerra Mundial, durante a pandemia de gripe espanhola, que apenas um ano depois vitimaria Sophie, filha de Freud. Na atualidade, esse texto centenário pode oferecer chaves interpretativas justamente porque podemos traçar analogias com o período no qual foi gestado. Afinal, estamos em meio a uma pandemia que já ceifou milhares de vidas ao redor do mundo e vivemos em um cenário em que a guerra, que ainda poderia ser uma época de excepcionalidade no tempo do psicanalista, teria se convertido em nossa própria condição normal.

Freud conclui a redação de "O infamiliar" no intervalo entre as duas primeiras versões manuscritas de *Além do princípio de prazer*, cuja versão definitiva seria publicada apenas um ano depois. Àquela altura, tratava-se de investigar a repetição de sonhos traumáticos e de lembranças desprazerosas. Para dar conta de fenômenos dessa natureza, Freud postula o conceito de pulsão de morte, tendência ainda mais básica do que aquela descrita pelo princípio de prazer. Diante de acontecimentos novos, que interrogam nossa estrutura conceitual e nossos métodos pactuados, devemos estar "preparados para abandonar novamente um caminho que perseguimos por um algum tempo, se parecer que ele não nos leva a nada de bom" (Freud, 2020, p. 205). Só aqueles "que exigem da ciência um substituto para o catecismo abandonado" (Freud, 2020, p. 205) nos levarão a mal.

Nesse sentido, a experiência descrita pelo *unheimlich* freudiano diz respeito a uma espécie de elemento íntimo, mas desconhecido, familiar, mas secreto, que deveria permanecer oculto, no entanto, vindo à tona, angustia-nos, amedronta-nos, aterroriza-nos. Quando estamos isolados em nossas casas, nossa tendência habitual de atribuir a eventos externos a origem de nossas aflições cai por terra. O que nos angustia não é o que vem de fora, do exterior, o alheio ou o estrangeiro, mas justamente o que há de exterior e estrangeiro no fundo de nós mesmos. O que os sonhos confinados nos mostram é a generalização desse sentimento de infamiliaridade.

Sonhos e trauma na pandemia

A palavra "trauma" vem do termo grego "*traumatos*", cujo significado é semelhante ou relativo a "ferida". Sem o recobrimento da pele, a lesão deixa expostas camadas mais profundas do tecido corporal, afetando, em graus diversos, sua função protetiva. O trauma psíquico segue aproximadamente a mesma lógica. Em seus primeiros escritos, Freud já definia o trauma como um acontecimento disruptivo que o aparelho psíquico não era capaz de simbolizar, seja pelo caráter excessivamente intenso do próprio evento, seja pela ausência de redes simbólicas ou camadas protetivas suficientemente robustas para dar conta de um evento qualquer, seja pela combinação de ambos os fatores.

Experiências traumáticas que não simbolizamos suficientemente tendem a ser repetidas em nossos sonhos, como outra cena em que combinações de elementos heterogêneos podem ser processados. Assim, considerando a experiência da pandemia como situação traumática, para a qual o excesso pulsional se encontra além da capacidade psíquica de representação, ou simbolização, ou narrativa, os sonhos retomam a geração de angústia típica das neuroses traumáticas. Os momentos traumáticos conduzem à dupla origem da angústia, uma como consequência direta do acontecimento traumático e outra como sinal de ameaça com a repetição desse evento. Assim, nos relatos apresentados dos sonhadores participantes desta pesquisa, vemos que o contexto pandêmico reatualiza angústias que dizem respeito às vivências subjetivas de cada sujeito. Não se trata, pois, apenas de ameaças reais provocadas pelo vírus, mas da composição narrativa de cada sujeito que apresenta de novo a cena recalcada acrescentando-lhe algo novo, que, ao ser reapresentada ao sonhador, é vivenciada como experiência de infamiliaridade.

De fato, o sentido clássico do trauma toma extensão a partir da descrição que a ciência produz do mundo, conformando assim um fenômeno que a excede, ou seja, o trauma será caracterizado como aquilo que escapa à programação descritiva da ciência, como irrupção de uma causa não programável, pois "tudo o que não é programável se torna trauma" (Laurent, 2004, p. 22). Tal característica diz respeito a uma experiência que fura a lógica associativa e escapa ao sentido conferido pela simbolização. Um trauma é, pois, um evento capaz de congelar o funcionamento psíquico, ao inundá-lo com um excesso de estímulos para os quais não dispomos de redes de proteção, de esquemas narrativos ou de representações imagéticas capazes de absorver o impacto do evento. Um trauma, tanto do ponto de vista individual quanto do coletivo, é, pois, da ordem de um acontecimento. Um acontecimento que excede nossos recursos simbólicos e nossos repertórios narrativos, excedendo ainda nossos esforços de dar nome a isso que subsiste como buraco, como furo.

Essa premissa se desdobra de duas proposições em relação ao trauma. A primeira delas diz respeito à distinção estabelecida por Freud na elaboração sobre a neurose e a síndrome da repetição traumática, quando o problema do traumatismo é colocado a partir da perda do objeto materno, que deixa marcas no desejo enquanto uma busca por "reencontro" com esse objeto perdido. Nesse sentido, todo encontro com um objeto amoroso teria o caráter de reencontro, sob o pano de fundo dessa perda primordial da mãe, que seria um modelo de todos os outros traumas, uma primeira experiência de desamparo.

A segunda é a proposição lacaniana sobre essa tese, que se fundamentará na experiência da linguagem. Ao aprender a falar, somos convocados pelos adultos a nos comunicar sobre o que sentimos e experienciamos, situações que muitas vezes nos colocam diante de limites da linguagem, isto é, diante de certas impossibilidades de tradução, a que Lacan dá o nome de "real". Há uma série de fenômenos clínicos que decorrem da categoria do real, situando-se ao mesmo tempo na borda e no fundo desse sistema da linguagem. O trauma pode ser assim pensado como um desses fenômenos que "tocam o real" (Laurent, 2004, p. 24), sendo por isso um desafio à simbolização.

Nesse sentido, "o trauma é um buraco no interior do simbólico" (Laurent, 2004, p. 25), configurando assim um ponto de real que permanece exterior a uma representação simbólica, estando o real em uma "exclusão interna ao simbólico". Esse ponto de real que não se deixa absorver pelo simbólico é vivido enquanto angústia generalizada ou angústia traumática. É essa a razão que faz o trauma ser tão repetitivo, seja nos sonhos e nos pesadelos, seja também nas mais diversas formas de manifestação sintomática, que incluem sintomas somáticos ou psíquicos, crises de angústia, pensamentos obsessivos em *looping*, fuga da realidade e exposição narcísica a riscos etc. Esses sintomas podem operar como uma significação precária e, muitas vezes, rígida da falha em se inscrever na ordem simbólica que se inicia na fissura do trauma. Buracos que resistem como feridas abertas, reiniciando o processo sintomático de novo e de novo, sem nunca se deixarem metabolizar completamente pela teia do que é representável, narrável, isto é, daquilo que ocupa um lugar tangível para o sujeito. Por isso, todo tratamento possível ao trauma implica dar sentido, colocar em linguagem, enfraquecer significações rígidas em detrimento de outras, inscrever os acontecimentos numa rede simbólica cuja riqueza, abrangência e plasticidade seja capaz de apaziguar e reduzir os efeitos desse buraco invasivo do traumatismo.

Com a chegada da pandemia de covid-19, sentimentos de ruptura da continuidade e de suspensão de nossas expectativas de futuro próximo ficaram em primeiro plano. Podemos evidenciar assim a relação com a irrupção de algo não programável: nem a ciência nem a ficção foram capazes de prever perfeitamente o que estamos experimentando agora. Mesmo aqueles que, de uma forma ou de outra, anunciaram riscos de pandemias virais não foram escutados. Quando Aristarco de Samos[8] sugeriu que a Terra girava em torno do Sol, no século III a.C., não havia quem pudesse escutá-lo...

Como no relato do "sonho das escadas" de Anna, a sonhadora começa narrando que estava em um prédio "aparentemente sólido" e que teve de sair às pressas por algum motivo desconhecido: "que não sei exatamente qual". Em um primeiro momento, a solidez do prédio, além do clima agradável, remete-nos a uma ideia de um local seguro. Todavia, ao sair de maneira urgente, o local apresenta a primeira falha com a sonhadora: o elevador não estava funcionando. Esse elemento desconhecido, esse inimigo sem rosto e sem nome, é uma das características mais preponderantes dos sonhos confinados.

Tomada pela urgência da situação, ela se direcionou à escada, onde se deparou com o impacto do susto: "fiquei muito chocada, pois o prédio havia 'se virado em seu eixo'... tipo, invertido os lados... e a escada ficou virada para a parede...". Isso a sonhadora interpretou como a interrupção de sua ascensão profissional, e aqui destacamos o trauma causado pela interrupção do sentimento de continuidade, mas ela também traz à baila o sentimento de impotência ao se ver impedida de sair da situação angustiante que tem vivenciado. Em todas essas reflexões, o que vem criado enquanto imagem é que um local inicialmente seguro se tornou uma armadilha, voltou-se contra a sonhadora, ao criar uma situação em que ela se vê diante da impossibilidade de agir diante do perigo. Esse elemento é paradigmático: a casa, frequentemente, é, ao mesmo tempo, o lugar onde nos sentimos protegidos e seguros, mas também desprotegidos e aprisionados.

Freud confere destaque para o susto inerente ao fenômeno do trauma: o despreparo em relação ao choque e a falha do sinal de angústia criam as condições para a ruptura do tecido narcísico, lançando o sujeito em um estado de desamparo pleno diante do horror. No sonho que estamos analisando, o fenômeno posterior à inversão acaba

[8] Aristarco de Samos (230 a.C.), astrônomo e matemático grego, foi o primeiro cientista a propor que a Terra gira em torno do Sol e possui movimento de rotação.

encarnando, na narrativa, um sentimento de desproteção completa: "além de ter aberto um buraco, um vão da altura dos andares. Além de a escada ficar aparentemente inacessível por 'começar na parede', a fenda muito larga que se abriu me impedia de sequer tentar chegar até a parede das escadas. Olhava o tamanho do buraco e a altura em que estava e sabia que seria impossível". Diante da impossibilidade de sair com vida do prédio, a sonhadora acorda: "Fiquei muito desesperada por estar encurralada ali e tive clareza de que não conseguiria me salvar, meu sentimento era de pânico, muito real e até físico, tanto que acordei muito assustada e impressionada com tantos detalhes e a clareza com que eu via minha morte".

Esse sentimento de acordar com a percepção física de sentir a própria morte de perto mostra a intensidade da atividade onírica, ilustrando a que ponto a exigência de trabalho psíquico requerida pelo acontecimento traumático nos afeta. Quando sonhamos, o processo psíquico normal inverte seu curso. Se, durante a vigília, sentimos sede, por exemplo, executamos uma série de ações até podermos beber água. O processo psíquico vai do estímulo à ação motora, passando, no caminho, por diversos caminhos. Durante o sono, o processo se inverte. A ação motora é inibida ao máximo. Impedido de se realizar numa ação, o processo psíquico toma o caminho inverso e investe, regressivamente, as extremidades sensoriais do aparelho psíquico, dando origem às imagens e aos pensamentos que vemos nos nossos sonhos. Freud chamava esse processo de caráter regressivo dos sonhos, e a essas percepções que temos enquanto sonhamos de realizações alucinatórias de desejo. A regressão é um conceito muito utilizado na psicanálise e na psicologia contemporânea, sendo descrita como um processo que caminhava em uma direção e que retorna em sentido inverso. Além disso, "no sentido formal, a regressão designa a passagem a modos de expressão e de comportamento de nível inferior do ponto de vista da complexidade, da estruturação e da diferenciação" (Laplanche; Pontalis, 1967, p. 568). Esse mesmo atributo regressivo, no sonho relatado, também surge em outras narrativas, manifestações afetivas que escapam ao laço "do conhecido" e que surgem nos relatos que se seguem.

"[...] várias cenas aparentemente cotidianas acontecendo até que eu percebi que uma presença **MALIGNA** aparecia e **DESAPARECIA** do campo de visão. Ela apareceu primeiro como uma entidade **DISFORME** e **PRETA**, depois como um ser com características de **COBRA**, porém com torso de **MAMÍFERO**, quando no sonho tentei **FUGIR** e pedir ajuda à vizinha daqui do meu prédio com quem tenho mais **AFINIDADE**, ela também se revelou como ajudante dessa entidade que queria me fazer **MAL**."

(LUCAS, 22 ANOS, 28 DE MAIO DE 2020)

O infamiliar e o mal

Outro aspecto infamiliar que ocorre frequentemente nos sonhos evoca a permanência de um modo de funcionamento animista no psiquismo. Atribuímos a pessoas – reais ou imaginárias – ou a entidades – religiosas ou literárias – a intenção de nos prejudicar, de nos agredir, de nos matar; emprestamos as essas pessoas ou entidades forças especiais, misteriosas, que teriam o poder de nos afetar das mais diversas maneiras. As crendices populares são recheadas de expressões para dar conta desses fenômenos, como o "mau olhado" ou o "olho gordo". Tendemos a atribuir tais forças malignas a entidades exteriores a nós, como demônios. A intuição psicológica por trás disso não está inteiramente incorreta. O que a psicanálise acrescenta é que esse caráter "demoníaco" que tememos do exterior é, na verdade, algo que nos é extremamente íntimo, algo que deveria permanecer de certa forma oculto de nós mesmos, mas que, quando emerge, tendemos a reconhecer como proveniente do exterior, mas, de fato, são elementos que retornam de onde foram expulsos: do fundo de nós mesmos. Essa vertente do infamiliar tende a ocorrer quando estamos diante de temas como a origem do mal ou a proximidade da morte.

● [...] várias cenas aparentemente cotidianas acontecendo até que eu percebi que uma presença maligna aparecia e desaparecia do campo de visão. Ela apareceu primeiro como uma entidade disforme e preta, depois como um ser com características de cobra, porém com torso de mamífero, quando no sonho tentei fugir e pedir ajuda à vizinha daqui do meu prédio com quem tenho mais afinidade, ela também se revelou como ajudante dessa entidade que queria me fazer mal. [...] Depois ele voltou como um humanoide, tivemos uma breve conversa sobre vidas e linhas de tempo, ele disse que no passado havia reencarnado muito mais bestial e cruel, e também muito mais dócil, e estava sem o ápice do desejo de matar ultimamente, eu tentei barganhar para que ele me deixasse em paz usando isso como argumento, mas mesmo que ele tenha concordado, foi uma segunda traição, pois ele mudou de ideia, apareceu de novo, desta vez como uma imagem de sua forma humanoide na tela de meu celular, e me atacou.

> [...] a criatura era um predador imortal, e eu nada mais que um inseto em comparação. O mundo ficou uma sequência de preto e luzes enquanto minha cabeça era aberta pelos dentes da criatura, não conseguindo gritar, até que eu acordei. [...] depois disso, em sonho, na mesma noite, me vi em um campo florido enquanto a criatura diminuía de tamanho até se reduzir a uma pequena máscara com dois olhos de mamífero e sumir. A segunda criatura que apareceu, uma semana depois, era feminina, deformada, não atacava, só estava semimorta nas proximidades dos eventos dos sonhos (Lucas, 22 anos, 28 de maio de 2020).

O sonho de Lucas nos carrega para o campo das entidades bestiais, monstruosas, que encarnam o desejo de matar, e da pequenez do sujeito diante do perigo mortal. No relato, deparamo-nos com um sonho carregado de angústia, de invasão, e que demonstra de maneira potente a permeabilidade da barreira entre o mundo interno e externo. O sonhador inicia seu relato mencionando que teve três pesadelos durante a pandemia: "o primeiro foi um sonho comum, várias cenas aparentemente cotidianas acontecendo até que eu percebi que uma presença maligna aparecia e desaparecia do campo de visão". Ele descreve a figura de uma maneira muito detalhada, uma cobra com corpo de mamífero. "O impacto dessa aparição foi tamanho que quando no sonho tentei fugir e pedir ajuda à vizinha daqui do meu prédio com quem tenho mais afinidade, ela também se revelou como ajudante dessa entidade que queria me fazer mal." Todas as aparições foram acompanhadas de convulsões.

O sentimento de traição do local inicialmente seguro que se vira contra o próprio sonhador reaparece: a vizinha do prédio, conhecida de Lucas, revela-se mancomunada com a entidade e quer machucá-lo. Verdadeira figura infamiliar, a vizinha é, por outro lado, apresentada como uma figura próxima, descrita sem muitos detalhes, e no momento em que o nível de angústia aumenta, o sonhador desperta. Dessa vez não há simbolismo ou palavra, é o corpo que manifesta o caráter agonístico do embate entre as pulsões de vida e de morte no interior do sonho. Estamos diante de uma das formas descritas por Freud em "O infamiliar", quando atribuímos a uma pessoa ou entidade a intenção de nos fazer mal, com a ajuda de forças misteriosas (Freud, 2019, p. 91).

Ao retornar para o estado de sonho, a criatura estava mais mansa, revelando até certa sedução ao falar um pouco com Lucas sobre sua história. No entanto, ela o trai e o ataca novamente. As defesas que erguemos diante da força da pulsão se tornam meros fiapos diante do trauma. O golpe no narcisismo e a impotência diante do perigo também aparecem no relato: "a criatura era um predador imortal, e eu nada mais que um inseto em comparação". A criatura é o desejo mais íntimo dos humanos, ela encarna aquilo que passamos a vida tentando buscar sem conseguir: o poder de ludibriar a morte. E que volta para o sonhador como a cabeça da Medusa refletida no escudo de Perseu: Lucas congela em sua impotência diante do próprio corpo que padece.

O interessante desse relato é o seu caráter processual. À medida que os três sonhos prosseguem, a origem maligna é cada vez mais domesticada através da elaboração onírica, de modo que ocorre a realização do movimento de repetição da cena traumática até uma elaboração em que as redes de proteção simbólica começam a se reerguer e a dominar o impulso mortífero. E a figura que retorna no terceiro sonho "não atacava, só estava semimorta nas proximidades dos eventos dos sonhos". Esse relato demonstra o caráter de regressão em um primeiro momento e o ser invadido por todo o impacto mortífero da pulsão de morte, mas também aponta para uma simbolização cada vez eficiente. No embate final entre Eros e morte, o aparelho psíquico encontra uma solução de compromisso: a criatura maligna não era mais "um predador imortal", mas uma figura feminina "semimorta". Mas o elemento mais interessante é o surgimento da "máscara". No segundo sonho, na mesma noite do sonho de maior angústia, a criatura já começa a perder força, a diminuir de tamanho. O cenário sombrio, no primeiro sonho, é substituído por "campos floridos", e "a criatura diminuía de tamanho até se reduzir a uma pequena máscara com dois olhos de mamífero e sumir". Diante de um perigo nem sempre visível ("aparecia e desaparecia do campo de visão"), a solução encontrada pelo próprio sonhador é a máscara, que, no segundo sonho, faz desaparecer o perigo. Está em jogo aqui a dimensão protetiva do aparelho psíquico, que Freud (2020) definiu como anterior ao próprio princípio de prazer.

Os relatos continuam com esse traço dos locais infamiliares e o posterior despertar assustado, tais como nos sonhos de Luiza e Raquel:

● Estava na minha casa com uma amiga de infância. Uma pessoa entrou na casa dizendo estar desesperada procurando por dinheiro. De repente a pessoa queria nos agredir e falei pra minha amiga destrancar a porta e ela não estava conseguindo. (De fato: meu marido me acordou e disse que eu estava com respiração ofegante) (Luisa, 31 anos, 25 de maio de 2020).

● Sonhei que estava numa casa que não era minha, e estava cheia de gente. Entraram umas pessoas de máscara, acho que eram todos homens, e eles usavam máscaras de pano. Essas mesmas que usamos na pandemia. Eles iam matar a gente. Eu saí correndo da casa e consegui ir pra rua. Estava de noite, a rua estava vazia. Eles vieram atrás de mim. Eu comecei a correr e precisava gritar "socorro" para me salvar. Só assim eu iria me salvar. Eu abria a boca, fazia esforço e o grito não saía. Eu ia morrer. Me esforcei muito para gritar, eu estava correndo. Até que eu acordei (de verdade) gritando "socorro", e muito cansada, como se estivesse correndo. Fiquei cansada todo o dia (Raquel, 50 anos, 26 de maio de 2020).

Quanto ao sentimento da falha da proteção, no caso de Raquel, é o próprio corpo que vacila com a sonhadora, e, no caso de Luísa, a amiga de infância, tão conhecida em sua história, não consegue a proteger do assaltante. Nos dois relatos as sonhadoras acordam ofegantes, cansadas e angustiadas. A expressão do susto também surge, para além da ruptura, nos seguintes trechos: "Entraram umas pessoas de máscara, acho que eram todos homens, e eles usavam máscaras de pano. Essas mesmas que usamos na pandemia. Eles iam matar a gente" e "De repente a pessoa queria nos agredir".

O sonho é percebido aqui como se fosse um esboço narrativo para essas percepções – há, nesse sentido, um esforço psíquico em tornar essas impressões, pela via da repetição em sonhos, em representações. Freud nos atenta para o fato de o caráter da repetição no sentimento de infamiliaridade ser muito próximo do desamparo vivido em sonho. Nesse sentido, a regressão faz com que as sonhadoras, ao acordar, nomeiem as sensações corporais, como uma ponte de tradução para aquilo que é extremamente sofrido: "muito cansada, como se estivesse correndo", "fiquei com a respiração ofegante".

O caráter de infamiliaridade nos é particularmente comum na medida em que vivemos os efeitos da pandemia de covid-19 trazida pelo novo coronavírus: ruas desertas, notícias sobre corpos jogados nas ruas em países vizinhos ou tumultos em enterros coletivos, pessoas infectadas por um vírus altamente contagioso e letal. Presente em inúmeros países ao redor do mundo, a vivência trazida pela pandemia se assemelha a aspectos antes enunciados pela literatura ou pelo cinema, mas de cuja gravidade nem todos nós estávamos conscientes. Como se

> entre enigma da morte e problema plenamente conhecido, da natureza mortífera de nossa própria ordem da vida, entre obscuro, misterioso e *não eu*, por colocar a morte sobre a mesa de jantar de todos nós; ou como resultado pleno, catástrofe geopolítica global e de economia voltada para forçar a privatização da renda, dos direitos e da saúde, o vírus se faz tão verdadeiramente obscuro quanto simbolicamente situado. Ele tem quase a estrutura simbólica, por assim dizer, de uma formação do inconsciente da civilização, ao velho modo freudiano de entender a coisa do inconsciente: tão presente e afirmativo, cultural e civilizatoriamente, quanto de fato sempre oculto. O vírus é nosso primeiro sintoma global universalmente percebido pelos homens (Ab'saber, 2020, [s.p.]).

Mais real do que a realidade

> Mas eu estava estarrecida. Minha roupa ainda estava manchada de sangue. Aproveitei que ainda não tinha sido vista por ninguém, me encolhi e fui me esconder atrás de uma árvore. Minha mão também estava manchada de sangue, porque eu tinha comido pedaços de carne que estavam caídos no chão daquele

> celeiro. Eu tinha esfregado sangue vermelho da carne crua e mole na gengiva e no céu da boca. O reflexo dos meus olhos estava brilhando na poça de sangue no chão do celeiro. Foi tudo tão real. A sensação de mastigar carne crua, o meu rosto, o brilho dos meus olhos. Parecia o de alguém que conheci pela primeira vez, mas era meu rosto. Quero dizer, pelo contrário, parecia tê-lo visto tantas vezes, mas não era meu rosto. Difícil explicar. Era familiar e desconhecido ao mesmo tempo... essa sensação real e esquisita, terrivelmente estranha (Kang, 2018, p. 17).

Publicado no Brasil em 2018, o romance *A vegetariana*, da escritora sul-coreana Han Kang, narra a história de uma mulher que, após ser acometida por sonhos terríveis e estranhos, decide parar de comer carne. Ao acompanhar o desenrolar da trama, somos apresentados aos relatos oníricos dessa singular protagonista. Desse modo, replicando o procedimento análogo ao de Freud, que encontrou o paradigma do infamiliar num texto ficcional, o conto "O Homem da Areia", de E. T. A. Hoffmann, vamos refletir sobre os sonhos confinados também a partir de uma matriz literária. Os sonhos fictícios são relatados ao longo do livro e trazem para o primeiro plano, como evidencia o trecho citado, esse afeto "familiar e desconhecido ao mesmo tempo", essa "sensação real e esquisita, terrivelmente estranha" vivida pela personagem nessas imagens que aparecem em seu sonho e que trazem, a partir das descrições do conteúdo onírico, a marca indelével do que Freud nomeou como infamiliar: "tudo o que deveria permanecer em segredo, oculto, mas que veio à tona" (Freud, 2019b, p. 45).

Enquanto Nathanael, o protagonista da narrativa fantástica de Hoffmann, ainda se confrontava com figuras demoníacas, bonecos autômatos e personagens duplos que pareciam corroer sua saúde psíquica, o texto da escritora sul-coreana alude, com uma aguçada sensibilidade contemporânea, o que apenas se esboçava na época de Hoffmann, há cerca de 200 anos. O personagem Nathanael é assombrado por alucinações ligadas ao "Homem da Areia", um outro maligno e demoníaco encarnado nos estranhos personagens da trama que deflagra sua loucura e que o conduz ao suicídio. Já no texto de

Kang, veremos como essa percepção se desloca para a ideia de que esse outro não provém do exterior, mas é consubstancial a cada um.

O desenvolvimento do *unheimlich* como o familiar adormecido que retorna como infamiliar se conecta intimamente com a problemática abordada por Freud sobre a pulsão de morte. Se, no material ficcional do século XVIII utilizado por Freud, o Homem da Areia demoníaco que atormenta Nathanael era ainda um outro, parte de um fora, a ficção contemporânea já mapeia a questão partindo de outro estatuto. A narradora de *A vegetariana*, que, aporeticamente, vê seu próprio rosto como se estivesse vendo alguém pela primeira vez, ou, numa perspectiva inversa, sentia que já tinha o visto tanto que não era mais capaz de reconhecê-lo, mostra o caráter indecidível e paradoxal do *unheimlich* freudiano: a infamiliaridade não tem a ver com o desamparo diante de algo externo à psique, com um outro demoníaco que nos assusta e afeta, mas com uma singular experiência diante da nossa própria disjunção: um não se sentir em casa em casa ou, na inaugural formulação freudiana presente nas *Conferências*, um eu que não é mais senhor em sua própria casa.

Em "Subjetividade antropofágica", a psicanalista Suely Rolnik resume parte dessas inquietações com a casa, com uma série de perguntas que poderiam se dirigir a todos nós:

> Nos tornamos de fato *homeless*, todos? A casa subjetiva dissolveu-se, desmoronou, desapareceu? Onde está a identidade? Como recompor uma identidade neste mundo onde territórios nacionais, culturais, étnicos, religiosos, sociais, sexuais perderam sua aura de verdade, desnaturalizaram-se irreversivelmente, misturam-se de tudo quanto é jeito, flutuam ou deixam de existir? Como reconstituir um território neste mundo movediço? Como se virar com esta desorientação? Como reorganizar algum sentido? (Rolnik, 1998, p. 128).

Todavia, se a tese de Rolnik vai em direção a um assombro diante da perda da casa – "nos tornamos de fato *homeless*, todos?", indaga ela –, nossa proposta parece seguir, apesar de partir de uma vivência de desorientação semelhante, por outro caminho. O infamiliar, nesse sentido, não é a perda do familiar, a perda do lar, da *Heimlichkeit*. O infamiliar, na verdade, seria uma operação mais sofisticada na qual o significante "casa", costumeiramente relacionado à ideia de amparo e de acolhimento, já não garante uma experiência de habitar alguma segura ou sólida morada. Afinal, é dentro de casa que nos sentimos sós, que nos angustiamos, de onde, às vezes, queremos fugir.

Sonhei que estava em casa, muito real, muito mais real que a maioria dos meus sonhos, nesse tinha cores vivas e um ambiente íntegro, diferente de outros sonhos confusos, em preto e branco que normalmente tenho. Minha casa estava cheia de gente, como normalmente ela fica quando tem gente da célula da igreja aqui, e havia dois dos meus melhores amigos que não vejo desde antes da quarentena. Um deles estava bebendo água na geladeira, eu falava com ele e depois atirava nele, em primeira pessoa, e ele se escondia atrás da porta da geladeira, aí meu outro melhor amigo corria pro quintal, onde tava cheio de gente, e eu dava dois tiros à queima roupa nele também, ainda em primeira pessoa, e ele caía ensanguentado. As pessoas olhavam indiferentes pra morte, meu pai dizia como meu amigo era legal. Aí eu me dava conta do que fiz, ia até o banheiro correndo pra dentro de casa, daí pra frente o sonho mudou para terceira pessoa, e a "câmera" focava em mim em quanto [*sic*] eu não via o que estava à frente pois corria em direção à "câmera", então surgia no banheiro chorando e dizendo isso é só um sonho, só pode ser um sonho, não é real, não é real, mas falando isso acreditava que era real mesmo assim, aí acordava (Mamute, 20 anos, 12 de junho de 2020).

Como recurso dos próprios sonhadores, na elaboração de seus relatos oníricos, eles recorrem aos meios de representação das produções estéticas e da linguagem artística, como ocorreu no primeiro "sonho do prédio que gira em torno do eixo/sonho de Dalí", anteriormente abordado. Elaborações oníricas respondem à exigência suplementar de trabalho psíquico, perpetrada pelo trauma coletivo da chegada da pandemia. No trabalho do sonho, além dos mecanismos de deslocamento e condensação, é preciso haver um meio qualquer que permita representar em imagens o que é da ordem dos pensamentos inconscientes. Freud designou esse processo com uma expressão, ela própria, difícil de traduzir: "*Rücksicht auf Darstellbarkeit*" já foi (bem) traduzido por: "meios de representação no sonho", "consideração sobre a figurabilidade" ou "consideração para com os meios de encenação". Recentemente, Christian Dunker (neste volume, p. 209) redescreveu o processo como "perspectiva sobre a apresentação". Mas o que importa reter é isto: como um texto (os pensamentos do sonho) podem ser traduzidos em imagens narrativas? Nesse processo, o inconsciente se vale de diversos recursos, diríamos, "intersemióticos". Nesses processos de transformação, os objetos estéticos da arte podem, eventualmente, fornecer repertório para as necessidades de transformação que o trabalho do sonho exige.

Nesse sentido, o cinema, a literatura ou as artes em geral não apenas se colocam como recursos privilegiados para pensar a teoria do sonho, mas aparecem eles próprios como elementos de figuração, de representação ou de apresentação dos pensamentos inconscientes. As imagens das criações ficcionais, livros, filmes, pinturas etc. parecem emprestar aos sonhos ferramentas para a elaboração inconsciente dos restos diurnos. Assim, para a questão "Você se lembra de alguma coisa que pensou, viu, ouviu, leu e/ou vivenciou no(s) dia(s) anterior(es) à noite do sonho que queira relatar?" feita no formulário da pesquisa, Mamute, sonhador do relato anterior, associa que teria assistido a uma produção audiovisual: "Assisti à série da Netflix *Dark* (suspense/mistério)". E essa aproximação também aparece pela negação a um material ficcional como resto diurno, como na resposta de outra sonhadora: "Não vivenciei nada relacionado ao sonho nem assistir a filmes que parecessem com o sonho". Além disso, é especialmente por aquilo que o dispositivo narrativo – cinematográfico ou literário – produz pela articulação em sequência de imagens que remetem a um evento passado que se evidencia a proximidade entre a produção artística e o material onírico. Cenas montadas em que uma esconde a outra, mas entre suas lacunas há algo que pode emergir.

É o próprio Freud quem declara, em "O infamiliar", que é necessária também uma investigação estética junto à investigação psicanalítica para dar conta do problema da infamiliaridade. Todavia, se o tema da estranheza ou da abjeção não constituía propriamente o material da estética clássica, ocupada "dos sentimentos belos, grandiosos, atraentes" em vez dos "contraditórios, repugnantes, penosos" (Freud, 2019b, p. 31), a estética contemporânea opera de modo diverso. Assim, o sonho fictício de *A vegetariana*, esse sonho narrado por uma personagem feminina que aparentava ser a mulher "mais comum do mundo" (Kang, 2018, p. 10), faz funcionar a ideia do infamiliar como um paradigma. Yeonghye, a vegetariana do título do romance, conta seus sonhos, e vemos a dissolução de fronteiras entre a ficção e a realidade da protagonista: "Alguém matou uma pessoa e outro alguém escondeu o corpo, sem deixar rastros. No momento em que acordei, porém, me esqueci do sonho, fui eu que cometi o crime? Ou fui eu a vítima? Se era a assassina, quem matei? Você, talvez? Era alguém muito próximo. Ou então foi você que me matou...? E quem terá sido a pessoa que escondeu o cadáver? Com certeza não era eu nem você" (Kang, 2018, p. 31). Essa indeterminação entre o eu e o outro, esse outro íntimo e próximo, é vivida por Yeonghye de forma cada vez mais avassaladora ao longo do livro, como se o infamiliar pudesse ser alçado, através do conteúdo onírico da personagem, na condição paradigmática da existência na contemporaneidade, para a qual a arte opera, como já afirmamos anteriormente, como um sismógrafo, detectando ínfimos movimentos e abalos que só serão sentidos ou percebidos *a posteriori* na realidade factual.

As imagens ficcionais da narradora do romance, que, ao se olhar no espelho, não sabe se é a mesma que sempre foi ou uma outra, ou, ainda, a situação descrita por ela na qual ela não sabe se é a assassina ou vítima de um crime dão indícios de uma sensação indeterminada entre a familiaridade e o desconhecimento: elas manifestam a experiência irresolvível do *unheimlich* freudiano. Por analogia, a noção de imagem trazida pela noção de paradigma de Agamben carrega justamente esse traço infamiliar. Segundo o filósofo, cada imagem é arcaica, isto é, elas não têm uma origem, elas constituem em si mesmas sua própria *arkhé* (Agamben, 2019, p. 38). Assim, a característica paradigmática põe em jogo uma contradição indecidível entre ser familiar e não familiar ao mesmo tempo. Justamente por isso, um dos temas que aparece centralmente no texto de Freud é a desestabilização do olhar gerada pelo que se convencionou chamar de crise da representação surgida na passagem para a modernidade.

O triunfo do visível, um dos dados prementes da conquista civilizacional, seria um dos problemas caros trazidos pelo conto de Hoffmann analisado por Freud. Ver, poder e se tornar um sujeito consciente são dimensões de um mesmo regime discursivo que alinha a visão como uma garantia simbólica da racionalidade e da consciência do sujeito do saber. Essa problemática marca a cultura ocidental desde a Antiguidade, como na construção das figuras míticas de Tirésias – o adivinho cego que tem o poder de saber demais – e Édipo – aquele que por não saber ou achar que sabia acaba perdendo os olhos, cegando a si próprio –, passando pela alegoria da caverna de Platão – saber é sair das trevas e alcançar a luz – até culminar nas narrativas modernas – O Homem da Areia é um personagem demoníaco que joga areia nos olhos das crianças que se recusam a dormir – e, portanto, relaciona de forma inequívoca o medo e a angústia causados pela disjunção do visual, o que, em vocabulário psicanalítico, chamaríamos de castração do olhar, que é, no limite, uma castração do poder e do saber. Na narrativa do século XXI da qual partimos, Yeonghye relata a sua desesperadora e impotente sensação de não saber aliada à economia do visual. É ela quem afirma: "Tudo parece desconhecido para mim, como se olhasse para as coisas de longe" (Kang, 2018, p. 31), ou ainda "não consigo enxergar nada pela janela escura" (p. 36). Seu desamparo diante de não poder ver e de nada saber sobre si mesma radicaliza aquilo que parecia anunciado por Freud ao destrinchar a trama de Hoffmann.

Assim, a impossibilidade de se sentir em casa em casa traz, nas imagens dos sonhos, a marca do desconforto diante de algo assustadoramente invisível: um vírus contagioso cuja única imagem que conhecemos ou podemos simbolizar foi produzida por ilustradores médicos em um laboratório. Desse modo, a pandemia esgarçou o sentimento contemporâneo desvelado pelo infamiliar como condição paradigmática para a vivência dos sujeitos na passagem para o século XXI. No campo do visível, estamos, se seguirmos o conceito de imagem

"Eu estava com um grupo de **AMIGOS**, dentre eles alguns com os quais moro [...], em um lugar branco, muito **ILUMINADO**, de um jeito que nunca sonhei antes. Eu e as pessoas que estavam comigo observávamos uma presença **FEMININA** na casa, algo meio humano, meio espírito, do lado de uma barra branca que parecia uma arara de roupas, ela aparentemente fazia algo que outras presenças parecidas já haviam feito. Ela conversava com alguém e eles estavam com o rosto **QUEBRADIÇO**, parecia que eles iriam morrer de forma frágil a qualquer momento. É como se o **ROSTO** deles começasse a cair e desse pra ver o cérebro, a **CARNE**, os **OSSOS**, lá dentro. Nós olhávamos pra eles com aflição, pois obviamente eles iriam morrer a qualquer momento, até que a presença feminina de fato 'deixou o rosto cair', revelando o que havia lá dentro, e algo encostou no que havia dentro da cabeça dela e ela **MORREU**. Foi horrível, pois foi de uma forma muito fácil, frágil, evitável. Eu e meus amigos ficamos meio em **CHOQUE**, até que a cena mudou um pouco e de repente tinha um espelho atrás dessa presença. Essa figura feminina '**RESSUSCITOU**' e se transformou em uma figura mais humana, magra e de cabelo curto, e eu tinha receio de olhar pra ela. Ela se olhou no espelho e minha amiga me disse: 'B., tá vendo? Essa é **VOCÊ**', e eu entendi que aquela era minha imagem em vidas **PASSADAS**. Ao perceber isso, parei de olhar pra ela, não podia mais saber como eu fui em outras vidas, isso era um **TABU** pra mim naquele momento. Fui embora e deixei as pessoas lá na casa. Acordei em seguida."

(B., 25 ANOS, 29 DE JUNHO DE 2020)

proposto por Agamben em diálogo com Warburg, diante de imagens arcaicas que indicam não a glória e o regozijo de ver e saber algo, mas, ao contrário, imagens que só confirmam a impossibilidade de se retornar para uma origem, porque, simplesmente, não há origem; não há qualquer lugar de conforto ou horizonte de reconciliação. Em certa medida, sonhos são também imagens que anunciam a falha incrustada no campo da visualidade: as imagens não nos revelam algo, tal qual uma janela para o mundo, elas não mostram ou dão a ver algo, pelo contrário, elas são inadequadas, lacunares, cindidas por rasgos e fissuras, por excessos inapreensíveis pelo registro do simbólico. Nessa pura instabilidade do visível, ver é também perder – a casa, o lugar de conforto, a *Heim*, é a lição que nos dirige o Freud em "O infamiliar". A imagem, portanto, não é um elemento apaziguador, ela é atravessada por traumas, sintomas e cisões que marcam a cultura. Não por acaso, as imagens oníricas raramente nos tranquilizam: o prédio gira em torno do próprio eixo, aparecem cobras com torso de mamífero e rostos quebradiços que deixam entrever o cérebro...

É também o que mostra o sonho de B. – não fortuitamente uma artista visual – narrado à pesquisa:

● Eu estava com um grupo de amigos, dentre eles alguns com os quais moro [...], em um lugar branco, muito iluminado, de um jeito que nunca sonhei antes. Eu e as pessoas que estavam comigo observávamos uma presença feminina na casa, algo meio humano, meio espírito, do lado de uma barra branca que parecia uma arara de roupas, ela aparentemente fazia algo que outras presenças parecidas já haviam feito. Ela conversava com alguém e eles estavam com o rosto quebradiço, parecia que eles iriam morrer de forma frágil a qualquer momento. É como se o rosto deles começasse a cair e desse pra ver o cérebro, a carne, os ossos, lá dentro. Nós olhávamos pra eles com aflição, pois obviamente eles iriam morrer a qualquer momento, até que a presença feminina de fato "deixou o rosto cair", revelando o que havia lá dentro, e algo encostou no que havia dentro da cabeça dela e ela morreu. Foi horrível, pois foi de uma forma muito fácil, frágil, evitável. Eu e meus amigos ficamos meio em choque, até que a cena mudou um pouco e de repente tinha um espelho atrás dessa presença. Essa figura feminina "ressuscitou" e se transformou em uma figura mais humana, magra e de cabelo curto, e eu tinha receio de olhar pra ela. Ela se olhou no espelho e minha amiga me disse: "B., tá vendo? Essa é você", e eu entendi que aquela era minha imagem em vidas passadas. Ao perceber isso, parei de olhar pra ela, não podia mais saber como eu fui em outras vidas, isso era um tabu pra mim naquele momento. Fui embora e deixei as pessoas lá na casa. Acordei em seguida (B., 25 anos, 29 de junho de 2020).

O cenário pandêmico só veio confirmar a experiência contemporânea devastadora do infamiliar freudiano: a angústia e o mal-estar advindos do fato de não sermos mais senhores em nossa própria casa, tampouco nos sentirmos de novo em casa.

A narradora de *A vegetariana* nos oferece um exemplo magistral da generalização contemporânea do infamiliar. Há um estranho em nosso íntimo – um estranho que habita a nossa própria casa – ou, como diz essa mulher de poucas palavras (Kang, 2018, p. 10) que faz a experiência radical diante de uma ruptura traumática, é como outra pessoa que "sai de dentro de mim e me devora" (p. 36).

Os sonhos confinados nos indagam sobre a anatomia de um país em dissolução, como rostos quebradiços que mostram nosso cérebro, nossos ossos, nossa carne. O limiar entre a vida e a morte é tênue, quase imperceptível: "foi horrível, pois foi de uma forma muito fácil, frágil, evitável". As escadas estão logo ali, mas inacessíveis: uma parede nos separa delas e uma fenda nos separa das paredes. Só pode ser um sonho, "não é real, não é real"! Mas enunciar isso não era suficiente: "era real mesmo assim". A morte fácil, frágil, evitável. Só despertaremos quando alguém nos disser: "B., tá vendo? Essa é você". ■

REFERÊNCIAS

AB'SABER, T. A aceleração da história e o vírus veloz. *Revista Cult*, n. 257, 6 maio 2020. Disponível em: http://bit.ly/3qVPnyD. Acesso em: 16 mar. 2021.

AGAMBEN, G. O que é um paradigma? *In*: *Signatura rerum: sobre o método*. Tradução de Andrea Santurbano e Patricia Peterle. São Paulo: Boitempo, 2019. p. 9-44.

BENJAMIN, W. Experiência e pobreza. *In*: *Magia e técnica, arte e política: ensaios sobre literatura e história da cultura*. 7. ed. Tradução de Sérgio Paulo Rouanet; prefácio de Jeanne Marie Gagnebin. São Paulo: Brasiliense, 1994. p. 114-119. (Obras Escolhidas, I).

CASSIN, Barbara (Coord.). *Vocabulaire Européen des Philosophies: Dictionnaire des Intraduisibles*. Paris: Le Robert/Seuil, 2004.

FREUD, S. *A interpretação dos sonhos (1900)*. São Paulo: Companhia das Letras, 2019a. (Obras Completas, 4).

FREUD, S. *Além do princípio de prazer*. Edição crítica bilíngue. Tradução de Maria Rita Salzano Moraes. Belo Horizonte: Autêntica, 2020. (Obras Incompletas de Sigmund Freud).

FREUD, S. Das Unheimliche. *In*: *Gesammelte Werke (werke aus den jahren 1917-1920)*. Frankfurt am Main: Ficher Taschenbuch Verlag, 1999. p. 227-268.

FREUD, S. Novas conferências introdutórias sobre psicanálise. *In*: *Novas conferências introdutórias sobre psicanálise e outros trabalhos (1932-1936)*. Rio de Janeiro: Imago, 2006. (Edição Standard Brasileira das Obras Psicológicas Completas de Sigmund Freud, v. XXII).

FREUD, S. O infamiliar. *In*: *O infamiliar/Das Unheimliche; seguido de O Homem da Areia/E.T.A. Hoffmann*. Tradução de Ernani Chaves, Pedro Heliodoro Tavares [O homem da areia: tradução de Romero Freitas]. Belo Horizonte: Autêntica, 2019b. p. 26-125.

FREUD, S. Vorlesungen zur Einführung in die Psychoanalyse [1917]. *In*: *Gesammelte Werke*. Frankfurt am Main: S. Fisher, 1969. p. 282-295. Band 11.

FUKS, B. Da linguagem do Terceiro Reich e da linguagem do bolsonarismo. *Psicanalistas pela democracia*, 12 jun. 2020. Disponível em: http://bit.ly/3f5CXlq. Acesso em: 6 jul. 2020.

HIGUCHI, K. KH Coder. Versão 2.00f. Kyoto, Japan: Ritsumeikan University. 2015.

KANG, H. *A vegetariana*. Tradução de Jae Hyung Woo. São Paulo: Todavia, 2018.

LACAN, J. O Inconsciente freudiano e o nosso. *In*: *O seminário, livro 11: Os quatro conceitos fundamentais da psicanálise.* Rio de Janeiro: Jorge Zahar, 1990. p. 23-32.

LACAN, J. *O seminário, livro 6: O desejo e sua interpretação.* Texto estabelecido por Jacques-Alain Miller; tradução de Cláudia Berliner. Rio de Janeiro: Zahar, 2016.

LACAN, J. A instância da letra no inconsciente ou a razão desde Freud. *In*: *Escritos.* Rio de Janeiro: Jorge Zahar, 1998. p. 496-533.

LAPLANCHE, J.; PONTALIS, J.-B. *Vocabulário da psicanálise.* Santos, SP: Martins Fontes, 1990.

LAURENT, E. O trauma ao avesso. Tradução de Cristina Drummond. *Papéis de Psicanálise*, Belo Horizonte: Instituto de Psicanálise e Saúde Mental de Minas Gerais, v. 1, n. 1. p. 21-28, 2004.

MONTEIRO, J. *O que a Esfinge ensina a Édipo: os limites da interpretação, o demoníaco e o infamiliar na arte contemporânea.* 2019. 207 f. Tese (Doutorado em Filosofia) – Departamento de Filosofia, Pontifícia Universidade Católica do Rio de Janeiro, Rio de Janeiro, 2019.

ROLNIK, S. Subjetividade antropofágica. *In*: HERKENHOFF, P.; PEDROSA, A. (Ed.). *Arte contemporânea brasileira: um e/entre outros.* São Paulo: Fundação Bienal de São Paulo, 1998. p. 128-147.

SANTOS, L. G. Surrealismo e psicanálise: o inconsciente e a paranoia. *Artefilosofia: Revista do Programa de Pós-Graduação em Estética e Filosofia da Arte da UFOP*, Ouro Preto, n. 23, p. 178-191, dez. 2017. Disponível em: http://bit.ly/3c8RTgL. Acesso em: 19 ago. 2020.

SELIGMANN-SILVA, M. Catástrofe, história e memória em Walter Benjamin e Chris Marker: a escritura da memória. *In*: SELIGMANN-SILVA, M. (Org.). *História, memória, literatura: o testemunho na era das catástrofes.* Campinas: Editora da Unicamp, 2003. p. 387-414.

"O que quero relatar não é um sonho em si, mas uma **SENSAÇÃO** que tenho em muitos desses sonhos: sempre que estou prestes a tocar alguém ou alguma coisa, finalizar uma tarefa, passar de uma porta, é como se o chão sob meus pés **ENTRASSE** em marcha a ré. Na verdade, é como se tudo estivesse acontecendo sobre um disco de vinil e quando estou prestes a fazer o que quero – abraçar, reatar, passar de uma porta, dar caminho, finalizar um desejo seja ele qual for – a radiola é ligada e eu fico **PRESA** no 'quase'. E não adianta apressar o passo, tentar enganar o disco, porque a força oposta vai na mesma **INTENSIDADE**."

(MÉRCIA, 40 ANOS, BAHIA).

CAPÍTULO 2

"Presente": Tempos de sonhar

Gilson Iannini, Keilah Freitas Gerber,
Omar David Moreno Cárdenas, Luana S. Tvardovskas,
Guilherme Henrique Rodrigues

> *Medo do futuro, da ascensão do fascismo. Medo da morte, do luto. Medo de ficar presa... de perder liberdade. Não tenho certeza de nada, só que esses sonhos estão ficando mais "reais".*
>
> Letícia, Brasil, 2020.

> *Sonho que sonho apenas com retângulos, triângulos e octógonos, que de algum modo parecem biscoitos de Natal, pois é proibido sonhar.*
>
> Homem jovem, Alemanha, por volta de 1930.

Um acontecimento traumático desorganiza nossas relações com o espaço e com o tempo. Os sonhos nos mostram isso com especial clareza. No capítulo anterior, discutimos como os sonhos elaboram a impossibilidade de nos sentirmos em casa em casa. O caráter traumático da pandemia, assim como a correlativa exigência de isolamento social e atravessamentos políticos, têm fortes repercussões psíquicas.

No presente capítulo, trataremos das relações dos sonhos com o tempo, tanto no sentido de sua relação com o momento histórico presente quanto em relação às nossas experiências subjetivas da temporalidade.

Vários sonhos sinalizam que algo se desbussolou nas subjetividades com relação ao tempo após o surgimento da pandemia de covid-19, no Brasil, em 2020. Nati, 47 anos, de Minas Gerais, por exemplo, relaciona seu sonho ao "medo que estou sentindo, um vírus que ainda não tem vacina [...], o presidente só falando bobagens, ministro caindo, muitas mortes ocorrendo e não podemos fazer nada". Isa, 56 anos, do Paraná, associa o seu sonhar a "uma manifestação inconsciente das situações que estamos vivendo: indignação com pessoas que não levam a pandemia a sério, a sujeira política". Leão, 29 anos, do Rio Grande do Sul, observa que, a partir da pandemia, os seus sonhos são frequentemente "apocalípticos, [de] destruição ou morte". Como ele, outras pessoas também relatam sonhos mais sombrios, de perseguição, mais violentos etc. Além de sonhos com conteúdo semelhante ao de Leão, encontramos variações da relação feita por Siren, 45 anos, do Rio Grande do Norte, ao seu sonho: "creio que está relacionado ao medo do momento que estamos vivendo e o desejo de que tudo volte ao normal". São sonhos em que as pessoas podem realizar ou têm acesso àquilo que, na vida cotidiana, está interditado. Diante das produções oníricas relatadas à pesquisa, formulamos uma questão preliminar: de que modo os sonhos operam na elaboração do tempo presente?

Se por um lado nos interessa apreender de que maneira os sonhos respondem ao sombrio tempo presente, por outro, interrogamo-nos também pelas alterações sofridas na percepção do tempo. Em vários relatos de sonho, percebe-se uma pressa por concluir alguma pendência do passado. Pendências que vinham sendo adiadas, mas que a temporalidade imposta pela pandemia faz o sujeito antecipar o momento de concluir. Os próprios sonhadores relatam esse caráter peculiar: aquilo que sempre parecia poder ser adiado indefinidamente, de repente, pede uma conclusão. Como se o finito interrompesse o adiamento infinito. É o que nos conta Letícia, 27 anos, de Minas Gerais. Após um sonho que a desperta de madrugada, sentiu que precisava concretizar uma escolha adiada por muito tempo: pedir demissão do emprego atual, pois no sonho ouvia o nome de seu novo local de trabalho (ainda desconhecido). Bibiane, 33 anos, também de Minas Gerais, tem vários sonhos com um mesmo elemento: há sempre um homem que é visto como agressor e que não permite que ela saia do cômodo da casa onde está. Com esse sonho ela entendeu que precisava colocar um basta na incidência que um relacionamento do seu passado exercia sobre a parceria atual.

Outros sujeitos, contudo, relatam o oposto: não há uma temporalidade da urgência, mas a paralisia diante dos eventos atuais. Identificamos esse modo de lidar com a temporalidade nos processos oníricos e nas associações relatadas por Ken, 19 anos, do Rio de Janeiro: "Tudo parece pausado e solitário, de repente sem respostas. O sonho terminou assim, comigo só. [...] O arremesso é como tenho me sentido desde que a pandemia começou, arremessado para fora da própria vida". Gil, 21 anos, de Minas Gerais, sonha que precisa atuar como copiloto a fim de fazer um avião decolar, pois, somente assim, poderia voltar para casa. As suas elaborações sobre o sonho incluem o comentário: "Imagino que seja um momento que convoque para mais pessoas a sensação de impotência. [...] É uma dúvida que tenho, como as coisas vão voltar? Ficarão como sempre, recolheremos efeitos duradouros do isolamento?". Nana, 36 anos, de São Paulo, sonha que situações adversas acontecem enquanto ela observa, "sem conseguir fazer nada. Eu sempre estática, sem forças todas as vezes". Sobre esse sonho que se repete, ela associa uma posição: "fico travada". A partir do encontro com sonhos semelhantes a esses, uma segunda questão atravessa a nossa investigação: como a presente contingência político-sanitária afeta a percepção da temporalidade e de que maneira isso se manifesta nos sonhos? São essas duas perguntas que tentaremos abordar neste capítulo.

Um diagnóstico do presente

Reinhart Koselleck (2006) propõe que a história seja avaliada não apenas diacronicamente, ao longo do tempo, como também sincronicamente, ou seja, a partir de um recorte temporal. Do mesmo modo ele propõe que se avalie um contexto não exclusivamente *post eventum* –

após o acontecido ou *a posteriori*, mas que se proceda à análise também *in eventum* – no acontecer. Ainda que nenhuma dessas análises seja suficiente ao ser aplicada sozinha, nesse momento, com os sonhos ainda sendo produzidos, começamos a tatear o tempo histórico no qual estamos inseridos. Trata-se, portanto, de uma espécie de diagnóstico do presente, para aludirmos à expressão utilizada por Michel Foucault (2011), em que procuramos desnaturalizar as formações institucionais, a produção da subjetividade e os instantes de ruptura que habitam nossa atualidade. Em sua pergunta filosófica de inspiração kantiana, tratava-se de entender como nos tornamos aquilo que somos, permitindo ao pensamento buscar a *diferença* em nosso próprio presente, investigando também aquilo que não somos mais. Considerando que a narrativa sobre o tempo transmite uma visão de mundo atual, ainda que não para todos, o modo como o político e o social são contados concerne ao campo ético (Ricœur, 2010), o que não deve ser ignorado.

Antes de avançarmos sobre o tema dos sonhos e da temporalidade, é importante destacar que não é certo que todos os estratos políticos e sociais da população estejam igualmente representados na pesquisa. Isso pode ocorrer porque parcelas da população mantêm o trabalho onírico inalterado, ou por não haver interesse em relatar os sonhos à pesquisa, ou pelo restrito alcance que esta possa ter. Sobre a possível afetação viabilizada pelo atual momento político-sanitário, destacamos que é de maneira múltipla que a consciência histórica de cada um responde à "unidade plural da temporalidade" (Ricœur, 2010, p. 435). Quer dizer que nem todos são afetados pela pandemia e pelo atual cenário político de modo semelhante, portanto, o trabalho psíquico difere de sujeito a sujeito. Possivelmente, os que relataram os seus sonhos ao projeto são aqueles que suspeitam do inconsciente, os que têm alguma transferência com a psicanálise ou com o saber acadêmico, como também aqueles que entendem haver no sonho algum tipo de mensagem que pede para ser decifrada.

Não estamos desavisados de que a interpretação dos sonhos não é oferecida a todos os sentidos, uma vez que ela se liga a determinados significantes enlaçados à história do sujeito, por uma relação necessária[1] (Lacan, [1963-64] 1985). A construção da sua significação é possível, sobretudo, sob transferência, em análise. Ainda que através do processo analítico, a sua interpretação pode ser não-toda, pois há elementos opacos que resistem à interpretação e que nomeamos como o *umbigo do sonho*. A despeito disso, é sabido que "o inconsciente [...] em suas formações – sonho, lapso, chiste ou sintoma – já procedeu por interpretação" (Lacan, [1964] 1988, p. 125). Ou seja, o próprio sonho já é uma interpretação do inconsciente, redobrada pelo próprio relato, que constitui uma espécie de elaboração secundária. Por essa razão nos interessamos pelas associações que os sonhadores fizeram aos seus próprios sonhos, que esclarecem as suas relações com o atual e com o pregresso. Assim, na relação com os sonhos, "o fundamental é o caráter não homogêneo do tempo, ou seja, a inserção, no tempo comum, no tempo espacial do ponto suplementar, do ponto no infinito, em que podemos encarnar o acontecimento imprevisto da interpretação" (Miller, 2000, p. 70).

Em relação ao que se apresenta como *necessário* para cada um, Slavoj Žižek (2020) propõe que consideremos no tratamento que cada um dá à realidade da covid-19 o suporte fantasmático na emolduração da realidade. Ao concordarmos que a realidade social não deixa de evocar as fantasias singulares, estamos marcando que cada um coloca algo de si na relação que estabelece não somente com a pandemia, como também com o isolamento social, o impacto econômico que daí advém e o atual cenário político. Tal reflexão se assenta à aproximação que Freud ([1930] 2020) faz da Cidade Eterna, Roma, com a conservação de elementos históricos no aparelho psíquico. A longa e rica história das construções romanas, desde a sua constituição, forma camadas que ainda podem ser encontradas dispersas nas intrincadas edificações da cidade moderna. É possível identificar trechos de muros e muralhas ancestrais, escombros e ruínas, e, sob o solo da cidade, conservando o passado, ainda descansam muitos sinais de seus antigos edifícios. De modo semelhante a Roma, também no aparelho psíquico, o passado

[1] Em linhas gerais, na formulação lacaniana, o necessário é o que não cessa de se escrever, ou seja, aquilo que sintomaticamente insiste e se repete.

"pode ficar conservado na vida anímica e não precisa, necessariamente, ser destruído" (FREUD [1930] 2020, p. 315). Há, portanto, camadas de memórias, mais ou menos preservadas, conforme as condições sejam favoráveis, que coexistem e têm tanta importância quanto o que se opera no tempo atual. O próprio mecanismo de *repetição* presente no psiquismo atesta que elementos do passado podem ser tomados como atuais, dificultando a separação temporal entre o agora e o antes. Afinal, "uma ofensa de trinta anos antes continua a ser sentida como se fosse nova, após ter adquirido acesso às fontes afetivas inconscientes" (FREUD, [1900] 2019, p. 630). Os sonhos explicitam isso, pois têm a habilidade de convocar, para o mosaico de imagens que formam, cenas antigas e atuais numa miscelânea de épocas, pessoas, lugares etc. que, antes de tudo, dizem respeito àquele que sonha.

Sobre isso, temos um sonho a contar: Slice, 40 anos, do Rio Grande do Sul, sonha que estava em uma loja da Schutz para comprar sapatos com alguém. A loja parecia uma fábrica acinzentada com fileiras de mesas com bancos. Os vendedores passavam sérios pelos corredores entre as mesas. Um deles ouviu o comentário que a sonhadora fazia sobre a numeração irregular da Schutz e logo a repreendeu por falar mal da marca. Slice nada responde, mas pensa que o seu comentário anterior condizia com a realidade. A cena muda, mas a sonhadora ainda está sentada no banco da Schutz e precisa colocar broches, no estilo alfinete, nos seus dedos mindinhos do pé. Um de seus dedos já tinha um broche e, sem saber como ele havia parado lá, ela ficava calculando como colocar o adereço no outro mindinho para que causasse o mínimo de dor possível – e isso correndo contra o tempo, pois deveria fazê-lo antes que o vendedor retornasse. Depois de muita análise, ela pensa: "Bem, vim comprar um sapato. Eu não vou conseguir colocar o sapato com um broche no mindinho, não vou colocar nada disso no meu pé. Vou tirar isso". Com a recusa, ela acorda.

Na análise que faz do sonho, Slice identifica três elementos temporais: poucas horas antes de dormir, havia visto um vídeo em que um dos filhos do presidente Jair Bolsonaro e outros homens gritam palavras de ordem e descarregam as armas que portavam. Tal cena a assustou e foi associada aos pelotões de fuzilamento nazistas, período histórico que a interessa. Talvez por essa razão, afirma, tenha sonhado com uma marca de sapato de nome alemão. As mesas enfileiradas também remetem às fileiras para execução, e a loja se assemelhar a uma fábrica também estaria associado ao trabalho forçado infligido aos judeus e a um dos nomes dos campos de extermínio: fábrica de cadáveres. Slice entende o sonho como um tratamento da cena que viu poucas horas antes de dormir em sua relação com o período de ascensão do nazismo. Temos até então dois registros de temporalidade, o atual e um histórico. Os broches nos dedos mindinhos são o elemento que ela considera mais intrigante e a levam para uma cena infantil, um terceiro tempo e mais remoto, no qual o pai deixa uma arma disparar perto do seu pé, que quase lhe acerta o mindinho. Aí localiza o seu pavor a armas. A vida psíquica sedimenta, portanto, vários registros temporais que se acumulam e que somente pelo testemunho do sonhador podemos vislumbrar.

O furo e o tempo

Em 1915, tomado pelos impactos do primeiro ano da Grande Guerra, Freud ([1915] 2020) observa que as mudanças em curso turvavam as previsões de futuro e geravam dúvidas sobre o significado das impressões e dos julgamentos formulados a respeito daquele momento histórico. A ciência perdeu a sua aura de imparcialidade, houve perturbação das relações éticas entre os povos e os indivíduos, e mesmo as mentes mais elevadas mostraram-se confundidas frente àquelas tensões – esses são alguns dos predicativos utilizados para apresentar a sua experiência do tempo vivido. Atributos que poderíamos utilizar em referência ao ano 2020, especialmente no que diz respeito à pandemia de covid-19, que marca este tempo. Freud parece indicar que a guerra precipitou um furo na trama simbólico-imaginária, ou, dito de outro modo, no semblante partilhado culturalmente, em que se ancorava a apresentação da realidade e se sustentavam as relações entre os povos e as pessoas. Em razão disso, houve um acréscimo na exigência de trabalho psíquico a fim de dar contorno àquilo de que, *a priori*, não se tinha representação.

Em termos lacanianos, podemos tomar tal furo pela via do *troumatismo* – neologismo forjado da junção de "*trou*" (buraco, em francês) e "traumatismo". Lacan ([1973-1974] inédito) retira o trauma da esfera da catástrofe e o insere no campo da linguagem, caracterizando-o como um "furo no simbólico", aquilo que concerne ao campo do real, ou seja, àquilo que escapa a qualquer representação. Tal furo pode ser experimentado de muitas maneiras, conforme as singulares disposições individuais, com forte prevalência de afetos tais como ansiedade, angústia e medo. Considerando que a experiência da Grande Guerra, para alguns, pode ter inscrito um furo, pelo testemunho de Freud temos acesso a certos efeitos daquele momento histórico. Entre as consequências apontadas, destacamos a dificuldade de construir um juízo sobre o tempo presente e a turvação da presunção de futuro. Ao evocar a percepção de Freud sobre os efeitos partilhados da Grande Guerra, marcamos que certos momentos históricos podem precipitar vivências que fragilizam tanto o tecido social quanto o eixo simbólico-imaginário e, com isso, favorecem a incidência de um *trou*, da irrupção do real. Nessa esteira, a fim de alcançar os efeitos da pandemia, tem sido latente nas produções psicanalíticas a associação desta com o real que faz furo. Assim, a covid-19 pode ser tomada segundo a lógica do acontecimento. É possível traduzir os termos sob os quais o vírus se impõe como acontecimento por um "encontro com o real. O real está para além do *Autômaton*, do retorno, da volta, da insistência dos signos aos quais nos vemos comandados pelo princípio do prazer" (Lacan, [1964] 1988, p. 56). Ele, portanto, é o que faz corte na sequência enfadonha do tempo. Assim, em contextos análogos ao comentado por Freud, interrogar o sujeito do saber é, também, pensar o tempo na medida em que ele se organiza a partir de uma "estratificação de tempos heterogêneos" e é "estruturado por sua relação com o outro" (De Certeau, 2017, p. 67).

Dessarte, do ponto de vista histórico, a hipótese freudiana reconhece o impacto que eventos traumáticos coletivos podem ter na vida psíquica, ainda que cada sujeito elabore tais atravessamentos de modo singular, mediante elementos de sua vivência pessoal. Apesar de o inconsciente funcionar fora da cadeia temporal linear e de o real não ser o mesmo para todos, "o Eu é determinado, sobretudo, pelo diretamente vivenciado, portanto, pelo acidental e pelo atual" (Freud, [1940] 2014, p. 21). Nesse reservatório consubstancial e atemporal, composto por diversas camadas que se sobrepõem e interpõem-se umas às outras, o sonho obtém o material para sua efetivação. Os elementos que o compõem estão distribuídos numa rede que não conhece início e fim ou mesmo gramática de localização espacial. O que é interessante notar, assim, é que o sonho é impactado pela história, com suas contingências, rupturas e imprevisibilidade, mas também que a própria relação entre o sonhador e seu sonhar é histórica, transformando-se e ganhando ênfases muito distintas em diferentes sociedades e tempos (Tvardovskas, 2019). Michel Foucault (2016), ao analisar as práticas do cuidado de si na cultura greco-romana, evidenciou que o exercício do sonho tinha, para os antigos, uma relevância muito grande, com a finalidade de constituição de uma estética da existência, ao lado de outras práticas como a dietética, a *aphrodisia*, a relação com os amigos e com um mestre, exercícios físicos e espirituais etc. Assim, as relações entre subjetividade e verdade, para Foucault, compunham um fio que atravessa toda a história do sonho.

Em nossa contemporaneidade, conforme diagnosticado pelo historiador Jonathan Crary (2014), o sonhar mingua e é constantemente atacado por uma forma de subjetivação neoliberal que exige uma vivência desperta e produtiva, 24/7, em que o sujeito não encontra mais o espaço para a deriva, ancorada na confiança de um mundo partilhado. Nesse sentido, psicanalistas como Tales Ab'Saber (2005) reconheceram que, nos consultórios, muitas vezes, tratava-se não mais de interpretar os sonhos dos pacientes, mas de compreender o porquê de eles se tornarem "maus sonhadores" (p. 19), já que as pessoas diziam sonhar cada vez menos. Perante tal diagnóstico, o projeto "Sonhos confinados" permitiu notarmos uma ruptura e um desvio de rota, posto que, em nosso momento histórico, houve uma restauração do interesse na temática onírica, na intensidade do sonhar e no próprio espaço do sonho como elemento central da relação entre a subjetividade e a verdade.

Se entendermos que toda concepção de história ou cultura está imbricada em certa experiência do tempo (Agamben, 2005) e que o tempo é um singular coletivo que se torna historicizado a partir da narração – guardiã do tempo e da história (Ricœur, 2010), observaremos uma conexão entre os elementos: tempo, história e linguagem ou narrativa. Esse nexo, sendo furado pelo *troumático*, produz uma lacuna na representação do vivido e, por consequência, rende efeitos na narrativa da história. Diante de tais elaborações, levantamos a hipótese de que algumas pessoas sonham mais em períodos de grandes transformações políticas, sociais e culturais, como uma tentativa de dar contorno ao *trou* que perturba o tempo presente. O aumento do interesse pelos próprios sonhos, acompanhado de uma súbita retomada do interesse pela temática onírica em geral, percebida nas redes sociais logo após a chegada da pandemia de covid-19 pode ser lida como um *sintoma* social. Não se trata aqui de atribuir poderes oraculares e divinatórios, ou mesmo exclusivos de tratamento do furo, aos sonhos, mas de melhor localizar a sua função em contextos homólogos ao apresentado por Freud, como o de ascensão do Terceiro Reich e o da pandemia.

No contexto atual, vale retomarmos o processo eleitoral de 2018, pois, além da questão sanitária, a política também tem se infiltrado nos sonhos, como vimos no relato de Slice. As últimas eleições brasileiras foram altamente polarizadas, com divulgação maciça de *fake news*, intensas discussões, violência de diversas naturezas, um crescente desrespeito ao direito de minorias políticas e, de modo ainda mais extremo, assassinato. É no clima da corrida eleitoral que Fábio Zuker e William Zeytounlian (2018) coletaram, por duas semanas, sonhos que refletiam o crescimento do então candidato Jair Bolsonaro nas pesquisas. Um afeto destacado em vários desses sonhos era o medo diante de um cenário onírico de barbaridades legais, policiais e burocráticas. Foram relatados também sonhos de perda de direitos e invasão, que refletiam o mal-estar diante de um discurso moralista sobre os corpos e sobre as diversas formas de viver a sexualidade e a identidade de gênero e nos quais o sonhador encontrava-se sozinho ou inadaptado à nova realidade ou impossibilitado de se comunicar.[2]

---

[2] Vale lembrar que houve um aumento de 340% no número de casamentos de pessoas LGBT após o resultado das eleições de 2018. Isso indica que, frente ao discurso político

Destaca-se, portanto, que ao momento sanitário traumático soma-se o ambiente político atual, que se aproxima dos governos autoritários no que diz respeito ao uso que faz da palavra e à interferência que produz nos significantes que habitam a língua. Em *LTI: a linguagem no Terceiro Reich*, de Victor Klemperer (2009), e em *Introdução às linguagens totalitárias*, de Jean-Pierre Faye (2009), temos notícias de como certos governos fizeram o exercício de poder sobre a linguagem através de mudanças sutis no sentido das palavras, na repetição massiva de mentiras, bem como na deformação do relato da história, e assim abriram a sensibilidade da população para a violência como instrumento "normal" e aceitável do Estado. No que diz respeito ao Brasil de Jair Bolsonaro, encontramos no historiador argentino Federico Finchelstein, um dos maiores especialistas em fascismo da atualidade, algumas coordenadas (Pinheiro-Machado, 2020). Ele diferencia o populismo do fascismo pelo abandono, ainda que não absoluto, de quatro elementos fascistas: ditadura, violência, racismo e mentiras. De maneira reatualizada, mas não idêntica, esses elementos são encontrados no governo brasileiro, à exceção da plena ditadura, de modo que o autor conclui que Bolsonaro é um fascista *wannabe*. Quer dizer que Jair Bolsonaro traz à baila elementos do fascismo porque gostaria de ser um fascista. E nessa direção, as suas campanhas, dignas de Goebbels, utilizam símbolos nacionais para justificar a violência, como na recorrente associação entre a camisa da seleção brasileira ou da bandeira nacional ao sinal de "arminha" com as mãos. As fartas mentiras, o negacionismo científico e da história que entrega, associados à violência com que tenciona a democracia desde dentro, demonstram que o que está em curso no Brasil não pode ser ignorado enquanto uma ameaça com tons totalitários. E "quando falamos em mentiras, nesse caso, elas são entendidas como verdade, mas não como uma verdade empírica. É uma verdade da religião, da fé" (Pinheiro-Machado, 2020). Eis aí um verdadeiro nó na linguagem.

---

emergente em que o reconhecimento de um coletivo minoritário é atacado, os sujeitos encontram-se na precipitação de decidir sobre o seu futuro que leva em conta um outro – neste caso o outro da política (DA REDAÇÃO, 2019).

Hoje, ao mesmo tempo que as *fake news* embriagam os cidadãos, o desmentido circula, tentando reparar os seus efeitos. Diante disso, o que ocorre é um curto-circuito da linguagem, pois quando a mentira é descoberta, diz-se que o sentido da frase era outro ou que o sentido de uma sentença, socialmente partilhado, não vale naquele contexto. As próprias declarações oficiais se assemelham a *fake news*, pois se apresentam como algo que contraria as funções dos representantes do poder, como a recente afirmação, em setembro de 2020, do presidente da república de que "ninguém pode obrigar ninguém a tomar vacina" (Machado; Mori, 2020). Tal fala presidencial foi criticada por médicos, infectologistas e constitucionalistas, que veem risco de crescimento do movimento antivacina, além de ser uma assertiva inconstitucional. Ademais, a frase foi vinculada no Twitter, pela Secretaria Especial de Comunicação Social (SECOM), à conclusão de que o governo "preza pela liberdade dos brasileiros" (Machado; Mori, 2020), gerando uma falsa representação do que é liberdade de escolha individual e do quanto o poder executivo federal preza pela liberdade dos cidadãos. Assim, a verdade estaria nas mãos de alguns poucos supostamente iluminados, mesmo quando os elementos da realidade e da ciência apontam em direção oposta. Nesse cenário, o processo de elaboração e interpretação dos sinais vindos do mundo externo, especialmente no que diz respeito à política e à pandemia, requer um trabalho psíquico extraordinário em terras tupiniquins.

Além de convivermos com as incertezas próprias de uma pandemia para a qual, até o momento, não há vacina e que impõe uma mudança drástica nos modos de vida, com efeitos econômicos e sociais, temos uma política pública que opera fora dos padrões internacionalmente referidos e em oposição ao saber científico. O presidente brasileiro minimiza a crise sanitária, propõe soluções fantásticas ou perigosas (como o isolamento vertical ou uso profilático de hidroxicloroquina), entre outras coisas que o colocam muito próximo das críticas feitas ao então presidente norte-americano Donald Trump.[3]

---

[3] Uma coletânea de sonhos atual e, possivelmente, mais próxima da realidade brasileira da qual temos notícia está relacionada ao então presidente dos Estados

O Brasil é o segundo país do mundo que mais aporta mortos (Gutiérrez; Clarke, 2020) e, em recente coluna, foi exposto como o país que tem o pior presidente no enfrentamento à pandemia no mundo (Neto, 2020). Até o mês de agosto de 2020 a incerteza se instala como uma constante ao se atestar a impossibilidade inequívoca de uma descida na curva de infectados. Como aponta o diretor geral da Organização Mundial da Saúde (OMS), a maior ameaça não é tanto o vírus, mas a ausência de liderança e solidariedade tanto em nível global quanto em nacional (Žižek, 2020). Ademais, segue-se o ritmo político das eleições com polarizações provocadas pelo próprio governo, desastres na gestão da saúde, do meio ambiente e da educação, para citarmos alguns. É nesse cenário multifacetado que os sonhos insurgem em uma tentativa de compreensão ou mínima elaboração do cenário externo. Considerando que os conflitos políticos e sociais, bem como as adversidades e os embaraços históricos, não se limitam à esfera pública, podemos verificar, também no Brasil, a sua infiltração nos sonhos mais íntimos de cada um.

Sonho, ficção e contingências históricas

Freud ([1900] 2019, p. 109), em referência à teoria de Robert Stevenson, afirma que os "sonhos são excreções de pensamentos sufocados em germe. [...] O sonho presta ao cérebro sobrecarregado os serviços de uma válvula de escape [...] Os impulsos do dia são elaborados". Ele toma os sonhos como um elemento viabilizado pelo estado de sono e separa os pensamentos oníricos – um modo especial de pensamento não

---

Unidos da América Donald Trump. Martha Crawford, psicoterapeuta, teve o seu primeiro sonho com Trump antes das eleições presidenciais que o elegeram (MARCHE, 2020). A partir de 2016, ela observou um crescente número de pacientes relatando sonhos com o então candidato, Trump. Em seus 25 anos de experiência profissional, o tipo de relato e a frequência de sonhos com o presidente se mostravam incomuns quando comparados a outros presidentes. Após a eleição de Trump, inspirada pelo *Sonhos no Terceiro Reich*, Crawford criou uma página na internet na qual os sonhos com o presidente poderiam ser postados anonimamente, que rapidamente alcançou a marca de 3 mil sonhos. Segundo a sua leitura, é a partir dos sonhos que os norte-americanos estavam tentando compreender o presidente Trump.

consciente em que a censura estaria subtraída – do conteúdo do sonho propriamente dito. O conteúdo do sonho difere qualitativamente do pensamento desperto e faz uso de deslocamentos e condensações que privilegiam "traços mnêmicos visuais e acústicos" (p. 557).

Desse modo, regido pela lei do significante, o sonho se apresenta como qualquer outra formação do inconsciente, como bem aponta Lacan ([1955-1956] 1988). A vertente da imagem tenta ser contornada a partir do relato. Os sonhos resultam de uma regressão, de uma passagem de excitações dos sistemas inconsciente e pré-consciente à percepção interna, na qual a representação retorna e se transforma em imagem, produzindo uma revivescência alucinatória das imagens perceptivas originais, constituindo-se como a matéria-prima do sonho (Freud, [1900] 2019). O que isso quer dizer? Quer dizer que as impressões e experiências vividas, elaboradas ou não pelo sistema consciente, são distorcidas e transformadas em imagens nos sonhos. O sonho, apesar de fazer uso de imagens, não está desligado da cadeia significante, e é por esse subterfúgio que o sujeito se encontra diante de um enigma, uma resposta ou um absurdo.

O sonho, tomado como mais uma formação do inconsciente (junto com o ato falho e o chiste), é aquilo que chama a atenção primeiramente através de um modo de tropeço. Como algo que quer se realizar, mas com uma estranha temporalidade (Lacan, [1964] 1988). Para Lacan, o sonho estaria como o avesso da representação, na vertente da imagética do sonho. Ele nos introduz para certa irrupção do sonho:

> Reportem-se a um texto do sonho, qualquer que ele seja [...] coloquem-no em suas coordenadas, e vocês verão que o isso mostra vem antes. Tanto vem antes, com as características nas quais ele se coordena – isto é, a ausência de horizonte, o fechamento do que é contemplado no estado de vigília e, também, o caráter de emergência, de contraste, de mancha, de suas imagens, a intensificação de suas cores – que nossa posição no sonho é, no fim das contas, a de sermos fundamentalmente aquele que não vê. O sujeito não vê onde isso vai dar, ele segue, ele pode até mesmo oportunamente se destacar, dizer para si mesmo que

é um sonho, mas não poderia em nenhum caso se apreender dentro do sonho à maneira como, no cogito cartesiano, ele se apreende como pensamento (Lacan, [1964] 1988, p. 76).

Parece, então, que o sujeito é testemunha e assiste a algo que se passa no seu sonho com relação ao inconsciente; ele não sabe em que vai dar o sonho, nesse sentido não vê sua trajetória e não sabe até onde chegará. Mesmo tendo consciência plena de que está sonhando, o sonhador raramente controla o conteúdo do sonho. É a partir da "imagética do sonho" que alguma coisa faz furo na representação e coloca o sujeito ao trabalho de apreensão e elaboração singular. Como disse Fingermann (2009), as formações do inconsciente, incluído o sonho, "flagram" a atemporalidade desse inconsciente da psicanálise. Na descoberta freudiana há uma verificação da contestação do sujeito do inconsciente a uma temporalidade linear cronológica "que atormentava a consciência dos humanos, apressada e pressionada, num presente fugidio, espremido entre um passado já remoto e um futuro incerto" (Fingermann, 2009, p. 60).

Considerando que os sonhos visam elaborar questões diurnas em aberto, eles não apenas testemunham embates pessoais e singulares, como também se abrem à transposição de conflitos sociais e políticos, ao mundo das imagens historicizadas. Os historiadores, nesse sentido, deveriam se ater a uma nova proposição epistêmica: abordar a experiência do tempo histórico a partir das experiências diurnas, mas também noturnas da humanidade (Paperno, 2009). Sobre isso se pode dizer que "desde o surgimento dos relatos e contos históricos, os sonhos formam um elemento sólido daquilo que sempre pareceu valer a pena transmitir" (Koselleck, 2017, p. 166). Ainda que o sonho seja vivenciado por meio de um "exílio da própria consciência, caracteristicamente solitária e sem testemunhas que o corroborem [...] sua existência não é desqualificada em nada pelo fato de que sua estrutura é ficcional" (Dunker, 2017, p. 16).

A ficção é a forma possível de o pensamento onírico se manifestar, deformando os elementos que ele coloca para circular. Ora, ainda que a história pretenda ser fundamentada em fatos comprováveis, são inúmeras as reflexões ao longo do século XX que denunciaram como o estudo do passado é sempre mediado pelas escolhas do presente e por formações discursivas específicas (Jenkins, 2001). A borda que separa uma suposta "verdade histórica" da ficção não se sustenta pelo simples fato de serem saberes que se servem da linguagem, nunca plenamente unívoca. E assim, os supostos limites entre história ficcionada e romance histórico, ou entre história e estória, "vivem das voltas e reviravoltas permitidas por essa indeterminação" (Rancière, 2014, p. 2). Nessa mesma direção, afirmamos que o caráter ficcional do sonho não nos constrange, pois estamos advertidos de que "a verdade tem uma estrutura, se podemos dizer, de ficção" (Lacan, [1956-1957] 1995, p. 259). Quer dizer que, para a psicanálise, a ficção pode transmitir uma verdade. Podemos lançar mão de um exemplo: Lacan ([1961-1962] 2003), ao comentar *A carta roubada*, de Edgar Allan Poe, indica que se trata de uma fábula em que encontramos "a mais profunda verdade em sua estrutura de ficção" (p. 89). Ou seja, a ficção não equivale à mentira ou à deturpação, e, ainda que através de uma trama significante ficcionada, algo do real e da verdade podem ser por ela fisgados.

De modo semelhante, no âmbito da história, propõe-se que os sonhos, mesmo que pertençam ao domínio das produções subjetivas, sejam considerados parte da realidade da vida, pois "testemunham uma facticidade do fictício" (Koselleck, 2006, p. 251). Ou seja, justamente por serem apresentados por imagens estranhas e fantásticas, os sonhos podem oferecer um índice verdadeiro de como determinada sociedade experimentou psíquica e fisicamente os efeitos de seu próprio tempo. Desse modo, os sonhos se tornam elementos da realidade política e histórica, na medida em que se debatem com as condições presentes, naquela temporalidade cultural que os tornaram possíveis na qualidade de ficção. Podemos supor que o modo como sonhamos aponta para a forma como "tratamos o real da política com nossas próprias divisões subjetivas" (Dunker, 2017, p. 17). A despeito do sonho não se apresentar como um gesto político tradicional, como o de votar ou não, integrar movimentos ou engajar-se em causas sociais, por exemplo, ele não deixa de ser um importante tipo de pensamento político com o qual cada um negocia todas as noites (Sliwinski, 2017). Como uma tentativa de dar voz ao que de outra maneira não seria possível, os sonhos teriam a potência de abertura para a elaboração daquilo que ainda se encontra turvo. Essa hipótese aparece como pano de fundo das investigações sobre os sonhos que abordaremos a seguir.

Momentos históricos que precipitam a presença de sonhos mais vívidos, mais frequentes e memoráveis têm o seu registro em diversos livros. *Sonhos no Terceiro Reich*, de Charlotte Beradt (2017), consiste numa das maiores referências correspondentes ao século XX. No início dos anos 1930, Beradt (1943) percebeu uma alteração em seus processos oníricos e se perguntou se isso estaria acontecendo com outras pessoas na Alemanha, na medida em que o Partido Nazista e Hitler ascendiam ao poder. Rapidamente ela percebeu que esse tipo de sonho estava rondando outros alemães de seu círculo. Beradt, então, coleta, entre 1933 e 1939, cerca de 300 sonhos, que mantinha escondidos e cifrados entre os livros de sua biblioteca. Como era uma jornalista judia, para se salvar, ela precisou fugir da Alemanha em 1939. Entre os relatos, encontramos sonhos de uma camada da população à qual ela tinha acesso: estratos burgueses ou pequeno-burgueses da Alemanha não aderidos ao partido nacional-socialista de Hitler (Koselleck, 2017). Os sonhos são retomados tempos depois – em 1943, em um artigo, e em 1966, em livro, e são relatados a partir do contexto histórico e político no qual estavam postos. Tais sonhos são lidos como expressão da violência sem precedentes que estava sendo instaurada. Eles capturavam elementos da realidade, com em uma colcha de retalhos, e conduziam os sonhadores para questões do "espaço público e por sua agitação carregada de meias verdades, suspeitas, fatos, boatos e suposições" (Beradt, 2017, p. 39). Um trabalho de assimilação da realidade a partir de seu núcleo Real, sem sentido. No comentário de Paul Tillich, filósofo e teólogo alemão crítico de Hitler, sobre seus sonhos, encontramos um relato que explicita o ponto que buscamos destacar: "acordei com a sensação de que toda a nossa existência estava sendo transformada. Durante a vigília, acreditava que poderíamos escapar do pior, mas meu subconsciente sabia bem mais" (Tillich *apud* Dunker , 2017, p. 26). O comentário faz entender que Tillich reconhece em seus sonhos uma leitura mais acurada da realidade, mais até do que quando estava em estado de vigília.

Beradt (2017) observa que os sonhos mais elucidativos daquele período foram os sonhados nos primeiros anos, em que o regime nazista trabalhava de modo ainda mais dissimulado, indicando que, no sonhar, os sujeitos elaboravam dimensões do vivido ainda interditas no corpo social. De modo geral, os sonhos mostram uma tendência à "normalização", à diminuição dessas características de vivacidade, realidade e intensidade no decorrer do tempo, como uma espécie de acomodação de precipitados. No caso brasileiro aqui analisado, Ravena, uma sonhadora de 50 anos, de São Paulo, relata que seus processos oníricos eram mais vívidos e intensos no início da pandemia e que, à medida que conseguiu organizar uma nova rotina, eles perderam a intensidade anterior. Samanta, 26 anos, de Minas Gerais, e Sílvia, 29 anos, de Santa Catarina, por exemplo, afirmam ter tido sonhos, no início da pandemia, marcadamente vívidos e diferentes do usual, o que não ocorria antes da pandemia. Lucas, 32 anos, de Pernambuco, endereça alguns sonhos de angústia que o acordam no meio da noite e nos quais sempre está sendo perseguido ou há um risco iminente de morte, muito "reais" nas suas palavras, sonhos que depois de um tempo diminuem de intensidade, especialmente ao endereçar sua angústia a um profissional da medicina. A eles somam-se muitos outros relatos de sonhadores e sonhadoras que percebem uma importante perturbação no trabalho onírico com sonhos mais intensos, vívidos, reais, detalhados, mais frequentes e marcantes, especialmente no início da pandemia.

Poucos dos relatos coletados por Beradt (2017) são interpretados ou comentados pelos próprios sonhadores. De um modo geral, essa ausência de interpretação dos "trabalhadores noturnos" aos próprios sonhos parece ser uma constante nos livros que têm como objeto os sonhos em tempos de desolação. *Dreaming in Dark times* (Sonhando em tempos sombrios, em tradução livre), de Sharon Sliwinski (2017), por exemplo, reuniu seis sonhos, todos comentados em relação ao período histórico, social e cultural no qual estão inseridos, mas não analisados pelos próprios sonhadores. Nesse sentido, o projeto "Sonhos confinados" oferece-nos uma perspectiva analítica surpreendente e nova, ao incorporar a narrativa, a elaboração e as associações feitas pelos sonhadores, num momento histórico traumático bastante específico.

Outro modo de abordar o trabalho onírico é encontrado no livro *Stories of the Soviet Experience: Memoirs, Diaries and Dreams* (Histórias da experiência soviética: memórias, diários e sonhos, em tradução livre), de Irina Paperno (2009), que recupera, em diários e testemunhos memoriais, cerca de 50 sonhos que retratam a vida na União Soviética. Ela busca mostrar como os sonhos e seus respectivos comentários criam encontros entre o significado pretendido e o não intencional do conteúdo sonhado. Desse modo, Paperno trata os sonhos como histórias sobre experiências históricas que estão enredadas e correlacionadas aos relatos pessoais nos quais estão inseridos. Eles teriam condições de demonstrar como os sonhadores articulam a disjunção entre passado, presente e futuro e, ao mesmo tempo, apresentam o terror que se exprimia além da descrição. Paperno observa que havia sonhos que funcionavam como indicadores das reações ao terror, bem como sonhos que eram o próprio instrumento de terror. Os sonhadores contam os processos oníricos observando as emoções contraditórias que os tomavam e os julgamentos ambivalentes que os ultrapassavam. Isso se realizava, em alguns momentos, de forma compartilhada, ou seja, os sonhos eram contados para os mais próximos e percebidos como semelhantes, gerando, assim, confirmação social a respeito de certa leitura que se fazia do seu conteúdo. Nesse sentido, relatar e compartilhar sonhos pode ser visto como uma espécie de laço social, especialmente importante psiquicamente em tempos de isolamento. Os sonhos identificados por ela, em sua maioria, tinham conteúdo político. Por se tratar de conteúdos de diários e memórias, alguns sonhadores acrescentaram as impressões que tiveram sobre os seus sonhos, o que se tornou arriscado. Sonhar é perigoso: nada demonstra melhor o perigo dos sonhos do que o fato de seu registro encontrado pelo regime stalinista ter sido utilizado como evidência criminosa que figurou em julgamento e condenação no sistema criminal.

De modo geral, os autores trabalham com a ideia de que os sonhos são tão importantes para a vida e a elaboração dos sonhadores quanto para o mundo político e social. É do ponto da surpresa como acontecimento que reconhecemos o real da pandemia e da experiência política em sua articulação com o tempo. Trata-se de um tempo em que as coordenadas que localizam os sujeitos são desbastadas. Com o potencial de dar contorno a essa experiência, os sonhos, ao fazerem uso de imagens para comunicar e com as resistências dos sonhadores diminuídas, permitem, na medida em que são relatados, o acesso a um texto narrativo que também pode ter efeito de surpresa. A passagem da experiência vivida e de seus correlatos pensamentos oníricos para a imagem e o caminho da imagem ao texto têm o potencial de "identificar e integrar as coisas indizíveis e não ditas"[4] (Sliwinski, 2017, p. XV, tradução nossa).

O tempo na psicanálise

Para seguirmos adiante, é necessário localizar a questão do tempo para a psicanálise. Tal empreendimento necessita de um sobrevoo curto sobre uma questão que se impõe para toda a tradição filosófica como uma aporia, na medida em que, enquanto "há uma ciência do espaço, a topologia, [...] não há uma equivalente para o tempo" (Miller, 2000, p. 74). Seja representado como um círculo, tal como na representação clássica (grega), seja como uma linha reta, na conceitualização judaico-cristã, o tempo é indominável e, ao mesmo tempo, é o que envolve todas as coisas "dentro" de si; no tempo estão estabelecidos os fundamentos para a experiência da historicidade (Agamben, 2005; Ricœur, 2010). A humanidade tem a experiência do tempo, mas não a sua representação, exceto por intermédio de imagens espaciais (Agamben, 2005). É como se o futuro estivesse adiante, o passado atrás e o presente no ponto intermediário entre essas duas instâncias. Isso tem por consequência encontrar, em Freud e Lacan, apenas referências a esquemas espaciais, ainda que o segundo autor reescreva essas operações tomando o *lugar* em estreita relação com o *tempo*. No que concerne aos sonhos, Freud ([1932] 2010) relaciona claramente o tempo ao espaço, na medida em que afirma que "o trabalho do sonho converte relações temporais em espaciais e as apresenta assim", em que tanto o distanciamento espacial quanto a pequenez de uma cena afastada significam "que a cena é de um passado distante" (p. 152).

---

[4] No original: "*to identify and integrate the unspeakable things unspoken*".

A erótica da espacialidade é bastante conhecida pela psicanálise, na medida em que perturba as relações numéricas e de distância em relação à constituição do objeto de desejo (Miller, 2000). *Grosso modo*, ao que interessa a este trabalho, isso indica que o caminho mais curto entre um ponto A e um ponto B não é uma reta, mas uma infinidade de tracejados possíveis e coordenadas singulares. No que tange ao tempo, é preciso localizar que o desenrolar histórico e epistemológico desse conceito está referido ao movimento, isto é, tempo e espaço se conjugam num mesmo elemento. Essa operação de espacialização do tempo debruça-se sobre obstáculos epistemológicos que, desde a Idade Antiga até a Modernidade, demonstram um "apego imaginário ao movimento uniforme" (Miller, 2000, p. 21), impondo dificuldades a partir do acréscimo de novos elementos, como a aceleração, por exemplo. Se pensarmos a partir da psicanálise, há na relação com a temporalidade uma função que pode ser representada através, por um lado, da dilatação e do adiamento, e, por outro, da pressa ou urgência, ou precipitação. Essa segunda forma de relação com a temporalidade ocorre no relato de Marcela, 25 anos, de Minas Gerais, que diz: "[no sonho] não tive tempo nem de calçar os sapatos! Tô sendo arrastada pelas notícias diárias e que não estou tendo tempo pra nada... Mobilizar com os coletivos, com as redes de solidariedade". Fica expresso que a apreensão do tempo não se dá de modo uniforme e constante. Em síntese, se o tempo está diretamente associado ao movimento, a quantificadores matemáticos, que exclui de saída a relação com quaisquer elementos externos, com a descoberta do inconsciente por Freud, essa ideia sobre o tempo cronológico como absoluto perde seu valor, operando o que Miller (2000) chama de redução do tempo e sua consequente *foraclusão.*

Em relação à temporalidade, para a psicanálise, existe uma concepção de central importância: o *nachträglich* de Freud ou *après-coup* em Lacan, que é traduzido como *só depois* ou *a posteriori.* É por meio do *a posteriori*, do tempo lógico que abordaremos adiante, que surgem significações acerca da experiência que podem facultar outros contornos ao próprio acontecimento. Ou seja, a historicização, no presente, sobre o passado pode restituir a história do sujeito na medida em que se procura recompô-lo – isso Lacan ([1953-1954] 1986) destaca como o ponto de mira visado pela técnica freudiana. É nesse sentido que a temporalidade envolve tanto a técnica quanto a ética da psicanálise. Portanto, ao psicanalista importa não deixar escapar o manejo do tempo e suas nuances, advertido de que nem tudo se dá e se elabora em um único registro de tempo. Há, ainda, outra proposição freudiana fundamental que desloca o sujeito da experiência do tempo, visto que "no inconsciente nada chega ao fim" (Freud, [1900] 2019, p. 630) – ou seja, questões do passado podem ser vivenciadas de maneira particularmente presente, mostrando seu caráter mais real. Por essa razão, é preciso levar em conta de que modo o sujeito se localiza nas categorias de experiência do tempo, na relação entre passado e futuro. A partir dos relatos que nos foram endereçados, como já anunciado, observamos formas distintas de vivenciar a experiência do tempo corrente. Se, por um lado, alguns relatos testemunham o atravessamento de uma paralisia, um cansaço ou um arrastamento do tempo; por outro, encontramos também o seu oposto, ou seja, a insurgência de uma pressa em decidir, uma urgência de tratar de questões cotidianas ou passadas, dada a percepção de imprevisibilidade do tempo futuro.

Tais disposições em relação ao tempo em curso podem ser alusivas a uma posição frente à transitoriedade da vida.. Em *Transitoriedade* ([1916] 2017), Freud observa que, diante da finitude, há dois movimentos psíquicos distintos. O primeiro, de enfado ou tédio, que pode ser traduzido em termos de paralisia; e o segundo figura na objeção ou negação da realidade da finitude. A esses dois Freud propõe outra via, que pretende adicionar um valor de realidade, pois a finitude é um fato em que "a limitação das possibilidades de fruição eleva sua preciosidade" (p. 222). Quer dizer que, se a relação do sujeito com o tempo é sempre escassa, pois há invariavelmente um fim, interessa a cada um valorizar o tempo que resta. Os arranjos possíveis diante da transitoriedade são construídos singularmente, dado que cada sujeito lida com a realidade a partir dos recursos que possui e aos quais tem acesso. Na situação político-sanitária atual, que ameaça e modifica os modos de vida, encontramos, principalmente, estas duas vias de respostas: a de paralisia e a de pressa.

Esse par de opostos que se manifesta na experiência do presente pode ser lido nas categorias da mania e na melancolia, que aqui não se confundem com as categorias psicopatológicas. Miller (2000, p. 42) afirma que a mania "é marcada pela precipitação, como se o sujeito vivesse um presente demasiadamente estreito em relação àquilo que ele tem a dizer, enquanto o melancólico vive de certa forma um presente longo demais". Na melancolia o presente corre incessantemente do futuro ao passado, enquanto a mania é "marcada pela predominância do tempo que progride, ou seja, por uma aceleração da passagem do tempo em direção ao futuro" (p. 42).

Tomemos dois relatos que bem explicitam as posições frente à transitoriedade que destacamos, a partir das considerações freudianas. Mércia, 40 anos, da Bahia, tem sonhos recorrentes que apontam para a sua posição diante do tempo presente:

● O que quero relatar não é um sonho em si, mas uma sensação que tenho em muitos desses sonhos: sempre que estou prestes a tocar alguém ou alguma coisa, finalizar uma tarefa, passar de uma porta, é como se o chão sob meus pés entrasse em marcha à ré. Na verdade, é como se tudo estivesse acontecendo sobre um disco de vinil e quando estou prestes a fazer o que quero - abraçar, reatar, passar de uma porta, dar caminho, finalizar um desejo seja ele qual for - a radiola é ligada e eu fico presa no "quase". E não adianta apressar o passo, tentar enganar o disco, porque a força oposta vai na mesma intensidade.

A leitura que Mércia faz de seu próprio sonho a coloca diante da impotência que sente, pois não há nada que possa fazer para que o disco siga adiante. Ela não se sente agente, autora, da própria vida, e qualquer esforço nessa direção parece vão. Mércia se vê presa no "quase", nesse ponto espacializado do tempo que a aproxima do objeto, sem que possa alcançá-lo. A cada vez, ela prevê o próximo passo, o instante seguinte, que a lançaria para o futuro e permitiria que acessasse algo almejado, mas, por um triz, o disco começa a girar. E ele não gira para frente, para o porvir, mas em marcha à ré. É em referência à realização e ao futuro que ela se vê privada. Não causa espanto que um dos elementos que ela utiliza para dizer do sonho é a fita de Moebius, que para ela representa uma prisão no registro temporal/espacial, em que não há descanso, nem mesmo movimento.

Outro modo de lidar com a transitoriedade encontramos em Raquel, 50 anos, de São Paulo, que narra uma cena onírica na qual ela se vê em uma casa, não a dela, que é invadida por homens mascarados que queriam matá-la. Raquel sai correndo e alcança a rua.

● Estava de noite, a rua estava vazia. Eles vieram atrás de mim. Eu comecei a correr e precisava gritar "socorro" para me salvar. Só assim eu iria me salvar. Eu abria a boca, fazia esforço e o grito não saía. Eu ia morrer. Me esforcei muito para gritar, eu estava correndo. Até que eu acordei (de verdade) gritando "socorro", e muito cansada, como se estivesse correndo. Fiquei cansada todo o dia.

O conteúdo do sonho, ela afirma, liga-se à vontade que tem de participar dos panelaços contra o presidente, em que "as pessoas também gritam 'fora', 'miliciano', 'genocida' etc. Eu fico com vontade de gritar também, mas não consigo, acho que não tenho voz, uma certa trava minha". E mais, ela diz que tem "vontade de colocar algo para fora, não me prender". A partir da escuta oferecida à sonhadora, Raquel fala de não ditos que orientam a sua vida e que estão impostos desde cedo na sua família. O sonho teria explicitado e evocado essa antiga relação com a interdição à palavra, questão com a qual ela adiava lidar. A partir da experiência onírica e da escuta, ela decide que é hora de falar e busca um analista com quem possa dizer dessa antiga relação com o silêncio, pois entende que é hora de atravessá-la. Se os modos de vida foram alterados pela situação político-sanitária, ela entende que importa aproveitar o tempo para falar.

Trajetórias da temporalidade nos sonhos

Na relação estreita entre história e política e entre sonhos e tempo, podemos nos perguntar, a partir da ideia de que todo sonho comporta uma temporalidade: qual a especificidade que a pandemia impõe? Existe algo, neste momento, que instaure alguma diferença nos trabalhos oníricos relatados à presente pesquisa? A modificação na experimentação do tempo está relacionada à pandemia ou é uma experiência enlaçada ao tempo histórico em que vivemos, anterior à crise político-sanitária?

De saída, é possível considerar que temos, cada vez mais, anulado os esquemas temporais e espaciais a ponto de colocar em xeque até mesmo a necessidade de repouso, nessa espécie de apogeu da modernidade paulatinamente íntima do capitalismo (Crary, 2014). *Grosso modo*, isso tem como consequência um ruído na conciliação dos sujeitos em relação às suas gramáticas de sofrimento no que tange à compreensão e à elaboração da atualidade. Não à toa, tem-se apostado progressivamente em técnicas medicamentosas e intervenções de eficácia rápida com a finalidade de extirpar, calar e tamponar os sintomas. A pretensão curativa *rápida*, eis aqui uma incidência do tempo, passa pelas exigências de extirpação do sintoma atreladas às lógicas protocolares dos cuidados "baseados em evidência". Se há cada vez menos tempo para escutar através do sofrimento e do sintoma e, com isso, possibilitar espaço para a criação e a invenção que vêm do que há de mais singular em cada um, o que se evidencia é numa crença na prescrição que vem do Outro. Ao esperar do Outro uma resposta para o seu sofrimento, o sujeito pode se desimplicar e parar de se perguntar por sua posição diante daquilo que o invade e o atravessa. Tal relação dos sujeitos com os seus sofrimentos está colocada antes da incidência da pandemia e segue produzindo efeitos durante a crise sanitária.

Os sonhos, ao serem tomados como um enigma endereçado aos sonhadores, podem colocar aquele que sonha a trabalho, numa tentativa de decifração que pode ser traduzida na pergunta: o que isso tem a ver comigo? Ao mesmo tempo que se mostram enigmáticos, os sonhos podem oferecer um contorno, uma elaboração mínima dos novos elementos que se apresentam no mundo externo de forma disruptiva. Na tentativa de tratar o real, as produções oníricas convocam o sujeito a responder, de uma forma ou de outra, à coexistência em um só tempo, de elementos históricos e subjetivos do passado e do futuro. Quando o sonho é relatado para outra pessoa, pode-se extrair como efeito a conformação de outro giro no texto, outra gramática. O relato de sonho e a posterior escuta de Rafael pareceu-nos ir ao encontro dessas elaborações no que tange ao modo como o sujeito se relaciona com o tempo presente frente às produções oníricas mais exacerbadas com o início da pandemia.

De um estado bastante afetado pela pandemia, Rafael chega até a pesquisa através das redes sociais e se endereça também para uma escuta analítica que se deu em seis encontros. Ele nos relata sonhos em que aparecem diversos elementos da infância que se articulam com a vida adulta: os abusos e os desencontros amorosos, a impotência sexual, a não consumação sexual, tanto nos sonhos quanto na vigília, a casa da avó na infância, sua escola, o tio morto. Em um fragmento de sonho nos conta: "lembro de tentar fugir, mas como sempre, a perna pesava, era mais fácil andar do que correr". Para esse sujeito, parece haver uma convocatória que o defronta com todas essas questões que o sonho evoca. Se não é mais possível correr frente ao peso que o corpo impõe, Rafael se vê impelido a elaborar. Isso fica evidente na medida em que, em um número reduzido de encontros, foi possível cernir e localizar elementos de carga traumática.

Em seus relatos oníricos, a figura da mãe, das tias e da irmã são bastante presentes. Relata que cresceu em uma família profundamente religiosa, na qual a punição divina era sempre lembrada. Atribui seus "conflitos com a sexualidade" à culpa cultivada por essa cultura familiar. Conta de dores na região genital, dores "de mulher", que o fizeram desacelerar na busca por independência financeira. Se por um lado a doença o impede de conseguir dinheiro, seu fundamento também parece se apresentar como obstáculo sexual, algo que aparece de modo recorrente em sonhos nos quais nunca consegue consumar sua relação com as mulheres, pois "há sempre um impeditivo, uma pessoa assistindo, uma porta aberta". Em um derradeiro sonho, no entanto, "não havia impeditivo algum, mas o sonho pulou para o fim, como se já estivesse acontecido o ato", relata. Além da agressividade, teria herdado "biologicamente" um suposto imperativo à poligamia que associa à paternidade, fazendo um contraponto entre, de um lado, o incômodo do repetitivo encontro com as mulheres que desejam ter filhos, paternidade que frequentemente nega, e, de outro, os embaraços com as relações casuais, em que se via sempre impelido a desmarcar os encontros na medida em que, quando eram consumados, acabava "broxando".

A partir desse brevíssimo relato, nota-se a potente frente de elaboração que a precipitação dos sonhos operou nesse sujeito, ao quebrar a linearidade do tempo. Não só não é mais possível correr, como seu sonho indica, como também é preciso elaborar, é preciso cernir alguma parcela da forma como estabelece suas relações, e como se posiciona frente aos abusos na infância. Nesse caso, o sonho opera como caminho para uma situação terapêutica, analítica, onde consegue elaborar questões em um tempo que não é comum em uma análise. O momento parece precipitar uma temporalidade outra que talvez não fosse possível em situações típicas.

Uma vertente da dimensão temporal do inconsciente que contribui para a elaboração do nexo entre os sonhos e a temporalidade aparece numa elaboração lacaniana. A construção de Lacan ([1945] 1998) em questão se dá a partir do sofisma dos três prisioneiros em que constata três tempos lógicos na asserção antecipada de uma certeza.5 É importante ressaltar que a resolução desse sofisma é dada pelas "moções suspensas" dos outros prisioneiros que hesitam diante da não resolução daquilo que se coloca como enigmático, o que ressalta o papel fundamental da alteridade para a temporalidade. Não é possível concluir o sofisma e partir para uma certeza, sem acompanhar os movimentos dos outros envolvidos nesse processo. A reflexão sobre o sofisma permite desdobrar três tempos lógicos. O *instante de ver*, no qual é apresentada uma questão enigmática; seguido, pelo *tempo de compreender*, no qual se produz uma hesitação na resposta a partir de um entendimento da reação da alteridade; e, finalmente, com os elementos dados por esses tempos, produz-se uma passagem, antecipada, ao *momento de concluir*, que é selada por meio de uma ação. Há nesse

---

[5] Para detalhes do sofisma, consultar: LACAN, J. O tempo lógico e asserção de uma certeza antecipada. *In*: *Escritos*. Rio de Janeiro: Jorge Zahar, 1998. p. 197-213. Publicado originalmente em 1945.

sofisma a constatação de uma dimensão temporal na qual a passagem dos tempos lógicos está relacionada com a suspensão do outro, ou melhor, depende do outro, como Lacan menciona, a partir de certa "lógica coletiva". O mais importante dessa elaboração é entender que o denominador comum que se revela importante na relação lógica de reciprocidade é o *tempo para compreender* (Lacan, [1945] 1998).

As derivações sociais, de saúde e políticas da pandemia no Brasil colocam outra relação com o tempo, ao deixar em suspenso o cotidiano já conhecido até então e a materialização de desejos. Isso significa que os semblantes até então utilizados na cultura, que davam sustentação ao cotidiano e às montagens subjetivas, encontram-se suspensos e, na relação de reciprocidade, produz-se um corte: o Outro cessa no seu retorno imaginário e simbólico. Tal mudança cria um abalo na percepção e na relação com o tempo, em especial com o futuro. O que parece se colocar em jogo aqui é a suspensão de certa reciprocidade do Outro, que se coloca radicalmente sem garantias para o sujeito. Vejamos que não há data para o fim da pandemia, até hoje, pelo menos. E a incerteza política no Brasil se apresenta mais aguda, como já vimos previamente. Nos relatos de nossos sonhadores, percebemos grande número que associa o mal-estar atual a questões políticas. Ursa, 66 anos, do Rio de Janeiro, afirma que "o que me irrita, e preocupa demais, é esse desastre que é o desgoverno brasileiro"; Mu, de 63 anos, de São Paulo, diz que "pior que a pandemia é o governo Bolsonaro"; Navegante, de 25 anos, de Minas Gerais, associa o seu sonho "com o fato de recebermos informações contraditórias o tempo todo. Está tudo tão confuso que até mesmo as maiores certezas estão se tornando dúvidas nesse período. Não sabemos mais o que é *fake news* e o que não é. E não sabemos mais como nos planejar para o futuro"; Zinha, 57 anos, da Bahia, também relaciona seu sonho à "pandemia e [à] situação política e econômica. [...] não tenho esperança de um dia ver esse país mais justo"; Ka, 33 anos, do Paraná, associa o seu sonho com "a impossibilidade de encontrar um espaço seguro diante da crise política brasileira". Como esses, desfilam muitos outros relatos.

O sonho, como formação e produto, por excelência, do inconsciente, irrompe na temporalidade linear a partir daquilo que se apresenta como enigmático. Se o *instante de olhar* é o primeiro tempo lógico, ele parte de certa impressão inicial da cena a ser compreendida ou resolvida. Se pensamos que o sonho se apresenta para o sujeito, antes de qualquer elucubração textual ou verbal, como uma imagem, podemos entender que ele coloca para o sonhador certa tarefa de deciframento (se o sonhador acredita no inconsciente ou pelo menos suspeita dele) na qual haveria um convite do *instante de olhar* ao *momento de concluir*, detendo-se, ou não, pelo *tempo de compreender*. O sonho pode apresentar para o sujeito a necessidade de "olhar" para alguma questão que se coloca como enigmática, angustiante ou que gera certo trabalho. O depoimento de muitos dos sonhadores que manifestam estar sonhando muito mais neste período pode nos indicar que a ruptura de uma temporalidade ou a instauração de uma incerteza coletiva coloca a trabalho os sonhos como formações que indicam ou apontam o furo no simbólico desta era.

Sobre o tempo, podemos dizer também, com Lacan, que o momento de concluir é sempre uma antecipação. Como certeza antecipada, o sujeito precisa fazer uma aposta ou correr o risco, com os elementos suficientes ou não que recebe do Outro. Então, mesmo passando pelo tempo para compreender, é preciso que o momento de concluir parta de uma antecipação de uma certeza em um momento no qual ainda não se tem alguma consistência. Tal como numa sessão de análise na qual o *instante de olhar*, como queixa ou questão por parte de paciente, coloca a trabalho o inconsciente, pensamos que os sonhos de pandemia também colocam os sujeitos a trabalho. Exemplo disso são os inúmeros relatos de sonhos em que os sonhadores procuraram ou deixam em aberto a possibilidade de uma escuta por parte dos pesquisadores.

Com uma fixação no momento de compreender está Josiane, de 21 anos, moradora do interior de Goiás, técnica na área de saúde que relata um sonho para a pesquisa. No sonho, ela está conduzindo uma bicicleta num morro de sua cidade voltando para casa do supermercado, uma bicicleta bem antiga, "do tempo dos avós". Depois de terminar as compras, ao subir o morro, a bicicleta se movia de forma muito rápida, deixando-a assustada, pois não conseguia pará-la.

Na subida percebe que não é ela que está agenciando a direção da bicicleta, como se a bicicleta andasse sozinha, mas com ela em cima e sem poder parar ou sair fora. Ao fim, chegando ao topo do morro, ela cai da bicicleta num areal. Uma mulher que ela conhece (na escuta ela não lembra mais quem era essa pessoa) lhe oferece auxílio e a leva para uma casa onde está acontecendo uma festa e há alguns pintinhos amarelos que aparecem no final do sonho.

Josiane, apesar de nunca ter feito análise, parece "suspeitar" do inconsciente, abrindo-se para a oferta de uma escuta psicanalítica sobre esse sonho. Ela relata que, entre as amigas, ela se destaca por ser a que mais sonha: as pessoas já têm uma fala pronta quando ela quer relatar os seus sonhos: "lá vem a Josiane com seus sonhos". Na escuta, relata que o isolamento trouxe duas questões para ela. Por um lado, não consegue fazer algumas atividades de lazer habituais (festas de quinta a domingo) e, por outro, durante a pandemia algumas coisas que ela acreditava que podia "deixar para lá" estão retornando ao seu pensamento como pendências a resolver. Um exemplo que conta é se dar conta de que a vida passa e ela está no mesmo lugar; acrescenta: "antes deixava as coisas passar, agora pensei mais nas minhas atitudes, que tenho que agir mesmo". Ela sente que não está "aproveitando as oportunidades", como a sua tia fala. Já que ela suspeita do inconsciente, propõe-se um espaço de elaboração dos elementos do sonho sobre os quais começa revelando: "eu não sei andar de bicicleta, mas acho que essa bicicleta significa que é então para eu fazer coisas que eu nunca fiz". Ela menciona que o que mais chamou a sua atenção no sonho é que há nele algo que não para de acontecer e que ela não consegue intervir; quando olha para as rodas da bicicleta ou para seus pés e vê que é impossível parar, relaciona isso com o fato de se comparar com outras pessoas cujas vidas avançam, entrando numa "*bad*". O que faz sentir a necessidade de conversar sobre o sonho é o "sentimento de desespero" que ela teve ao se ver subindo o morro, pois é algo que ela não havia sentido antes a partir de um sonho.

Ela terminou seu curso técnico, tentou a faculdade, mas não passou e está esperando uma burocracia que permita exercer seu ofício. Por muito tempo tentou emprego na área, mas algumas situações administrativas a impedem ainda de exercer a profissão. Sente que por um momento desistiu desse sonho e seguiu a vida, mas agora está vendo que é preciso resolver essa questão. O elemento que fica sem uma elaboração é a presença dos "pintinhos" no final do sonho; ela menciona que isso ainda não faz sentido. É apontado para ela que quem sabe esses pintinhos aí estejam muito vulneráveis no meio de uma festa, mas que o interessante é pensar que eles são muito pequenos, que ainda precisam crescer e que, provavelmente, em algum momento, eles terão tempo para caminhar sozinhos. Na sequência, ela menciona que acha que a questão que se coloca é a necessidade de começar a planejar a sua independência, porque ela gosta de festa e de comprar as suas coisas, mas sem uma independência financeira fica limitada ao mando dos pais; há muito tempo ela deseja ser independente deles.

Os ponteiros do relógio sempre andam de forma circular, de esquerda à direita, como as rodas de uma bicicleta. Quando olhamos para esse sonho, há uma pressa que se manifesta nessas rodas que não param, mesmo que Josiane queira descer da bicicleta. Assim como a roda não para de girar, o tempo não se deixa interromper. É a pressa que o *instante de olhar*, no caso, a própria constatação do tempo "perdido" que "passa" a seus olhos, que a lança ao momento da conclusão: um buraco, o furo. É um relato que indica uma relação com o tempo diferente que se instaura com a pandemia e com o consequente isolamento social (representada especialmente na privação de sair para dar seus "rolês"). Diante da impossibilidade de se servir da velha solução de adiar suas escolhas, ela se depara com a necessidade de "olhar" para isso que estava sendo "deixado para lá". No caso, ela produz os sonhos; mais sonhos, mais intensos e mais enigmáticos que aparecem como imagens a serem decifradas – "o que estão fazendo uns pintinhos recém-nascidos no meio de uma festa?". Por "presumir" que o inconsciente exista, ela endereça o seu trabalho onírico para uma escuta psicanalítica que enquadra um ponto dessa sua presunção numa pergunta que a retorna para o *momento de compreender*.

Assim, vemos na trajetória de Josiane com a temporalidade certa dilatação do tempo de compreender que insiste nos sonhos, mais e mais intensos. Mas essa dilatação a coloca numa "*bad*", como ela mesma afirma. É interessante observar que, inicialmente, esse sonho, por si só, não comporta uma dimensão temporal, mas é na escuta oferecida e nas associações que faz que se consegue capturar a dimensão temporal do momento atual refletida e colocada como questão enigmática num sonho. Não se trata de sonhos sobre tempo, mas de sonhos que colocam os sujeitos a trabalho e em questionamento na sua relação com o tempo a partir de um primeiro *instante de olhar* viabilizado pelo processo onírico.

Momento de concluir... por enquanto

Sabemos que os significantes não dão conta de recobrir completamente a realidade, tanto que, em certos momentos, dizemos que as palavras faltam. Elas faltam não por uma pobreza do léxico daquele que fala, mas porque as palavras existentes são insuficientes para dar conta das experiências e afetos. Tal constatação se explicita em relatos disponíveis na literatura de teor testemunhal – e nas narrativas de pacientes –, em que há uma incômoda inadequação do vocabulário às experiências. Por ser assim, a narrativa de um acontecimento é feita por uma aproximação, que não deixa de incluir vazios significantes. Além dessa "falha estrutural" da linguagem que está para todos, alguns conteúdos específicos, de modo singular, podem sofrer maior resistência ao tentarem ser diretamente abordados pela consciência. Em um momento histórico em que os semblantes disponíveis na cultura se mostram insuficientes, como buscamos demonstrar que ocorre atualmente no Brasil, há um acréscimo no lapso significante e, por conseguinte, uma fratura na representação da realidade. A abundância de notícias falsas e contraditórias, tanto no quesito sanitário quanto no político, produz um curto-circuito em tal representação e convoca o aparelho psíquico ao trabalho. Os sonhos são um dos dispositivos psíquicos que podem auxiliar no contorno da nova conjuntura.

Os sonhos, privilegiando imagens e sons, parecem abrir uma possibilidade de elaboração daquilo para o qual faltam palavras e não se tem representação. Portanto, o pensamento onírico, através do conteúdo do sonho, coloca em cena elementos que podem convocar mais um giro de elaboração do sonhador. A verdade ficcionada através do sonho parece introduzir um instante de olhar que pode ou não ser tomado como tal. Quer dizer que o sonhador pode tomar a cena como uma mensagem que lhe diz respeito, um enigma a ser desbravado ou, ao contrário, considerar o sonho uma pequena loucura noturna, desconectada de sua história singular e da história coletiva. Situações socioculturais em que há uma ruptura com os semblantes compartilhados até então parecem ter grande poder de intromissão no trabalho onírico, por exigirem uma intensificação do trabalho psíquico. Os elementos culturais associados ao momento atual, ao se apresentarem em vários sonhos, demonstram a sua importância no atual momento.

Ao considerarmos que o relato do sonho é uma interpretação que o inconsciente faz do real, entendemos que, através do conteúdo do sonho, uma fresta se abre para um tempo de concluir, já que não há uma sequência necessária entre os três tempos lógicos lacanianos. É nesse jogo de se lançar a dizer a cena onírica e suas admissíveis relações com a realidade que o sujeito pode se deparar com significantes, afetos e impressões que não pode mais evitar. Ou seja, o texto do sonho pode produzir um despertar, uma construção de saber sobre determinada experiência. Parece que é desse modo que o sonho pode se inscrever em tempos sombrios da humanidade.

Não desconsideramos que existem diversas camadas de elaboração onírica nos sonhos que são mais ou menos investidas psiquicamente, que sofrem maiores ou menores pressões do recalque e que estão associados a variável quota de afeto. Ao que parece, os conteúdos oníricos relacionados às questões diurnas, especialmente os partilhados culturalmente, são mais acessíveis às interpretações do que os conteúdos que se lançam à história singular de cada sonhador, ou seja, às experiências traumáticas de cada um. Talvez por sofrerem menor crítica e resistência psíquica, portanto, por terem o conteúdo manifesto do sonho mais aproximado do pensamento onírico latente, tantos sonhadores fizeram associações entre os seus sonhos e o contexto político-sanitário atual. Devemos salientar, também, com a leitura das lembranças da infância em Freud ([1917-1918] 1996), o caráter não linear e sim retroativo da temporalidade que aparece na clínica psicanalítica. Pois é só a partir de uma segunda experiência que as primeiras experiências, traumáticas, aparecem, como se já estivessem "lá" no passado, o que reitera o caráter ficcional dessa construção em análise (Araújo, 2016). Numa análise se produzem narrativas tomadas como "tendo sido", o que indica não o surgimento de lembranças *stricto sensu*, mas a forma como a ordenação simbólica cria o passado de forma retroativa (Lacan, [1955-1956] 1988; Araújo, 2016).

A importância de entender a temporalidade que marca tanto a experiência quanto o trabalho onírico aponta para o caráter ficcional da clínica psicanalítica que Lacan elabora como uma verdade de "ficção" que não somente cria o passado, também mas determina o futuro (Araújo, 2016). Com a crise político-sanitária, estamos diante de um tempo que exige dos analistas e da política um espaço para amparar as ficções individuais que sustentariam uma elaboração do indizível do atual momento histórico. Especificamente, no Brasil, onde não só a verdade tem estrutura de ficção, mas também, diante do político, há um uso perverso do caráter ficcional da verdade, ainda cabe a nós, analistas, para o futuro, recolher os efeitos *a posteriori*, a transbordarem deste momento histórico. ■

REFERÊNCIAS

AB'SÁBER, T. A. M. *O sonhar restaurado: formas do sonhar em Bion, Winnicott e Freud.* São Paulo: Editora 34, 2005.

AGAMBEN, G. Tempo e história: crítica do instante. *In*: *Infância e história: destruição da experiência e origem da história.* Belo Horizonte: Editora UFMG, 2005. p. 107-126.

ARAÚJO, F. M. D. O tempo em Lacan. *Ágora: Estudos em Teoria Psicanalítica*, v. 19, n. 1, p. 103-114, 2016.

BENJAMIN, W. (1940). Sobre o conceito da história. *In*: *Magia e técnica, arte e política.* 3. ed. São Paulo: Brasiliense, 1987. p. 222-234. (Obras Escolhidas, I).

BERADT, C. Dreams under Dictatorship. *Free World*, New York, v. 24, p. 333-337, 1943.

BERADT, C. *Sonhos no Terceiro Reich*. São Paulo: Três Estrelas, 2017.

CRARY, J. *24/7: capitalismo tardio e os fins do sono*. São Paulo: Cosac Naify, 2014.

DE CERTEAU, M. Ciência-ficção ou o lugar do tempo. *In*: *História e psicanálise: entre ciência e ficção*. Belo Horizonte: Autêntica, 2017. p. 62-70.

DUNKER, C. Apresentação. *In*: BERADT, C. *Sonhos no Terceiro Reich*. São Paulo: Três Estrelas, 2017. p. 8-26.

DA REDAÇÃO. Número de casamentos LGBT cresceu 340% após eleição de Bolsonaro. *Exame*, São Paulo, 4 dez. 2019. Disponível em: http://bit.ly/3eZy1ia. Acesso em: 15 set. 2020.

FAYE, J.-P. *Introdução às linguagens totalitárias*. São Paulo: Perspectiva, 2009.

FINGERMANN, D. O tempo na experiência da psicanálise. *Revista USP*, São Paulo, n. 81, p. 58-71, 2009.

FOUCAULT, M. O que são as Luzes? *In*: *Ditos e escritos VIII*. Organização de Manoel Barros da Motta; tradução de Elisa Monteiro. Rio de Janeiro: Forense Universitária, 2011. p. 259-268.

FOUCAULT, M. *Subjetividade e verdade: curso no Collège de France*. São Paulo: WMF Martins Fontes, 2016.

FREUD, S. *A interpretação dos sonhos (1900)*. São Paulo: Companhia das Letras, 2019. (Obras Completas, 4).

FREUD, S. Considerações contemporâneas sobre a guerra e a morte (1915). *In*: *O mal-estar na cultura e outros escritos*. Belo Horizonte: Autêntica, 2020a. p. 99-135.

FREUD, S. Transitoriedade (1916). *In*: *Arte, literatura e os artistas*. Belo Horizonte: Autêntica, 2017. p. 221-226.

FREUD, S. História de uma neurose infantil. *In*: *Uma neurose infantil e outros trabalhos (1917-1918)*. Rio de Janeiro: Imago, 1996a. p. 19-151. (Edição Standard Brasileira das Obras Psicológicas Completas de Sigmund Freud, XVII).

FREUD, S. O mal-estar na cultura (1930). *In*: *O mal-estar na cultura e outros escritos*. Belo Horizonte: Autêntica, 2020. p. 305-410.

FREUD, S. (1940). O aparelho psíquico. *In*: *Compêndio de psicanálise e outros escritos inacabados*. Belo Horizonte: Autêntica, 2014. p. 15-21. (Obras Incompletas de Sigmund Freud).

FREUD, S. (1932). Revisão da teoria dos sonhos. *In*: *O mal-estar na civilização, novas conferências introdutórias à psicanálise e outros escritos*. São Paulo: Companhia das Letras, 2010. p. 126-157.

GUTIERREZ, P.; CLARKE, S. Covid-19 World Map: Which Countries Have the Most Coronavirus Cases and Deaths? *The Guardian*, London, 23 Aug. 2020. Disponível em: http://bit.ly/396nopY. Acesso em: 15 set. 2020.

JENKINS, K. *A história repensada*. São Paulo: Contexto, 2001.

KLEMPERER, V. *LTI: a linguagem do Terceiro Reich*. Rio de Janeiro: Contraponto, 2009.

KOSELLECK, R. *Passado futuro: contribuição à semântica dos tempos históricos*. Rio de Janeiro: Contraponto; Editora PUC-Rio, 2006.

KOSELLECK, R. Posfácio. *In*: BERADT, C. *Sonhos no Terceiro Reich*. São Paulo: Três Estrelas, 2017. p. 162-182.

LACAN, J. *El seminario 21: Los incautos no yerran*. Inédito. Seminário proferido em 1973-1974.

LACAN, J. *O seminário, livro 1: Os escritos técnicos de Freud*. Rio de Janeiro: Jorge Zahar, 1986. Seminário originalmente proferido em 1953-1954.

LACAN, J. *O seminário, livro 3*: *As psicoses*. Rio de Janeiro: Jorge Zahar, 1988. Seminário originalmente proferido em 1955-1956.

LACAN, J. *O seminário, livro 4*: *A relação de objeto*. Rio de Janeiro: Jorge Zahar, 1995. Seminário originalmente proferido em 1956-1957.

LACAN, J. *O seminário: livro 5: As formações do inconsciente*. Rio de Janeiro: Jorge Zahar, 1999. Seminário originalmente proferido em 1957-1958.

LACAN, J. (1961-1962/2003). *O seminário, livro 9: A identificação*. Rio de Janeiro: Jorge Zahar. Seminário originalmente proferido em 1961-196.

LACAN, J. *O seminário: livro 11: Os quatro conceitos fundamentais da psicanálise*. Rio de Janeiro: Jorge Zahar, 1985. Seminário originalmente proferido em 1963-1964.

LACAN, J. O tempo lógico e asserção de uma certeza antecipada. *In*: *Escritos*. Rio de Janeiro: Jorge Zahar, 1998. p. 197-213

MACHADO, L.; MORI, L. Governo tem poder de tornar vacinação obrigatória e dever de incentivá-la, dizem juristas e médicos. *BBC Brasil*, São Paulo, 1º set. 2020. Disponível em: http://bbc.in/3repJoW. Acesso em: 15 set. 2020.

MARCHE, S. It's in Dreams that Americans Are Making Sense of Trump. *The New Yorker*, New York, 19 Mar. 2020. Disponível em: https://bit.ly/3f2wAiP. Acesso em: 15 set. 2020.

MILLER, J. *A erótica do tempo*. Rio de Janeiro: Escola Brasileira de Psicanálise, 2000.

NETO, F. Trump Isn't the Worst Pandemic President. *New York Times*, New York, 15 July 2020. Disponível em: http://nyti.ms/39nvXNt. Acesso em: 15 set. 2020.

PAPERNO, I. *Stories of the Soviet Experience: Memoirs, Diaries, Dreams.* Ithaca, NY: Cornell University Press, 2009.

PINHEIRO-MACHADO, R. Entrevista: "Bolsonaro é o populista que mais se aproximou do fascismo na história", diz Federico Finchelstein. *The intercept Brasil*, São Paulo, 7 jul. 2020. Disponível em: http://bit.ly/30SSAEM. Acesso em 17 mar. 2021.

RANCIÈRE, J. *Os nomes da história*. São Paulo: Editora Unesp, 2014.

RICŒUR, P. *Tempo e narrativa: o tempo narrado.* São Paulo: WMF Martins Fontes, 2010.

SLIWINSKI, S. *Dreaming in Dark Times: Six Exercises in Political Thought.* Minneapolis: University of Minnesota Press, 2017.

TVARDOVSKAS, L. S. O exercício do sonho em Michel Foucault. *In*: BUTTURI JUNIOR, A.; CANDIOTTO, C.; SOUZA, P.; CAPONI, S. *Foucault e as práticas de liberdade II: topologias políticas e heterotopologias*. Campinas: Pontes, 2019. p. 245-261.

ŽIŽEK, S. A "volta ao normal" é a psicose suprema. *Outras Palavras*, São Paulo, 27 jul. 2020. Disponível em: http://bit.ly/3tPufw3. Acesso em: 15 set. 2020.

ZUKER, F.; ZEYTOUNLIAN, W. A incerteza política em 2018: uma coleção de sonhos e pesadelos. *Nexo Jornal*, São Paulo, 16 nov. 2018. Disponível em: http://bit.ly/3cW1t5X. Acesso em: 15 set. 2020.

"A experiência tem sido **INCRÍVEL** e realmente terapêutica. O sonho que intitulei **TELEFÉRICO** foi um dos mais importantes, pois era uma possibilidade de **TRAVESSIA** de um vale gigante e árido (pandemia), que chegava numa espécie de Xangrilá, através da cápsula de um teleférico, onde eu entrava com dois meninos (talvez meus filhos?). Durante a travessia não consigo parar de pensar no que acontece se o teleférico cair (a covid-19 e a **ANGUSTIANTE** possibilidade de morte). Um outro aspecto que achei muito interessante foi a quantidade de elementos **POLÍTICOS** que aparecem nos meus sonhos, incluindo frequentemente nosso inoportuno **PRESIDENTE**."

(R. R., 48 ANOS, SÃO PAULO, 4 DE AGOSTO DE 2020)

CAPÍTULO 3

"Constelação": Sonhos, psicanálise e política em tempos de pandemia[1]

Rose Gurski, Cláudia Perrone

Madrugada de sábado para domingo, acordo assustada com um sonho que parecia real: uma cobra imensa está pronta para dar o bote. O cenário é a sala da casa dos meus pais, eu ali havia acordado e me dirigido até a sacada, ao lado da sala. Ainda me espreguiçando, passo tranquilamente pela sala e vou até a sacada, ver como está o dia – cinzento, sem sol, mas agradável. Quando me viro em direção à sala, vejo a imensa cobra que está pronta para o bote, quase na posição vertical: ela é imensa e parece feroz. Ao mesmo tempo, consigo pensar que ela está assustada e que passei ao lado dela (que deve ter vindo da sacada para dentro da sala) e ela nada fez comigo. Me acalmo um pouco (a cena é de uma carga de medo terrível, quase sufocante) e percebo a distância segura em que estamos (seriam os dois metros de afastamento, solicitados por medida de segurança em tempos de coronavírus?) e então uma segunda

[1] Este capítulo foi elaborado pelas autoras com contribuições e diálogos realizados no âmbito do Núcleo de Pesquisa em Psicanálise, Educação e Cultura (NUPPEC-/UFRGS). Nossos agradecimentos especiais a todxs e, mais especialmente, àquelxs pesquisadorxs que participaram diretamente da coleta de sonhos, entre elxs, as psicólogas, pesquisadoras e mestrandas Vanessa Zaro, Stéphanie Strzykalski e Bruna Bayer, e xs bolsistas de iniciação científica, Jordan Nunes da Silva, Bruna Conti e Maria Gabriela Adams.

preocupação aparece: fui a primeira da casa a acordar, se alguém entrar na sala agora, será envolvido pelo bote da cobra, penso rápido em como agir para avisar meus pais e meu marido, que se encontram nos quartos, próximos à sala. Escuto passos de alguém que se aproxima. Quero gritar, mas não posso: isso assustaria ainda mais as pessoas ou o animal (S. F., 42 anos, Lajeado/RS, 3 de maio de 2020).

O advento da psicanálise representou uma ruptura com o modo de nos relacionarmos com o conhecimento e com a noção de verdade – temas classicamente tratados pela filosofia através do registro da consciência. A conquista do mundo pela visão de uma experiência subjetiva que coloca o inconsciente, a morte e a sexualidade como cerne da alma humana não foi sem consequências para a constituição do sujeito e do mundo pós-freudiano (Roudinesco, 2000).

Além dos efeitos compreensivos sobre a psicologia humana, sabemos que, desde os primórdios da Psicanálise, Freud propôs o diálogo intenso com a cultura e com as problematizações da sociedade – seja pelas suas preocupações expansionistas, seja pelo amor que devotava aos clássicos; foi desse modo que mostrou o quanto seu método não se limitava a uma clínica do sofrimento psíquico individual, mas, também, servia como uma forma crítica de pensar os aspectos coletivos da vida social (Safatle; Silva Junior; Dunker, 2018).

Erik Porge (2009), poeticamente, disse que, ao relatar o caso clínico de forma romanceada, em outra temporalidade que não a médica, Freud teria inaugurado, para além do tratamento psicanalítico, uma maneira de transmitir o saber inconsciente. Tal apontamento nos leva à noção de que, nesse modo de compreensão do sofrimento psíquico, ele revelava não apenas a escuta do inconsciente dos pacientes, mas, também, seu desejo por uma inserção da psicanálise no campo social.

Quando nos debruçamos sobre os registros da época da República de Weimar, vemos todo o engajamento de Freud com a chamada Viena Vermelha. Após a Primeira Guerra e com o fim do sistema monárquico, o austríaco vislumbrava uma sociedade alicerçada no ideário do bem-estar social no qual a servidão de algumas classes daria espaço a uma melhor distribuição de renda e de outras condições de vida, saúde e educação para a população. Foram muitas as variáveis que se alteraram após a Primeira Guerra, dentre elas, uma significativa movimentação discursiva acerca da Psicanálise, nas palavras da historiadora Elizabeth Ann Danto (2019, p. 21): "a narrativa mudou da psicanálise como uma construção clínica solitária para a psicanálise como uma ideologia modernista de transformação".

Em nossos dias, a necessidade urgente de transformações sociais vem iluminando o trabalho de vários psicanalistas e pesquisadores das humanidades no Brasil; para esses estudiosos, as demandas urgentes de nosso tempo se apresentam, especialmente, através do desamparo e da dimensão sociopolítica do sofrimento psíquico dos grupos sociais historicamente injustiçados e marginalizados no Brasil (Debieux, 2016).

Em nosso Laboratório de Pesquisa,[2] na UFRGS, ao longo dos últimos anos, construímos investigações e intervenções com o objetivo de estabelecer pontes entre a escuta psicanalítica, a universidade e a cidade. Trabalhamos no sentido de operar uma releitura dos fundamentos psicanalíticos que possibilite validar a escuta e as pesquisas-intervenções que realizamos junto às instituições sociais, às políticas publicas e à cidade de forma geral. Assim, na esteira das investigações que já abordavam o tema da associação livre, da atenção flutuante, da interpretação, colocou-se, para nós, uma nova questão: a importância do trabalho com as narrativas dos sonhos.

Não por acaso, nessa constelação de questões, buscamos o diálogo com os escritos de Walter Benjamin, filósofo e crítico cultural alemão ligado à Escola de Frankfurt. Benjamin viveu e produziu em um tempo semelhante ao de Freud, a década de 1930; apesar de não ser psicanalista, tinha, nos sonhos, um importante tema de análise e de estudo. Para o filósofo (Benjamin, 2006), o sonho carrega em sua montagem a articulação entre o adormecer, o sonhar e o despertar. No livro das *Passagens* (Benjamin, 2006), encontramos a noção de que o

---

[2] As pesquisas e intervenções realizadas no Eixo 3 do NUPPEC/UFRGS dedicam-se a investigar as condições do laço social contemporâneo com ênfase no tema da adolescência de sujeitos em situação de vulnerabilidade. No grupo, participam docentes, pesquisadores associados, mestrandos e bolsistas. Para outras informações, ver: www.ufrgs.br/nuppec e www.facebook.com/nuppec.

sonho tem também uma dimensão de análise social a ser explorada, ou seja, os restos do dia, que aparecem no material onírico de cada um, estão ligados ao coletivo no qual o sonhador está inserido.

A articulação dos textos de Benjamin com a escuta psicanalítica, com a política e com os sonhos nos levou, em 2019, à construção da oniropolítica – uma estratégia de análise ético-política que busca resgatar a dimensão de complexidade e inovação do pensamento presente na narrativa onírica (Dunker; Gurski; Perrone; Debieux, 2019). Uma tentativa de construir um caminho passível de oferecer múltiplos sentidos em meio ao achatamento do pensamento e à intolerância nos laços. A oniropolítica tem nos permitido trabalhar, através da estrutura dos sonhos, o enlace entre a articulação de duas esferas que, a princípio, parecem contraditórias: a narrativa particular do sonho, que carrega o singular do sujeito, e a política, uma dimensão coletiva que lida com as massas e com a multiplicidade (Dunker, 2017). Com a oniropolítica, acreditamos, junto a Benjamin e Freud, que há, no sonho, "um saber ainda não consciente dos acontecimentos e fenômenos, cuja promoção tem a estrutura do despertar" (Benjamin, 2006, p. 434).

Resgatar o sonho e o sonhar, assim como o adormecer e o despertar, pode operar como uma forma de resistência; uma estratégia ética e política que, a partir de novas montagens da materialidade do mundo e do caos das percepções cotidianas, autoriza a imaginação acerca de possíveis ações no sentido que Hannah Arendt (2001) empresta a estas: ações e atos derivados do diálogo e do pensamento em um espaço politico, ou seja, onde a possibilidade de pensar se desenrola através da capacidade de discernir o bem do mal.

Partimos da premissa de que os sonhos elaborados na vida noturna, ao oferecerem algo além da percepção racional e consciente, evocam um elemento inovador e criativo, carregado de percepções e compreensões que lançam novos sentidos às vivências diurnas. Tais elementos, além de enunciarem aspectos singulares do sujeito, mostram nuances da estrutura histórica e coletiva. Temos compreendido a polissemia contida na estrutura onírica como uma alternativa à limitação de sentidos que se antecipa nos laços atuais por conta de ideologias e de uma distopia da realidade que ganha cada vez mais espaço.

Os sonhos e a chegada da pandemia no Brasil

O novo coronavírus (Sars-CoV-2) foi identificado na China, no mês de dezembro de 2019, tendo chegado ao Brasil no início de março de 2020 – momento em que a Organização Mundial da Saúde (OMS) declarou que se tratava de uma pandemia com disseminação em tempo curto e níveis alarmantes de contaminação. Rapidamente, no país, a dinâmica da questão sanitária produziu uma intensa devastação do laço social, tomando uma concretude que está muito além do biológico, especialmente, por uma sobreposição de crises: afora o vírus, um alastramento geométrico da crise política e social.

A sociedade brasileira – principalmente para os menos favorecidos socialmente, tanto em termos econômicos, raciais e de gênero – viu-se, de repente, como espectadora de uma arena de disputas políticas e ideológicas sem nenhuma relação com o combate ao vírus e repleta de precipitações conclusivas inconsequentes. As condições da pandemia parecem ter encenado, novamente, o roteiro de um país em guerra civil, um país de genocídios sem nome e de massacres sem documentos (Safatle, 2020). É inacreditável, mas não surpreendente que, em cinco meses da maior crise sanitária a que o mundo já assistiu nos últimos 100 anos, instalou-se uma normalidade do negacionismo frente às questões da pandemia com abundante desconhecimento e desinformação.

Em artigo recente, no qual analisa os efeitos da covid-19 no Brasil, Vladimir Safatle (2020) recolheu a expressão "Estado suicidário", utilizada por Paul Virílio, a fim de nomear um modo de funcionamento do Estado brasileiro que, impregnado pelas premissas neoliberais, estaria, neste momento da pandemia, não só operando a gestão das mortes e desaparecimentos dos corpos através da necropolítica, mas gestando, também, sua própria catástrofe com novas formas de violência de Estado. No caso do Brasil, o filósofo sugere que o Estado pode ser o próprio fiador de sua catástrofe, na medida em que repete compulsivamente a histórica desigualdade social e o genocídio de partes da população.

Além de a desigualdade social do país repetir-se na pandemia, vemos, no cotidiano, um cenário no qual os sentidos são produzidos em gabinetes, ambientes nos quais se tece a genealogia de todos os tipos de ódios e onde se preparam as condições para a produção do que Arendt (1999) denominou a "banalidade do mal".

Foi no julgamento de Adolf Eichmann, vendo aquele homem medíocre, absolutamente incapaz de distinguir o bem do mal, que a filósofa alemã percebeu sua incapacidade de construir um pensamento pessoal e do ponto de vista do outro. A essa condição de ausência do pensamento ela nomeou banalidade do mal. Para descrever o mal que corrói o sujeito humano "não como pecado original, mas como uma maneira histórica e politicamente 'cristalizada' de reduzir os homens a uma superfluidade" (Kristeva, 2002, p. 135), Arendt narra a abundância de falas clichês de Eichmann, como se fosse um discurso decorado, no qual citava frases feitas ou ordens superiores, evidenciando a erosão da capacidade de pensar e, portanto, a destruição da subjetividade, questão já identificada por ela como um dos venenos para os laços sociais e humanos contemporâneos.

Quando Arendt dirigiu-se a Israel, em 1961, a fim de cobrir o julgamento do carrasco nazista, ela seguiu as reflexões, que já vinha construindo, sobre as origens do totalitarismo (Arendt, [1949] 2012) e percebeu que estava frente a uma das condições sociopolíticas do nazismo: a renúncia a pensar por si mesmo e a docilidade com as ordens e com o líder. Como sugere Kristeva (2002), o julgamento de Eichmann deu a Arendt a oportunidade de provar que a realização do nazismo ocorreu porque muitos partilharam da condição banal de renúncia ao julgamento pessoal. Ou seja, o mal absoluto não é o mal das intenções malignas, tampouco o mal que se produz nas pulsionalidades de morte, o pior mal é o que vem da ausência de reflexão, da banalização da nossa condição humana (Kehl, 2004).

Em nossos dias, podemos dizer que a banalidade do mal, decorrente da ausência de pensamento, materializa-se, por exemplo, na construção das *fake news* que se multiplicam aos milhões. Entre outras questões, a disseminação em massa de narrativas que retificam a realidade e os fatos em acordo com uma das premissas nazistas, "uma mentira dita muitas vezes se transforma em uma verdade", acaba por reduzir o debate e a erosão da esfera pública como espaço de discussão de ideias. Recentemente, Castro Rocha (2020) chamou de analfabetismo ideológico a condição de ler nos textos apenas as próprias convicções políticas, reduzindo o outro ao papel único e predeterminado de antagonista ou inimigo a ser destruído.

Imersos em um cenário de polarização social crescente, fomentado por uma arquitetura de destruição que inclui a retórica do ódio, a necropolítica, a perseguição de minorias, a desvalorização do saber da ciência e o estabelecimento de políticas de morte, temos, do início da pandemia para cá, assistido à morte e à violência serem tratadas como uma estratégia, dando sequência à noção de que, no Brasil, a política instalada segue realmente a lógica da guerra civil.

Foi nesse contexto que passamos a buscar a construção de alguns caminhos alternativos a partir da articulação entre os sonhos, a psicanálise e a política. Há alguns anos, já vínhamos, nas pesquisas com adolescentes da Socioeducação,[3] buscando estabelecer, através das Rodas de Sonhos,[4] um ponto de resistência na relação com as trágicas narrativas de destino que costumam acompanhar os jovens brasileiros da periferia, especialmente os negros e pobres.

Foi assim que, em meio ao pesadelo da pandemia mundial de covid-19 no Brasil, decidimos coletar sonhos noturnos. Com o confinamento social, começamos a escutar as pessoas falando que estavam sonhando mais, que os sonhos estavam mais vívidos e que, ao acordar, lembravam-se mais das imagens oníricas.

A covid-19 produziu grandes mudanças no cotidiano das pessoas, com intensas perdas em diferentes âmbitos da vida. Uma sonhadora disse: "O mundo não é mais o mesmo, e embora nos sonhos eu busque por elementos que me remetam ao mundo antes da pandemia e ao estado de coisas inalteradas por ela (andar de ônibus, andar pelas ruas,

---

3 Política pública brasileira que surge a partir da promulgação do Estatuto da Criança e do Adolescente (ECA) (BRASIL, 1990), com o objetivo de acompanhar a execução das medidas socioeducativas, um tipo de intervenção pedagógico-sancionatória aplicada a jovens entre 12 e 18 anos incompletos acusados de terem cometido algum ato infracional.

4 As Rodas de Sonhos são um espaço de livre circulação da palavra em que os jovens internados na Fundação de Atendimento Socioeducativo do Rio Grande do Sul (FASE-RS) são convidados a narrar e associar livremente sobre o tema dos sonhos e do sonhar, entendendo estes sempre em sua pluralidade de sentidos e interpretações.

frequentar lugares), sou puxada de volta à realidade" (L. P., 39 anos, Belém/PA, 5 de maio de 2020). Temos pensado que o adensamento dos sonhos aparece justamente pela necessidade psíquica de elaborar as perdas e tudo aquilo que o sujeito não consegue simbolizar e que, portanto, resta como incômodo ao psiquismo na forma de angústia, mal-estar e outros sintomas.

Frente a um cenário complexo, em que o vírus e a política se articulam, passamos a nos perguntar se acaso os sonhos poderiam funcionar como um elemento crítico com possibilidade de nos ajudar a despertar de um tempo de dor e adormecimento. Conforme Benjamin ([1940] 2012) discutiu no texto "Sobre o conceito da história", talvez estejamos um pouco como o anjo do quadro de Paul Klee, paralisados pela repetição do que tem nos acometido e sem a possibilidade de abertura ao novo pela via da elaboração. No escrito de 1940, seu último texto, o filósofo sugeriu que o anjo da história, em vez de se deixar arrancar pelos ventos da razão e do progresso, poderia deter-se e acordar os mortos, ou seja, poderia juntar os fragmentos das ruínas e rearranjá-los a partir de novos e outros sentidos.

Eis aqui um dos sonhos que recebemos que ilustra bem a complexidade das narrativas que chegam para nós:

● [...] estava na casa de minha avó, na cidade de SP, com minha mãe doente sendo cuidada por uma tia num quarto dentro da casa. Eu estava do lado de fora, ouvindo um som distante, como se fosse um caminhão de som, com a voz do Bolsonaro ecoando. Aí soube que ele veio para SP, para se pronunciar. E ele dizia claramente para uma massa de pessoas (que eu não via, pois apenas ouvia o som ecoando pelo ar) que um determinado bispo da Igreja Católica deveria morrer, pelo fato de tê-lo criticado, pelo fato de ter se posicionado contra uma fala dele (do Bolsonaro). Fiquei horrorizada com a fala dele, em choque pela violência, pela sugestão que ele trazia (as pessoas poderiam assassinar o bispo). Me senti extremamente perdida e dividida entre essa sensação de horror e a preocupação com a saúde da minha mãe. A primeira coisa que pensei foi esse caráter "coletivo", quando eu ouvia a voz de Bolsonaro ecoando pelo ar (M. C., 40 anos, Sorocaba/SP, 23 de abril de 2020).

Temos apostado que os sonhos noturnos, ao oferecerem algo além da percepção racional e consciente, evocam a dimensão de um elemento inovador e criativo, carregado de percepções e compreensões que podem vir a lançar novos sentidos à vida diurna. Como dizia Sérgio Paulo Rouanet (1990, p. 89), é através do "sonho que o sonhador se apropria da força que emana do mundo morto das coisas". Ou seja, a força que emerge daquilo que foi recalcado por ausência de elaboração é, justamente, o que não pode ser lembrado pelo sujeito e pela história; porém, é, também, aquilo que, pela ausência de simbolização, não pode ser esquecido. Entendemos que os múltiplos sentidos que os sonhos carregam podem nos evocar alternativas tanto de elaboração como de criação do *novo*.[5]

Desde o início da articulação entre sonhos, psicanálise e política, tivemos como inspiração o livro *Sonhos do Terceiro Reich*, da jornalista alemã Charlotte Beradt ([1966] 2017). No escrito, ela narra a compilação de 300 sonhos de alemães depois da ascensão de Hitler, entre 1933 e 1939. Em meio às narrativas oníricas desses alemães, podemos identificar críticas ao momento social, que suscitava angústia, medo e impotência. Beradt não era psicanalista, mas, através do relato de seu livro, inscreveu a importante articulação do sonho como uma produção que reside nos limiares entre o sujeito e o social. Nessa direção, importa registrar que Freud ([1900] 2012) já havia observado a sobredeterminação dos sonhos, isso porque a criação onírica carrega, além das questões e circunstâncias pessoais, outras camadas de fragmentos do contexto social e político do sonhador.

Assim como em outros momentos de grandes catástrofes, entendemos que a Psicanálise não poderia ficar apartada da discussão crítica frente à disrupção do laço social e às condições da cultura atual em tempos de pandemia. Não se pode negar que foi a herança do pensamento freudiano que possibilitou, sobretudo, o acesso a outro tipo de lógica, a lógica da narrativa onírica. O sonho a partir de

[5] Tomamos o *novo* em sentido semelhante ao de Benjamin, como uma produção singular de um sujeito inserido no coletivo, aquilo que decanta como marca daquele que se autoriza enquanto autor/produtor de uma experiência, e não como uma novidade.

Freud subverteu a ideia de experiência, tornando acessíveis ao sujeito experimentações que não somente as da consciência. Nesse sentido, importa perceber a diferenciação que ele fez entre a experiência do sonhar e a narrativa sobre o sonho, sendo esta última uma experiência de construção, uma experiência que faz surgir algo que potencialmente estava lá, mas que antes não podia ser reconhecido.

Quando analisa a narração do sonho, Freud ([1900] 2012) se atém ao que chamou de pensamentos oníricos – uma passagem entre o Real, isto é, o que não é acessível à consciência, aos modos de análise racional e ao despertar –, compostos pelos restos das experiências do dia e pela reconstrução em forma de narrativas. Junto com as premissas freudianas, sublinhamos que apenas traços da experiência onírica permanecem, e são a eles que a psicanálise dirige suas interrogações; neles, ainda encontraremos fragmentos de tempo e espaço, ou seja, traços da história do que não pôde ser assimilado. No trabalho psíquico do sonho, Freud ([1900] 2012) mostra que ficamos entregues às significações que as ruínas dos registros nos ofertam, sendo a narratividade sobre os sonhos uma liberação para *novos possíveis* a partir das edições singulares que cada sujeito faz das imagens oníricas recolhidas nas vivências diurnas.

É preciso dizer que, neste trabalho, não nos interessa colher sonhos para interpretá-los, ou, ainda, esclarecer o que as pessoas sonham em tempos de pandemia. Nosso ponto de partida, seguindo Freud, Benjamin e Lacan ([1964] 1998), é fazer falar o Real[6]do sonho, apresentar, de modo benjaminiano, o que Freud ([1900] 2012) denominou *umbigo do sonho*, mostrando que há, no material onírico, algo que resiste à interpretação e que deve ser enunciado e narrado. No extremo, podemos dizer que se trata do limite que habita a própria noção de representação no sonho. Nesse sentido, Benjamin busca as imagens dialéticas e a noção de constelação a fim de mostrar que não se trata de elucidar a verdade do objeto e/ou do fenômeno, mas, antes, de deixar o Real falar e mostrar as movimentações e os sentidos possíveis a partir das várias camadas que se constituem no formato de constelações.

---

[6] Lacan ([1964] 1998) concebe o Real como o que não pode ser simbolizado totalmente na palavra ou na escrita, aquilo que não cessa de não se escrever. Tomamos a sintomatologia ligada à violência como o que fica fora da simbolização, um Real que precisa ser decifrado.

A constelação onírica, o Real e os tempos da pandemia

João Barrento (2013), no livro *Limiares sobre Walter Benjamin*, afirma que Benjamin usava, em seus escritos e formulações, um método mais imagético do que conceitual, um método que não separava a forma do pensamento e que, sobretudo, elegia as fronteiras, os desvios e os limiares como lugar e objeto de reflexão. Nesse espaço dos limiares, conforme sugere Alexia Bretas (2008), é como se o onírico roçasse o Real. Tal descrição, de alguma maneira, faz-nos pensar na intenção freudiana e benjaminiana de fazer ressoar o tecido onírico no espaço da vigília.

Benjamin, assim como Freud e Lacan, sabia que era impossível alcançar a verdade e o Real do fenômeno, assim como também não seria possível reproduzir sua beleza na arquitetura conceitual. A verdade e o Real do objeto e do fenômeno não deveriam ser desnudados a ponto de encerrar seu mistério e segredo. Nesse sentido, o método benjaminiano se assemelha à estrutura do sonho, já que, em ambos, não se trata de resolver um problema, mas de, através da montagem, em sua própria forma, enunciar o que se problematiza.

Para o trabalho de articulação com a política, tomamos os sonhos como a manifestação da fulguração do sujeito, a singularidade criativa do sonhador lançada em zonas de apagamento como uma espécie de vaga-lume. Um modo de considerar a potência de resistência na luminosidade intermitente e *não-toda* da narrativa onírica que é composta por fragmentos, pedaços, brilhos passageiros com força para tocar o Real e, talvez, movimentá-lo.

Didi-Huberman (2011) evoca os *Escritos corsários*, de Pasolini ([1975] 2020), e a figuração dos vaga-lumes para problematizar o neofascismo crescente, "que hesita, cada vez menos, em reassumir todas as representações do fascismo histórico que o precedeu" (p. 39). Segundo Didi-Huberman (2011, p. 17-18), o cineasta italiano, ao escrever, em 1941, as famosas cartas ao seu amigo de adolescência Franco Farolfi, produziu noções importantes em defesa do bom debate de ideias, da sobrevivência da polêmica e da luta política. O interessante é que, nos escritos corsários, já próximo do tempo de sua morte, Pasolini sugere que, em seu país, os vaga-lumes estavam mortos, ou seja, ele já não conseguia ver a possibilidade de resistência às práticas totalitárias na Itália da época.

No livro *A sobrevivência dos vaga-lumes*, em que problematiza a suposta morte dos modos de resistência, o filósofo francês nos faz ver que quando enxergamos somente a noite escura de um lado e, do outro, a ofuscante luz dos refletores, tornamo-nos cegos para o improvável, para a abertura ao novo, para os lampejos e, especialmente, para tudo que, *apesar de você*, pode ser capaz de reconfigurar o tempo futuro (Didi-Huberman, 2011, p. 42).

O trabalho com os sonhos nos mostra que não há totalitarismo que possa impedir o sujeito de sonhar e de forjar, no sonho, uma alternativa à ausência de polissemia na vida e nos acontecimentos. O trabalho psíquico do sonho pode inundar a vida diurna com ideias, conceitos e pensamentos únicos e inusitados. As imagens dos sonhos se aproximam do conceito das imagens dialéticas de Benjamin e da noção psicanalítica de que a imposição de sentidos unívocos, própria dos sistemas totalitários de pensamento, só ocorre na condição de o sujeito entregar-se à impostura do que chamamos Outro total.[7]

Com Benjamin, vemos que os materiais oníricos se assemelham às runas, elementos misteriosos que, a depender do arranjo, formam diferentes expressões do sujeito e da cultura. Com o resgate do sonho no trabalho de crítico da cultura de seu tempo, ele fazia valer a ideia de que tinha mais a mostrar do que a dizer. Suas críticas se produziam através de uma intervenção que buscava tocar o Real das problematizações.

A tese de Benjamin (1984) sobre o drama barroco alemão, por exemplo, evidencia muito mais através de sua forma do que de seu conteúdo. As inúmeras citações presentes na tese de livre-docência, que tanto irritaram os catedráticos da época, foram como uma espécie de intervenção de caráter político, pois o formato de sua escrita

---

[7] Para tratar da constituição psíquica, Lacan diferencia duas instâncias: o chamado "pequeno outro", que seria o semelhante, o parceiro imaginário, e o "Outro" (grande Outro), que ele conceitua como a instância simbólica e, portanto, da linguagem, que determina o sujeito, sendo de natureza anterior e exterior a ele; lugar da palavra, do tesouro dos significantes (ver LACAN, [1954-1955] 1985, p. 297). A expressão Outro total se refere a um Outro que se apresenta do ponto de vista imaginário como supostamente "sem falta".

já continha uma crítica epistemológica às produções intelectuais e culturais de seu tempo (Lima, 1994).

De modo similar, temos pensado que evocar os sonhos da população como um material de saber importante para a pesquisa acadêmica, *de per si*, já evidencia uma intervenção em ato, um ato de caráter ético-político, pois faz crescer a importância das mais inusitadas e inventivas construções noturnas. Nesse ponto, é como se dobrássemos a aposta com relação ao saber que se refere à *outra cena*. Entendemos nossos sonhadores, de maneira semelhante à forma como Benjamin compreendia as citações: uma espécie de salteadores que colhem aleatoriamente acontecimentos e traços da vida diurna para reinventá-las nos textos oníricos.

Haveria então uma função mais transformadora e revolucionária que o ato de sonhar? O sonho opera uma transgressão fundamental na temporalidade do mundo: coloca-nos, no presente, a construir, através das ruínas do passado, o que ainda não existe na materialidade da vida, somente nas imagens dos sonhos. Propor uma escuta dos sonhos na atualidade é como propor ao sonhador que leve a sério a construção de suas constelações, um modo de apostar no saber que emana do mosaico onírico de cada um.

Para Benjamin (2006), na formulação do sonho, poderíamos encontrar a articulação de varias temporalidades, o que permitiria ao historiador materialista salvar os sonhos de outras épocas, através da linguagem e das atualizações do presente. Na alegoria do drama barroco com os sonhos, ele vai localizar a reunião de estilhaços de ruínas e de fragmentos, imagem maior de uma obra aberta que, além de produzir uma interlocução entre os diferentes tempos, deixa um espaço vazio para que o leitor possa experimentar-se como autor.

Assim como no sonho freudiano, em que quem fala é o sujeito do inconsciente, na imagem dialética do sonho benjaminiano se estabelece o labirinto e a primazia de se perder em meio aos múltiplos sentidos e imagens. Podemos, assim, pensar o sonhador como aquele que recolhe as pérolas da vida diurna, como um pesquisador, um colecionador e um revolucionário, próximo do historiador materialista, que mostra, com suas narrativas, uma lógica a contrapelo.

"Madrugada de sábado para domingo, acordo **ASSUSTADA** com um sonho que parecia real: uma cobra **IMENSA** está pronta para dar o bote. O cenário é a sala da casa dos meus pais, eu ali havia acordado e me dirigido até a sacada, ao lado da sala. Ainda me espreguiçando, passo tranquilamente pela sala e vou até a sacada, ver como está o dia – cinzento, sem sol, mas agradável. Quando me viro em direção à sala, vejo a imensa cobra que está pronta para o bote, quase na posição vertical: ela é imensa e parece **FEROZ**. Ao mesmo tempo, consigo pensar que ela está assustada e que passei ao lado dela (que deve ter vindo da sacada para dentro da sala) e ela nada fez comigo. Me acalmo um pouco (a cena é de uma carga de **MEDO** terrível, quase **SUFOCANTE**) e percebo a distância segura em que estamos (seriam os dois metros de afastamento, solicitados por medida de segurança em tempos de coronavírus?) e então uma segunda preocupação aparece: fui a primeira da casa a acordar, se alguém entrar na sala agora, será **ENVOLVIDO** pelo bote da **COBRA**, penso rápido em como agir para avisar meus pais e meu marido, que se encontram nos quartos, próximos à sala. Escuto passos de alguém que se aproxima. Quero gritar, mas não posso: isso assustaria ainda mais as pessoas ou o animal."

(S. F., 42 ANOS, LAJEADO/RS, 3 DE MAIO DE 2020)

Nesse mosaico de questões, pensar em constelação consiste em deslizar de uma imagem para outra, construindo um arranjo de fragmentos que se apresentam em constante mudança, sempre marcado por tensões, no qual cada traço se mantém como resto e, simultaneamente, como um todo. A mônada seria a menor parte da constelação, uma porção do todo, um fragmento que carrega em si a totalidade. Nesse sentido, a análise de Benjamin acerca do pensamento que se expressa na imagem teria uma estrutura do céu de estrelas, um constante movimento de transformação que nunca se esgota. Essa figuração pode ser pensada em associação com as imagens dialéticas ou com as imagens de sonho como *estruturas monadológicas* (Benjamin, 2006), a unidade mínima da constelação, o que está referido à relação entre o particular e o coletivo.

Para Benjamin, constelação, imagem dialética e mônada são como cortes no tempo progressivo e linear, ocorridos a partir de processos de rememoração que se dão, por exemplo, na forma da montagem surrealista, ou, ainda, no formato do que Freud ([1937] 1980) chamava de construções em análise. Nesse sentido, para entrar no diapasão de uma constelação, torna-se necessário pensar por imagens, esquecendo as convenções do progresso e da linearidade.

Entre o singular e o coletivo: a transferência, o despertar e os efeitos ético-políticos da pesquisa com os sonhos

● Achei importante a oportunidade de compartilhar o relato. Ela, em si, já é um fator de tranquilização (M. M., 21 anos, Viçosa/MG, 26 de abril de 2020).

● Saber dessa pesquisa aguçou o meu desejo por entender melhor os meus sonhos (M. O, 58 anos, São Paulo/SP, 3 de agosto de 2020).

● Percebi que uma vez prestando mais atenção aos sonhos, passei a sonhar mais ou, pelo menos, lembrar com mais frequência (L. S. L., 37 anos, São Paulo/SP, 3 de agosto de 2020).

Esses sonhadores e tantos outros chegaram até nós através da divulgação da pesquisa "Sonhos Confinados",[8] nas redes sociais. Além

[8] O projeto de pesquisa "Sonhos em tempos de Pandemia", iniciado em março de 2020, era um trabalho conjunto de duas universidades públicas brasileiras, a UFRGS e a USP, coordenado

do e-mail que foi disponibilizado para contato, os sonhadores tinham a possibilidade de enviar os sonhos e suas associações por escrito, por mensagem de voz ou, ainda, solicitando entrevista, por telefone, com um dos pesquisadores.

Em algumas das questões trazidas pelos sonhadores vemos, claramente, a possibilidade de que, ao fazer uma narrativa, transmitindo os sonhos pela via da escrita, ou pela fala, para um outro, no caso, um pesquisador, surge também a possibilidade de o sujeito construir um mínimo de sentido e compreensão ao *nonsense* do material onírico, tornando a angústia menos aniquiladora.

Esse também foi uma forma que encontramos de realizar uma pesquisa que é, simultaneamente, uma intervenção; através dela, temos possibilitado aos que chegam até nós o encontro com palavras que nomeiam seu sofrimento e sua dor, além de poder também tratar o momento histórico em que vivemos, provocando a imaginação coletiva em busca de novos sentidos para as vivências e experiências:

● A experiência tem sido incrível e realmente terapêutica. O sonho que intitulei TELEFÉRICO foi um dos mais importantes, pois era uma possibilidade de travessia de um vale gigante e árido (pandemia), que chegava numa espécie de Xangrilá, através da cápsula de um teleférico, onde eu entrava com dois meninos (talvez meus filhos?). Durante a travessia não consigo parar de pensar no que acontece se o teleférico cair (a covid-19 e a angustiante possibilidade de morte). Um outro aspecto que achei muito interessante foi a quantidade de elementos políticos que aparecem nos meus sonhos, incluindo frequentemente nosso inoportuno presidente (R. R., 48 anos, São Paulo/SP, 4 de agosto de 2020).

Nesse sentido, será que as imagens dos sonhos podem ser compreendidas como registros de ruínas perceptivas de outro tempo que

---

pelxs Professorxs Rose Gurski, Cláudia Perrone, Christian Dunker e Miriam Debieux Rosa. Mais tarde, somou-se a esta pesquisa, desde a UFMG, a investigação denominada "Sonhos Confinados", coordenada pelo Professor Gilson Iannini. Com a pergunta "você sonhou hoje?" começamos, em abril de 2020, a receber os sonhos dos profissionais da educação e da saúde via e-mail, whatsapp e por telefone. A partir do recebimento e análise do material onírico, fomos construindo algumas problematizações que vem orientando os caminhos da pesquisa.

se apresentam, no presente, como possibilidade de serem rearranjadas do ponto de vista tanto singular como coletivo? Poderia o sonho, um elemento da história singular, ser um dispositivo de rearticulação da história social, colocando-se também a serviço da crítica da cultura e do laço social?

Entendemos que parte de nosso trabalho é retomar o projeto benjaminiano que permaneceu incompleto no que se refere à arquitetura dos sonhos, interrompido por sua morte, em 1940. Pensamos que toda a discussão sobre o despertar e a sua possibilidade emancipatória foi, também, o momento em que mais fortemente Benjamin se aproximou do pensamento psicanalítico.

Em sua visão, o sonho seria uma expressão dos restos diurnos e materiais que conseguiram escapar da repressão, sendo, portanto, carregado de índices históricos e da experiência particular colorida pela universalidade social. Trata-se da ideia de que a universalidade sócio-histórica não significa mais um ponto fixo a ser conhecido, mas um ponto aberto no qual o *político* e o *social* se dão a ler no tempo particular de um sujeito.

Temos pensado que habitar a zona de limiar com Benjamin, com a dialética do sonho e do despertar, permite detectar e intervir no sofrimento sociopolítico do sujeito, abrindo possibilidades de transformação social. Nas análises dos sonhos em tempos de pandemia, a construção da oniropolítica como um modo de leitura do limiar crítico do despertar propõe que se possa dar um lugar para as produções oníricas em sua articulação com a história social e com o espaço da vigília.

O elemento emancipatório, apontado por Freud, é considerado por Benjamin como reminiscência (*Eingedenken*) e será, justamente, a partir da implicação do sujeito com as reminiscências no trabalho do sonho que veremos a configuração de uma experiência contínua e histórica das ruínas do passado com o presente. O processo de despertar se dá justamente no limiar de indiferenciação entre a singularidade do sujeito e a universalidade do social, e nesse sentido é que supomos que a experiência de sonhar e despertar possa tornar-se um modo de conhecimento e ação.

Outro elemento fundamental e metodológico desta pesquisa diz respeito ao tema da transferência. A transferência é a via que torna possível o acesso à outra cena. A ética psicanalítica da falta instala a transferência como um campo no qual se pode encenar e interagir com as produções do inconsciente que atravessam o aparelho psíquico.

A transferência funciona pela via da introdução de um terceiro que permite a construção de um endereço fictício para a narrativa do sonhado. Ao convidarmos as pessoas a narrarem seus sonhos nos tempos de pandemia, estávamos também operando no campo da transferência. Trabalhamos, nesta pesquisa, com a noção de que o suposto saber que a investigação em si lançou à comunidade sustentou o desejo dos sonhadores de contar seus sonhos.

A pesquisa inscreveu-se na sociedade em um momento inicial da pandemia, um momento de profundo sofrimento, com condições traumáticas pelo próprio confinamento social e pela alteração radical da rotina. Nesse tempo inicial, despertou nossa atenção o interesse das pessoas por sua vida onírica. O fato de os sonhadores retornarem para seguir escrevendo ou narrando seus sonhos nos fez pensar que estavam supondo um saber inédito na matéria onírica, prolongando, no tempo, os interrogantes que surgem nas inusitadas significações que as imagens e narrativas dos sonhos produzem:

● Acho que tem sido uma experiência muito enriquecedora porque eu passei a prestar mais atenção nos meus sonhos e observar o quanto estão relacionados ao meu cotidiano. Eu não havia feito essa relação antes e nem gastava muito tempo pensando neles. Porém, há noites em que sonho tanto que acabo acordando cansada e exausta de tudo que sonhei, principalmente quando são sonhos muito confusos e com muita coisa acontecendo (S. M., 25 anos, São Paulo/SP, 3 de agosto de 2020).

Observamos que os sonhadores, quando contavam seus sonhos, não pareciam ter noção do sofrimento que suas narrativas carregavam. A noção de que sofriam decantava em momento posterior, como efeito da fala. Na medida em que contavam seus sonhos para um outro, autorizavam-se a reconhecer que sofriam, como se fosse uma espécie de tempo preliminar à assunção da dor frente ao traumático desse momento social que requer um luto de caráter tanto individual como coletivo.

Tudo isso nos leva a compreender a coleta desses sonhos como uma fonte que revela nuances e percepções que nem mesmo a experiência testemunhada nas anotações dos diários consegue mostrar. Poderíamos aproximar as expressões do território onírico daquilo que o escritor francês Georges Perec (2016) chamou de *infraordinário*, o simples, o banal, os restos do dia, as percepções mais genuínas, aquelas que o próprio sujeito não se autoriza a registrar, percepções quase transparentes que produzem uma complexidade cheia de enigmas e paradoxos, que fazem resistência, inclusive, à grandiloquência da cena social e política espetaculosa que se passa na vida diurna.

Nas construções da pesquisa, temos pensado o sonhador como uma espécie de pesquisador, aquele que, como dizia Picasso, retomado por Lacan ([1964] 1998, p. 14), "não procura, mas acha". Os achados do sonhador/pesquisador têm traços tão vívidos quanto impossíveis de serem traduzidos pelo pensamento, pois apresentam um caráter estranho e familiar ao mesmo tempo, já que são constituídos por fragmentos cotidianos registrados pelo sujeito à revelia, muitas vezes, da consciência.

Isso traduz o encontro do sujeito com o Real, com algo que permanece fundamentalmente alheio a todos os poderes da consciência, desde a percepção e a intuição até o domínio do sensível e da vontade. É interessante também constatar que as narrativas sobre os sonhos produzam esse encontro com o Real pela via da razão, ainda que esta fique relativamente impotente frente às produções do inconsciente, protagonistas maiores das manifestações oníricas.

Nossa pesquisa, através dos escutadores/leitores de sonhos, tornou-se ela própria uma intervenção, ao estabelecer a transferência com aqueles que decidiram contar seus sonhos em tempos de pandemia. Registramos que tivemos um expressivo coletivo de sonhadores, um coletivo que emergiu com força em uma situação social muito específica, a pandemia mundial. Nesse sentido, vale sublinhar que não é desprezível o fato de esse coletivo ter despertado para os sonhos exatamente em um momento marcado pela impotência da razão e pela insuficiência da ciência frente ao encontro com um Real difícil de ser simbolizado, o vírus da covid-19. ■

REFERÊNCIAS

ARENDT, H. *As origens do totalitarismo: anti-semitismo, imperialismo, totalitarismo* [1949]. São. Paulo: Companhia de Bolso, 2012.

ARENDT, H. *A condição humana.* Rio de Janeiro: Forense Universitária, 2001.

ARENDT, H. *Eichmann em Jerusalém: um relato sobre a banalidade do mal.* São Paulo: Companhia das Letras, 1999.

BARRENTO, J. *Limiares sobre Walter Benjamin.* Florianópolis: Editora da UFSC, 2013.

BENJAMIN, W. Sobre o conceito da história [1940]. *In*: *Magia e técnica, arte e política: ensaios sobre literatura e história da cultura.* São Paulo: Brasiliense, 2012. p. 222-232. (Obras Escolhidas, I).

BENJAMIN, W. *Origem do drama barroco alemão.* São Paulo: Brasiliense, 1984.

BENJAMIN, W. *Passagens.* Belo Horizonte: Editora UFMG, 2006.

BERADT, C. *Sonhos no Terceiro Reich: com o que sonhavam os alemães depois da ascensão de Hitler* [1966]. São Paulo: Três Estrelas, 2017.

BRASIL. *Estatuto da Criança e do Adolescente (ECA).* Brasília: Senado Federal, 1990. Disponível em: http://bit.ly/3tQQjGF. Acesso em: 15 set. 2020.

BRETAS, A. *A constelação do sonho em Walter Benjamin.* São Paulo: Humanitas, 2008.

DANTO, E. *As clínicas públicas de Freud.* São Paulo: Perspectiva, 2019.

DEBEIUX, M. *A clínica psicanalítica em face da dimensão sociopolítica do sofrimento.* São Paulo: Escuta; Fapesp, 2016.

DIDI-HUBERMAN, G. *A sobrevivência dos vaga-lumes.* Belo Horizonte: Editora UFMG, 2011.

DUNKER, C. O sonho como ficção e o despertar do pesadelo. *In*: BERADT, C. *Sonhos no Terceiro Reich: com o que sonhavam os alemães depois da ascensão de Hitler.* São Paulo: Três Estrelas, 2017. p. 9-26.

DUNKER, C.; GURSKI, R.; PERRONE, C.; DEBIEUX, M. O sonho e o despertar em Freud e Benjamin: a oniropolítica em construção. *In*: O SONHO E O DESPERTAR EM FREUD E BENJAMIN: A

ONIROPOLÍTICA EM CONSTRUÇÃO [evento], São Paulo, IPUSP, 2019. Disponível em: https://bit.ly/3vQG1rF. Acesso em: 15 set. 2020.

FREUD, S. Construções em análise [1937]. *In*: *Moisés e o monoteísmo, Esboço de psicanálise e outros trabalhos (1937-1939)*. Rio de Janeiro: Imago, 1980. p. 290-304. (Edição Standard Brasileira das Obras Psicológicas Completas de Sigmund Freud, XXIII).

FREUD, S. *Interpretação dos sonhos* [1900]. Porto Alegre: L&PM, 2012.

KEHL, M. R. Televisão e violência do imaginário. *In*: BUCCI, E.; KEHL, M. R. (Org.). *Videologias: ensaios sobre televisão*. São Paulo: Boitempo, 2004. p. 43-62.

KRISTEVA, J. *O gênio feminino: a vida a loucura e as palavras. Tomo I: Hannah Arendt*. Rio de Janeiro: Rocco, 2002.

LACAN, J. *O seminário, livro 2: O Eu na teoria de Freud e na técnica da psicanálise* [1954-1955]. Rio de Janeiro: Zahar, 1985.

LACAN, J. *O seminário, livro 11: os quatro conceitos fundamentais da psicanálise* [1964]. Rio de Janeiro: Zahar, 1998.

LIMA, R. E. A Arquitetura do texto benjaminiano. *Aletria: Revista de Estudos de Literatura*, v. 2, p. 111-122, 1994.

PASOLINI, P. *Escritos corsários* [1975]. São Paulo: Editora 34, 2020.

PEREC, G. *Tentativa de esgotamento de um local parisiense*. São Paulo: G. Gili, 2016.

PORGE, E. *Transmitir a clínica psicanalítica: Freud, Lacan, hoje*. São Paulo: Unicamp, 2009.

ROCHA, C. Bolsonarismo é a mais perversa máquina de destruição de nossa história republicana. *Folha de S.Paulo*, São Paulo, 8 ago. 2020 Disponível em: http://bit.ly/3tFmOXW. Acesso em: 15 set. 2020.

ROUANET, S. P. *Édipo e o anjo: itinerários freudianos em Walter Benjamin*. Rio de Janeiro: Tempo Brasileiro, 1990.

ROUDINESCO, E. *Por que a psicanálise?* Rio de Janeiro: Zahar, 2000.

SAFATLE, V. *Bem-vindo ao Estado suicidário*. São Paulo: n-1 edições, 2020.

SAFATLE, V.; SILVA JUNIOR, N. C.; DUNKER, C. *Patologias do social: arqueologias do sofrimento psíquico*. Belo Horizonte: Autêntica, 2018.

CAPÍTULO 4

"Mulheres": Mãe, sonhei com você: contar o trauma

Carla Rodrigues, Carlos Henrique de Oliveira Nunes, Isabela Pinho, Israel Tainan Lima e Chaves, Julia Werneck, Lohana Morelli Tanure, Paula Gruman

Em 11 de março de 2020, a Organização Mundial de Saúde (OMS) declarou que o novo coronavírus havia se tornado uma pandemia, a covid-19 se espalhara por 114 países, quatro mil pessoas estavam mortas e 118 mil, infectadas. Seis meses depois, eram 24,8 milhões de pessoas contaminadas, quase um milhão de mortos e a dolorosa confirmação do anúncio inicial do diretor-geral da OMS, Tedros Adhanom Ghebreyesus: "Nunca vimos antes uma pandemia como a do coronavírus. E nunca antes vimos uma pandemia que não pode ser controlada". Enquanto o alerta circulava em redes de TV nacionais e internacionais, o resto de nós tentava assimilar o que, dali em diante, significaria viver sob os significantes "pandemia" e "quarentena", que impuseram profunda reorganização nas nossas vidas cotidianas, a fim de buscar proteção contra um inimigo invisível – o novo coronavírus – e um medo permanente, a morte.

Talvez possamos dizer que, a partir daquele momento, experimentamos um trauma coletivo, o primeiro de dimensões globais, do Ocidente ao Oriente, do norte ao sul, cujos efeitos ainda vão reverberar por um tempo incontável. Um trauma carrega em si um aspecto sempre inédito, marca de um acontecimento inesperado. A covid-19, nesse sentido, pode ter atualizado a definição do filósofo

Jacques Derrida para acontecimento, a partir de sua análise do 11 de Setembro: o caráter traumático do acontecimento não está no que já aconteceu, mas no futuro, no pavor do que ainda está porvir (Derrida, [2003] 2004). Diante de uma pandemia que desafiava o acúmulo de conhecimento científico e médico, a angústia do futuro se instalou e se espalhou em escala mundial.

A carência de recursos para lidar com o acontecimento da pandemia nos levou a tomar caminhos que se entrelaçam nesta escrita, perseguindo o objetivo de contar a leitores e leitoras aquilo que não saberíamos sem a escuta dos sonhos contados na pesquisa, cujo caráter de intervenção pública pretendeu dizer aos que nos procuraram que podiam contar conosco. Menos de um mês depois da exigência de isolamento social, pusemos-nos em trabalho para recolher e escutar os sonhos dos sujeitos traumatizados por meio de questionário on-line; em campo, contabilizamos que 80% dos sonhos eram contados por *sujeitas*;[1] na escuta clínica e na análise de recorrência de significantes, a recorrência da palavra "mãe" nos contava algo da experiência de desemparo dessas mulheres que nos pusemos a escutar; e percebemos que, voltando nosso olhar para o passado, talvez pudéssemos encontrar elementos para contar como, antes de nós, outros grandes traumas coletivos foram vivenciados.

Quando, em 1936, Walter Benjamin publica "O narrador, considerações sobre a obra de Nikolai Leskov", ensaio recentemente retraduzido como "O contador de histórias",[2] diagnostica ali que a arte de contar histórias e compartilhar experiências está em decadência, localizada pelo filósofo no silêncio sintomático dos combatentes que haviam voltado da Primeira Guerra. Diante do trauma da guerra de trincheiras e do campo de batalha, os combatentes voltavam mudos, empobrecidos em experiência comunicável. "Uma geração que ainda fora à escola

---

[1] Para mais sobre a generificação do sujeito na psicanálise, permitimo-nos referir a RODRIGUES, C. Uma aposta no significante gênero. *In*: LASCH, M.; LEITE. N. (Orgs.). *Anatomia, destino, liberdade*. São Paulo: Mercado das Letras, 2019, p. 333-342.

[2] Consideramos importante recuperar o título em alemão do ensaio de Benjamun, "Der Erzähler", formado pelo verbo "*zahlen*", literalmente "contar", e pelo prefixo "*er*", que traz a noção de exterioridade, algo como "contar para fora", "contar para outro".

num bonde puxado por cavalos se achava a céu aberto numa paisagem em que nada permanecera inalterado, a não ser as nuvens, e abaixo delas, num campo de forças cheias de tensões e explosões destrutivas, o minúsculo, frágil corpo humano", escreve Benjamin ([1936] 2018, p. 21). A cena evocada pelo autor conjuga o excesso de forças e explosões vivido pelos combatentes, que se encontravam desamparados entre elas, à incapacidade de transmitir algo dessa experiência. Hoje, no que se apresenta a nós como auge do desenvolvimento técnico da humanidade, uma geração inteira está posta diante do trauma de saber que a única proteção possível contra a morte por covid-19, apesar de tudo que a medicina e a ciência sabem sobre a vida, é ficar em casa.

Acreditamos que esse processo de perda da capacidade de compartilhar experiências por meio do contar – mais explícito diante dos horrores da guerra – persistiu até o momento em que Benjamin escreveu seu ensaio e insiste como sintoma na contemporaneidade. Em Benjamin, os sonhos formaram um material rico. Muitas de suas cartas contam sonhos a seus amigos e amigas, e sua filosofia é impregnada de material onírico como fonte para propor outro tipo de linguagem: "A imagem dialética não reproduz o sonho, nunca quis dizer isso, mas me parece conter as instâncias, os lugares de irrupção da vigília e só produzir sua própria figura a partir desses lugares, como uma constelação celeste se produz a partir de pontos luminosos", escreve ele em carta a Gretel Adorno (Benjamin, 2007, p. 222). Neste capítulo, nossos pontos luminosos são os sonhos que nos foram contados, com os quais estamos produzindo essa pequena constelação onírica.

Benjamin foi contemporâneo das reflexões de Freud sobre o trauma como experiência que traz um "acréscimo de estímulo excessivamente poderoso para ser manejado ou elaborado" (Freud, [1917] 1987, p. 283). Falta ao sujeito aparato de linguagem que permita dar conta do acontecimento, faltam mecanismos para inscrever o traumático na rede simbólica. Quando isso acontece a um enorme contingente de população, torna-se um problema de saúde pública. Foi assim ainda durante a Primeira Guerra, quando o trauma das trincheiras afetava a subjetividade dos combatentes, os então chamados "neuróticos de guerra". Tal foi o impacto da experiência traumática nos combatentes que, antes do fim do conflito, as neuroses de guerra foram o tema do Congresso Internacional de Psicanálise, realizado em Budapeste, em 1918, com a presença de comandantes militares alemães, austríacos e húngaros.

Na esteira das discussões psicanalíticas sobre o tema, ainda em 1919 Freud finaliza o manuscrito de *Além do princípio de prazer*. Mas é apenas em 1920 – ano em que perde sua filha para outra grande pandemia, a de gripe espanhola – que o livro é finalmente publicado. Nele, Freud toma a experiência com os neuróticos de guerra para pensar uma nova classe de sonhos. Ele observa que, por meio dos sonhos, os sonhadores traziam de volta e repetiam as situações traumáticas que não eram elaboradas na linguagem, o que culminaria na revisão da primazia do princípio de prazer.

É como se os combatentes se encontrassem de novo e de novo naquele campo de forças monstruosas, convocados a, mais uma vez, tentar absorver tal excesso. Esses sonhos apresentam um dos destinos daquilo que não se amarra sem um trabalho elaborativo que costura o vivido a uma experiência partilhável: uma condenação à repetição, ao menos até que se consiga escandir tal experiência em uma escrita, em uma transmissão que não se tece sozinha, mas no contar. Por isso, o psicanalista Christian Dunker (2015) observa que o diagnóstico de Benjamin – a perda da experiência – não incluiu o desafio que aquilo significaria para a prática clínica. "Como em toda patologia psíquica, o centro causal é a perda de experiência, aquilo que Freud chamava de trauma, enfatizando as dificuldades de lembrar e subjetivar a experiência, e que Lacan chamava de Real, enfatizando seu caráter repetitivo e refratário a nomeação", escreve Dunker (2015, p. 34), ressaltando que nomear e reconhecer o sofrimento são parte necessária de qualquer caminho em direção à cura.

No Brasil, temos sido constituídos por essa incapacidade coletiva de elaborar traumas do passado: "Não há reação mais nefasta diante de um trauma social do que a política do silêncio e do esquecimento, que empurra para fora dos limites da simbolização as piores passagens de uma sociedade", argumenta a psicanalista Maria Rita Kehl (2010, p. 126), observando o quanto de sofrimento se estabelece nas tentativas de esquecer ou pôr de lado vivências ainda não metabolizadas no interior de uma sociedade. O exemplo mais evidente apontado por ela é a relação não trabalhada com a violência do período da ditadura civil-militar iniciado em 1964, com a tortura, os assassinatos e os desaparecidos, em muitos casos ainda não enlutados. Assim como acontece com o luto individual, as perdas coletivas exigem rituais de luto público que nos permitam, como corpo social, simbolizar as perdas, o que passa também pela linguagem.

Os sonhos são, nesse sentido, linguagem privilegiada à qual a pesquisa teve acesso como instrumento de simbolização possível. Em língua portuguesa, quando sonhamos, não dizemos que queremos "relatar" ou "narrar" um sonho, mas sim "contar" um sonho. "Contar", verbo polissêmico, leva-nos a contabilizar os números da pesquisa: do total de 884 sonhos registrados no questionário entre os dias 10 de abril e 22 de junho de 2020, cerca de 80% foram contados por mulheres, o que corresponde a 689 sonhadoras.

Foi uma mulher, moradora de uma cidade no interior do estado do Rio de Janeiro, a primeira vítima letal da covid-19. Trabalhadora doméstica, contraiu o vírus após a dona da casa em que trabalhava, num bairro rico da Zona Sul da capital, voltar contaminada de uma viagem da Itália. Personagens paradigmáticas da ferida colonial brasileira e do passado escravocrata ainda não contado – e, por isso, não elaborado –, as mulheres empregadas domésticas são 97% dos 6,3 milhões de trabalhadores nessa categoria contabilizados pelo Instituto Brasileiro de Geografia e Estatística (IBGE) em 2019, sendo 70% dessas trabalhadoras mulheres negras (Pinheiro; Lira; Rezende; Fontoura, 2019, p. 12). Na cidade do Rio de Janeiro, a Fundação Oswaldo Cruz (Fiocruz) identificou que bairros com alta concentração de favelas – local onde grande parte de trabalhadoras domésticas residem – apresentam o dobro de letalidade de covid-19 quando comparados a outros bairros.

Na pandemia, as atividades domésticas se intensificaram, recaindo de forma desproporcional sobre as mulheres. O cuidado, por exemplo, impôs-se de forma ainda mais pronunciada: 50% das mulheres passaram a assumir essa tarefa, seja com crianças, seja com idosos ou adultos. "Vida doméstica: faço praticamente todas as atividades sozinha, mesmo morando com mais duas pessoas" (Ismália, 20 anos, 30 de maio de 2020). Para 40% daquelas que mantiveram seus empregos, a quantidade de trabalho está ainda maior que antes, acumulando tarefas domésticas com atividades profissionais. Para aquelas que perderam seus empregos ou tinham vínculos precários de trabalho, o confinamento aprofundou carências de todos os tipos: social, econômica ou simbólica (Gênero e Número; Sempre viva organização feminista, 2020).

O sonho de Valéria, 63 anos, 17 de maio de 2020[3]

● Sonhei com bananas maduras, e que estava cortando toucinho para fazer torresmo e dentes.[4]

Valéria (nome fictício) é uma mulher de 63 anos, negra, moradora da periferia de uma grande capital. Foi empregada doméstica durante muitos anos, mas seu último trabalho foi como corretora de planos de saúde, e está sem emprego desde o início da pandemia. Assim como outras 65% das mulheres participantes da pesquisa, Valéria considera ter tido grandes alterações em sua rotina, mantendo isolamento total e saindo de casa no máximo uma vez por semana, para atividades essenciais.

Quando questionada um pouco mais sobre sua vida doméstica, relata que as saídas de casa para comprar comida e outros artigos necessários para a manutenção da casa ficam por conta dela, assim como cozinhar e limpar. Algumas poucas tarefas são feitas pelo filho, o marido e o cunhado, que atualmente mora com eles. Valéria, o marido e o cunhado são do grupo de risco. Durante o atendimento a campainha toca, ela pede licença para abrir a porta. Quando retorna,

---

[3] Escuta clínica de Julia Werneck.

[4] As transcrições dos sonhos contados em texto no questionário reproduz a forma da escrita sem interferências.

pergunto se ela estava sozinha em casa: "É como se tivesse, eu que faço tudo, eles não levantam pra nada". Escuto ela dizer que está cansada e desanimada, apontando como causa o excesso dos trabalhos domésticos e os embates rotineiros com o filho adolescente e o marido.

Apenas depois do desabafo Valéria fala dos sonhos. Segundo ela, os sonhos duram na sua memória por exatos dois dias, depois se esquece. Diz não se lembrar do sonho que endereçou à pesquisa, preferindo nem tentar: "É dito e feito, passam mais de dois dias e não me lembro de mais nada". No questionário, Valéria escreveu seu sonho, não respondeu as outras perguntas, e no final definiu seus sentimentos e pensamentos diante da pandemia com uma palavra – "confinada".

Decide então contar o sonho que teve no dia: "Letras rosas gigantes no céu. As letras eram as nuvens. Tudo tumultuado. Acordei agoniada". Assim como o primeiro sonho, o relato não parece claro, é como se sonhasse através de cenas, imagens. Valéria fica muito em silêncio e tem uma fala mais direta, um pouco truncada, como se não soubesse direito o que dizer ali. Parece haver certa precariedade simbólica em seu discurso. Não consegue elaborar muito sobre os sonhos nem dizer o que estava escrito nessas letras-nuvens, ou o que a agoniou. Sozinha em uma casa de homens, sobrecarregada pelo trabalho doméstico, Valéria tropeça em uma língua feita e projetada por e para homens. A precariedade discursiva pode indicar confinamento também no campo simbólico, motivo pelo qual parece ter acesso a uma língua imagética, imediata. As letras de seus sonhos não implicam uma cadeia de significação, não se abrem para algo comunicável, mas são fechadas e acabadas em si mesmas. Desse emaranhado de letras vêm sua língua truncada e, por vezes, seu silêncio.

Pergunto como alivia essa agonia do dia seguinte ao sonho, e ela diz ter o costume de contá-los à vizinha, principalmente em se tratando de sonhos carregados de angústia. Sente-se acolhida e o dia segue mais leve. Confinada em sua própria casa, é com outra mulher que Valéria consegue romper o silêncio. É nesse vínculo estabelecido com a vizinha que consegue aliviar-se da afasia imposta pelo discurso masculino. Com ela, Valéria consegue compartilhar seus sonhos e angústias, consegue con-versar ou tagarelar.

Valéria solicita a escuta clínica, mas ao mesmo tempo estranha quando chega uma oferta de escuta com a qual não está habituada, costuma acreditar que consegue essa escuta com a vizinha. Mulher-mãe, também em meio às tarefas domésticas, aos cuidados com filhos e marido, as duas se encontram para dividir angústias, criar um espaço para amarrações simbólicas, ou simplesmente dar uma pausa para recuperar o fôlego. No final, com um tom mais baixo e delicado, como se estivesse contando um segredo, diz que uma vez sonhou que a mãe morrera. No dia seguinte, a mãe realmente havia morrido. "Desde então eu tenho muito medo dos meus sonhos".

Aos 7 ou 8 anos, Freud conta que também sonhou com a morte da mãe. Foi um sonho "bastante vívido e mostrava minha querida mãe com uma expressão facial singularmente tranquila, adormecida, sendo carregada para o quarto por duas (ou três) pessoas com bicos de pássaros e posta sobre a cama" (Freud, [1900] 2019, p. 636). O sonho, descrito como sonho de angústia, foi analisado 30 anos depois e retratado no último capítulo de *A interpretação dos sonhos* ([1900] 2019). Ao comentá-lo, Freud diz que sua angústia não passou enquanto não acordou os pais e se certificou de que a mãe não estava morta. Valéria, ao contrário, confirmou essa morte. O episódio marca traumaticamente seu modo de sonhar, que passa a ter valor de previsão. Escuto esse caráter premonitório dos sonhos como uma possível demanda de análise, ou de acolhimento. Ofereço e ela aceita prontamente um segundo atendimento, mesmo dia e horário. Na semana seguinte desmarca, alegando estar com muita dor de cabeça. Pede desculpas. Tento contato novamente, e depois de um mês seu aplicativo de mensagens aparece como conta comercial de um plano de funerária.

Valéria vive, como todos nós, uma pandemia. Cuida da casa. Cuida do filho. Cuida do marido e até do cunhado. No momento de dormir e descansar, tem medo de sonhar. Endereça seus sonhos a um outro – no caso, outra –, na esperança de dividir o peso do sonho da mãe morta ou da cortadora de toucinho, na esperança de que não se concretize nada do que ali se passa inconscientemente. A não ser o almoço. Este os homens da casa querem ver concretizado na mesa todos os dias.

Para muitas mulheres, estar em casa pode não significar segurança ou proteção. Desde o início do regime de isolamento, houve um crescimento de aproximadamente 22% no número de feminicídios no país (Fórum Brasileiro de Segurança Pública, 2020). Antes mesmo do período de quarentena, já era possível fazer a conta da violência: em 2018, uma mulher foi assassinada a cada duas horas. Quase 70% dessas mulheres mortas eram negras (Cerqueira, 2020). Comparado a 2008, o número apresenta crescimento, o que não é observado no percentual de mortes de mulheres não negras, que caiu 11,7%. Considerando apenas o mês de abril de 2020, quando todos os estados já adotavam o isolamento social, as denúncias de violência contra a mulher no Disque180 – canal exclusivo para registro desse tipo de caso – cresceram 37,6%.

Tantos números nos levam de volta ao Benjamin de "O contador de histórias", em que ele opõe a arte de contar histórias à difusão da informação, à qual atribui o declínio das narrativas. Se, por um lado, a informação precisa sempre ser compreensível "em si e para si", de outra parte, a arte de contar histórias deve evitar explicações, ficando na ordem do miraculoso. A linguagem onírica e os sonhos aqui contados, com suas manifestações do inconsciente, estariam nesse mesmo registro miraculoso, estranho, inexplicável, indicando outra experiência de linguagem, nem submetida ao imperativo da significação nem ao da lógica. Essa linguagem não seria marcada pelo "eu" (*je*) masculino e informativo, mas por uma partilha com o outro (*tu*), uma con-versa, um versar e girar em torno de um mesmo objeto, um associar livremente, um tagarelar em conjunto.

A psicanalista Luce Irigaray afirma ter encontrado numa análise discursiva de seus pacientes homens e mulheres um uso diferente das palavras "eu" e "tu" (Irigaray, 1987, p. 83). A palavra "eu" (*je*) seria predominante no discurso dos homens, enquanto a palavra "você" (*tu*) apareceria mais no discurso das mulheres. Se, como propõe a autora, o uso da língua não é neutro, assexuado, mas, bem ao contrário, indica maneiras diferentes de estar no mundo, então escutar o sonho das mulheres na pandemia seria também reconhecer os signos de seus sofrimentos psíquico e social. Irigaray, para quem a ética da diferença sexual entre os sexos é meio para uma subjetivação que abarque as formas masculinas e femininas de estar no mundo, a linguagem é colonizada pelo masculino, operadora da lógica de significantes, significados, símbolos, sentidos e estruturas. Embora se pretenda neutra, a linguagem é, na verdade, campo simbólico que conhece e valida somente o sujeito masculino, confirmando um regime de subjetivação incapaz de reconhecer a forma feminina de ser *sujeita*.

Escutar mulheres, e sobretudo seus sonhos, pode abrir espaço para uma linguagem própria. Entendemos que, no sonho, sentidos inéditos podem emanar, permitindo um acesso ao inconsciente que seja anterior a um processo de repressão ou recalcamento de signos ou significados rechaçados em um simbólico predominantemente masculino. Ainda que o próprio processo de recalcamento nasça de um simbólico que segue parâmetros masculinos, entendemos, a partir de Irigaray (1974; 1977) que algo do inconsciente também se refere a certa origem (notadamente, a relação mãe-filha), que se vale de sentidos, dinâmicas e lógicas próprias. Podemos pensar que o inconsciente, no pensamento de Irigaray (1974; 1977), não se refere apenas ao recalcado, mas também ao original, no sentido de emanar genuinamente de uma subjetividade, sem ser necessariamente colonizado pelo masculino.

Parece-nos interessante pensar os sonhos como uma produção de linguagem feminina também porque Irigaray (1977) tende a conferir ao feminino características do inconsciente. Opondo tal feminino à economia de sentidos totalizante do masculino, entendemos que há uma ideia do que constitui o inconsciente que ultrapassa sua definição pelo recalcamento. Ressaltamos ainda que Irigaray é avessa a definições estáticas. Ao mesmo tempo que confere ao inconsciente essa ideia de fluidez e o equipara ao feminino, também entende que o lugar inconsciente da cultura é relegado às mulheres, consequência de sua repressão e expulsão da linguagem.

O sonho de Maria, 65 anos, 15 de junho de 2020[5]

● Tenho sonhado com frequência com minha mãe que já faleceu há quase 2 anos. Sonho MUITO real... (em cores) conversamos e tudo mais... ela sempre bem (diferente dos seus últimos dia de vida), nós sempre juntas... por algumas vezes meu pai (tb já falecido) faz parte do sonho. Acabo acordando feliz por vê-la bem!

Maria (nome fictício), 65 anos, aposentada, residente de uma capital brasileira, contou o sonho para a pesquisa no exato momento em que ficou sabendo da oportunidade. Seu interesse de escrever sobre o sonho foi marcado pela repetição do conteúdo em alguns de seus sonhos que traziam como personagem central sua mãe, falecida há dois anos.

Logo no primeiro atendimento, dos três realizados, a sonhadora anunciou que teria muito mais a dizer de si, sendo o relato do presente sonho um ponto de partida que trata da relação com a mãe e se desdobra em outros assuntos íntimos de sua vida. Trata-se, como escrito no questionário da pesquisa e mantido na sua fala, de um sonho vívido, alegre e descontraído, numa cena cotidiana em que o mais importante para a sonhadora era a demonstração da relação afetiva entre ela e a mãe. Esse é o ponto a partir do qual ela começa a dizer de si: a afirmação de que o relacionamento com a mãe poucos anos antes de sua morte não era tal como representado no sonho. O pai, também falecido, aparece em alguns desses sonhos repetidos, mas o destaque é claramente a presença da mãe.

Maria conta que desde a infância teve problemas de relacionamento com sua mãe; revela a descoberta de ter sido "rejeitada" por ela desde o seu nascimento, contando a versão detalhada de como a mãe esperava um menino quando ela nasceu. Para Maria, o momento de seu nascimento é marcado pelo desejo da mãe por um filho. Ao falar da mãe, relembra cenas da infância, em que se reconhecia preterida em relação à irmã mais velha, que chegara para acalentar a gravidez

[5] Escuta clínica de Israel Tainan Lima e Chaves.

interrompida e a perda de outros filhos. É a partir da rejeição da mãe que ela interpreta outros acontecimentos em sua vida e como conseguiu, *a posteriori*, ressignificar o abandono materno que sentira durante a maior parte da vida.

Emocionada, conta que a relação com a mãe se modificou nos últimos três anos antes de sua morte, período em que ela esteve doente e pôde estar mais próxima. Descreve a construção de um afeto que não passou pela palavra, mas se tornou presente entre as duas nos últimos anos de vida da mãe. Para ela, o sonho, muito real e feliz, aparece como memória do que viveu com a mãe nos últimos anos, diferentemente da narrativa familiar de rejeição que havia construído sobre sua própria história. Um sonho vívido, que mantém a mãe viva ao seu lado, talvez corresponda a uma clássica realização de desejo, que pode nos levar ao sonho paradigmático do filho que interpela o pai pela súplica "Pai, não vês que estou queimando?", mencionado por Freud em *A interpretação dos sonhos* (Freud, [1900] 2019, p. 558). A descoberta fundamental do sonho como portador de sentido levou Freud a reconhecer que nesse caso o pai sonha para manter o filho vivo, mesmo em chamas, prolongando seu despertar.

Lacan ([1964] 1985) relê o sonho apresentado por Freud e contraria a tese de realização de desejo tratada por ele ao descortinar que a função do sonho não seria prolongar o sono do pai. Trata-se de pensar, com o autor, sobre o que é que desperta no sonho, a qual realidade estamos nos referindo, pois a realidade externa não é o que provoca o despertar do pai. Lacan atribui à frase que marca e cerra o sonho "Pai, não vês que estou queimando?" o que acorda o pai e o faz constatar a realidade da morte do filho. A convocação do filho para que o pai o veja queimando tem, para Lacan, algo que não pode ser lido apenas pela associação com a febre do garoto antes de morrer, mas por algo do remorso do pai que se apresenta pelo fato de o velho encarregado por ele de vigiar o corpo do filho não tê-lo feito, deixando-o queimar. Ao apontar outra realidade em jogo no sonho – que não é a realidade externa e material –, Lacan ([1964] 1985) nos interpela a pensar se não seria o sonho uma forma de homenagem à realidade faltosa, pois em que outra circunstância o pai poderia ser levado ao encontro com o filho morto senão por esse acontecimento em que o filho vem se juntar a ele? O que se mostra relevante nesse sonho é aquilo que, pela imagem do filho morto, remete à falta do pai. Esse sonho permite transcender a visão de que sua interpretação contempla apenas a realização do desejo do pai, intrigando Freud e levando Lacan a fazer uma releitura que aponta a ligação entre o sonho e o real. Ao ser convocado pelo filho, o pai acorda e se volta para onde as coisas estavam pegando fogo – o que nos remete ao ponto de real que faz despertar. Lacan nos adverte que é preciso demarcar o lugar do real, deixando-nos inferir que, embora o real possa ser representado por algum elemento que testemunha não estarmos sonhando, "o que nos desperta é a outra realidade escondida por trás da falta do que tem lugar de representação" (Lacan, [1964] 1985, p. 61), o que nos desperta é a pulsão – ou *Trieb*, no termo original em Freud.

No caso de Maria, o sonho faz viver a chama do amor materno, carente em sua história, realizando a presença viva da mãe que já morreu, um sonho que contém o apelo ao amor materno, mas que também desperta a sonhadora para algo além da história da filha rejeitada e a faz falar de sua posição como mulher ao contar outros acontecimentos de sua vida.

A análise computacional dos sonhos coletados nesta pesquisa mostra que as palavras mais comuns nos relatos escritos foram, em ordem decrescente: "casa", "pessoa", "amiga/o", "mãe, "lugar", "pai" e "rua". Já nas associações e nas lembranças relatadas, as palavras mais utilizadas foram "medo", "vida" e "pandemia", todas diretamente conectadas ao contexto da pandemia. Apesar de uma alta frequência do uso da palavra "mãe", percebemos que ainda assim sua incidência não poderia ser analisada apenas por essa via, uma vez que, com as escutas individuais, constatamos que as mães são evocadas mesmo que não estejam descritas nos sonhos. Importante também apontar como, ao contar as lembranças e associações relacionadas aos sonhos, há uma queda acentuada no uso da palavra "mãe". Ou seja, ao relatarem lembranças do(s) dia(s) anterior(es) ou interpretar os próprios sonhos, essas mulheres não necessariamente mencionam suas mães. Não obstante, elas ainda assim estão presentes em seus sonhos, o que não acontece da mesma forma com a palavra "pai", que mantém uma frequência relativamente estável tanto nas lembranças quanto nos relatos propriamente ditos. São indicações que podem apontar para a ativação, nos sonhos, de conteúdos inconscientes independentes dos restos diurnos. Ou seja, parece não haver relação direta entre a frequência relativa da palavra "mãe" nos sonhos, por um lado, e lembranças conscientes com a própria mãe, por outro.

Nos primeiros 45 dias de respostas ao questionário, entre 10 de abril e 25 de maio de 2020, o significante "mãe" aparece com maior frequência em relatos de sonhos do que no restante do período, o que nos leva a pensar nesse primeiro recorte temporal como o período inicial, de quarentena, aquele em que o caráter disruptivo do acontecimento era mais agudo, impondo aos sujeitos lidar com um acontecimento traumático sem precedentes. Apesar de contarmos com um menor número de pessoas infectadas ou vítimas letais, havia também maior adesão ao isolamento, além da intensificação da apreensão e do medo. Ao longo do tempo, com possíveis organizações cotidianas, elaborações psíquicas e de ordem prática, pode ter havido algum grau de arrefecimento do desamparo, inicialmente vivido no seu aspecto mais disruptivo. Ainda que mais pessoas fossem sendo contaminadas e mortas pela covid-19, os sujeitos foram buscando, na medida do possível, acomodações. É quando outro tecido simbólico começa a ser inscrito, sinalizando uma passagem: da quarentena, cenário incerto, sem informações ou previsões, para a pandemia, na qual o horror precisa começar a ser elaborado, sendo assim possível se preparar, ainda que para os piores contextos.

No primeiro momento, o sonho e seu contar – seja para a pesquisa, seja para interlocutoras/es possíveis – podem ter sido um importante dispositivo de suporte para a assimilação da realidade. Quando as mulheres escrevem sobre pensamentos e sentimentos vividos recentemente, usam palavras como "medo", "ansiedade", "tristeza", "angústia", "incerteza", "insegurança", "preocupação", "saudade", "solidão", "esperança" e "cansaço". Este último significante, que pode dizer de um cenário de distribuição desigual de trabalhos domésticos, responsabilidades e preocupações, ganhou mais incidência à medida que o tempo passava.

O sonho de Liz, 26 anos, 20 de maio de 2020[6]

Minha irmã e eu fomos à um bar, no momento em que tudo já havia retornado. Nesse bar tinham uns amigos [...]. [Eu] pedia minha irmã para ir comigo ver se umas amigas estavam chegando. Nesse percurso, de muita árvore, tinha uma coruja de tamanho humano, a parte de trás era uma coruja e a parte da frente era uma mulher. Ela fazia o som da ave e falava a nossa língua, dizendo para nos proteger, que aquele era o momento da folhagem. Nesse momento um monte de pássaros embaraçava em nossos cabelos e eu tentava prender o meu cabelo. Ao sair daquele ciclo, ficamos cheias de pena e folhas no cabelo. Ao retornar, com as amigas que encontramos, para a roda do bar. Começaram a aparecer vários redemoinhos pela cidade. E para nos proteger entramos para o bar da esquina. [...]. Do alto, conseguíamos ver a cidade sendo "devastada" pelos redemoinhos de vento. Eu fiz uma cabaninha de travesseiro para mim e para minha irmã, para nos proteger. [...], mas o medo de morrer estava lá. Quando o redemoinho passou por nós, sobrevivemos. Muitas pessoas morreram e outras não. As que sobreviveram, foram levadas pelos ministros do Brasil, eles seguiam a ordem do presidente Bolsonaro. Fomos colocados enfileirados, para fazer um exame de sangue, para ver nossa saúde. Eram muitas pessoas.

Liz, uma mulher de 26 anos, escreveu, já no questionário da pesquisa, a primeira associação que lhe ocorreu: "até as sensações corporais parecem muito reais. Perdi minha mãe há poucos meses e penso que pode ter relação a necessidade de proteger minha irmã e me proteger". E não deixou de enfatizar profunda estranheza com o sonho, que se manteve vívido em seus pensamentos.

---

[6] Escuta clínica de Carlos Henrique de Oliveira Nunes.

No dia da escuta do sonho, Liz encerrava suas férias e retornava ao trabalho adaptado em *home office*. Estava em casa, com a irmã e o pai. Demonstrava preocupação com os avós, já idosos, durante a pandemia. Conta estar em um processo psicoterapêutico no qual o tema do adoecimento e da morte de sua mãe, há alguns meses, é o que considera principal. Compreendendo que há uma diferença entre o texto escrito, encaminhado pelo questionário on-line, e o contar que vai se tecendo na temporalidade e na relação dialógica com um outro que ali está para escutar, solicitei que Liz recontasse seu sonho. Destaco a seguir alguns fragmentos das escutas realizadas das associações e produções de Liz.

Embora esteja em terapia, ela não levou o sonho para as sessões com a psicóloga. Disse que não fez associações do que sonhou com questões "pessoais", apenas com aspectos "políticos" (encontra o presidente, é levada junto da irmã por ministros do governo para serem testadas etc.). E assim endereçou o sonho à pesquisa, sinalizando como contexto do dia anterior ao sonho "a situação política do país", em uma mistura de medo e raiva pela forma "inumana" como a questão tem sido tratada pelo governo brasileiro. "Ainda que eu tome as medidas de segurança nesse momento, tenho receio de tudo o que tem acontecido, o quanto estamos recebendo informações verdadeiras, o quanto podemos confiar."

Conforme conta o sonho, vai sublinhando o estranhamento e o impacto que lhe veio da figura em tamanho humano, metade ave, metade mulher pousada em um fio, que "fazia o som da ave e falava a nossa língua". Disse não conseguir associar a partir dessa imagem e palavras. Outro ponto a marcou e, segundo ela, produziu um efeito de fazê-la sentir-se protegida quando acordou e mesmo durante dias depois: em meio ao perigo dos redemoinhos de vento, ela constrói uma cabaninha de travesseiros para proteger a irmã e a si mesma. E repete o que disse nas associações do formulário: "acho que a falta da minha mãe me faz querer proteger mais minha irmã. Transferi a preocupação para ela". Formulou a questão de a pandemia, a incerteza e o medo que ela traz estarem acontecendo justamente agora, "agora que falta a pessoa que mais nos protegia".

Com o significante "proteção", retomei o ponto da mulher-ave que ficara sem associações, relendo essa figura como uma "mãe-coruja". Assinalei especificamente a fala da mãe-coruja no sonho, marcando a preocupação desta para que Liz e sua irmã se protegessem. Liz pareceu surpresa com a associação. Compreendera, ao contrário, que o "protejam-se" dito pela figura que ela viu como uma ave-mulher era uma ameaça, não um apelo para que ela e sua irmã encontrassem abrigo. Entretanto, seguiu enunciando a necessidade de que elas protejam uma a outra e ainda que permaneceu toda a última semana com a sensação, inclusive física, do sonho: um sentimento de proteção – proteger a irmã, ser protegida por ela. Falou da mãe como sua "referência de proteção, cuidado e quem acolhe".

O cenário político e social da pandemia fornece a Liz alguns restos diurnos,[7] que aparecem nas figuras de políticos, na necessidade de se abrigar, no desastre natural iminente – imagem recorrente em diversos sonhos da pesquisa – e são algumas das matérias-primas para a (de)formação do sonho e que Liz não titubeia em associar ao contexto brasileiro e mundial. Mas não apenas isso. O que se vive nesse cenário da pandemia não só fornece esses materiais, mas também traz à tona afetos ligados a insegurança, desorientação e incerteza, e ainda os intensifica e conecta de maneira singular à situação que Liz vive com sua família: a perda recente de sua mãe.

A palavra "mãe" não aparece no sonho nem em seu conteúdo manifesto, que é tomado por Liz como "cheio de questões apenas políticas". A partir do trabalho de elaboração em que se engaja, faz girar a série de associações significantes que percebemos conectada aos significantes "mãe" e "proteção", mantendo as intrincadas relações de identificação entre um e outro. O ponto que conecta a mulher-coruja à mãe fica oculto. Liz toma-se incapaz de associar o que quer que seja sobre ele. Mas se desoculta com o apontamento do analista, não intencional, de que a mulher-coruja não era uma ameaça. A fala da "mãe-coruja" era um pedido preocupado e cuidadoso com suas filhas.

---

[7] Restos diurnos são as impressões de situações que aconteceram no dia anterior ou pensamentos, preocupações que foram suscitados recentemente.

Liz conta que a mulher-coruja, possível simbolização para a mãe falecida, fala "nossa língua". Há aqui uma ambiguidade: a mãe-coruja fala "nossa" língua, a portuguesa, ou "nossa língua", sua e de sua irmã? A língua falada pela mulher-coruja não é totalmente humana: "ela fazia o som da ave *e* falava nossa língua". A língua da mãe-coruja carrega a marca da diferença: é nessa língua que Liz e sua irmã se comunicam com a ave e encontram proteção. Somente porque escutaram a voz feminina nessa língua não foram levadas como os demais pelos vários redemoinhos que assolavam a cidade – a pólis, âmbito historicamente masculino. Na casa dentro da cidade, na cabaninha dentro do bar, Liz e sua irmã estão protegidas. Ao sobreviver, são submetidas à "ordem do presidente Bolsonaro".

Na formação do sonho de Liz acontecem de uma só vez dois movimentos: certo tratamento do desamparo e um trabalho de luto. O desamparo pode ser compreendido como a condição de estar sem ajuda, auxílio, amparo ou proteção. Sobre essa condição convocada e intensificada pela pandemia, o sonho de Liz escreve uma elaboração para esse afeto ao presentificar e pôr a funcionar, regressivamente, algo da mãe/proteção. Isso pode ser percebido pelo mapeamento de certo efeito de tratamento que o sonho produz do desamparo, do medo e da insegurança. Esse efeito Liz marca na sensação de proteção e cuidado que permanece com ela, até mesmo fisicamente, durante vários dias.

O segundo movimento que o sonho realiza é participar do trabalho de luto ainda em elaboração por Liz. Esse ponto ficou mais claro na segunda escuta. Disse que estava sonhando muito com a mãe, sempre se mantendo com a sensação de proteção. Relatou dois sonhos. No primeiro deles, caminhava por um campo e percebeu que estava com um documento de sua mãe e que precisava guardá-lo. No segundo, um primo contou "sobre cursos pra fazer. E eu chorei lembrando da minha mãe, que seria bom pra ela, [...] mas ela não está mais aqui".

Quando pergunto sobre qual era o documento da mãe que ela carregava no sonho, ela responde imediatamente "RG". Ou seja, o que ela tentava guardar era a *identidade* da mãe. Ela se emocionou muito ao escutar e fez uma pausa. Disse que seu maior medo era esquecer-se da mãe; o rosto, a voz, o jeito. Esse era seu tema atual na terapia. O outro sonho se enlaça pelo mesmo viés e, poderíamos dizer até classicamente, realiza o desejo de se lembrar da mãe, de não esquecê-la. No primeiro sonho, a língua da mãe, no segundo, a identidade da mãe: é o vínculo com sua mãe que serve de espelhamento para o vínculo com sua irmã. Esse vínculo não pode ser esquecido, mas redimensionado para a irmã. Aí, o pai não aparece.

O trabalho do luto compreende que, a partir da perda do objeto amado, uma a uma as lembranças e expectativas passarão por um superinvestimento e por um posterior e gradual desligamento libidinal (Freud, [1917] 2011, p. 49). De início tudo parece remeter ao objeto ausente, tudo é medido pelo seu tamanho e revisto em retrospectiva, mas, aos poucos, os interesses vão se conectando novamente a outros objetos, também amados. Esse processo não acontece sem alguma oposição pelo sujeito enlutado, sem um reposicionamento do amor dedicado ao objeto que se foi. Todos esses passos compreendem um tempo e um trabalho de elaboração do luto.

Por isso, considero que os sonhos contados por Liz participam do trabalho do luto que ela ainda tece para lidar com a perda de sua mãe. Ao presentificar todo sentimento de proteção no primeiro sonho, presentifica-se algo dessa mãe, o que lhe dá certo prolongamento de vida. Os sonhos seguintes continuam articulando o tema do esquecimento e da memória da mãe, e terminam concluindo que ela não está mais aqui. Ainda, essa ausência da figura protetiva é convocada e intensificada pela situação ameaçadora da pandemia. E, nesse sentido, haveria um terceiro eixo que se conecta ao segundo (do luto) e que talvez possamos formular assim: a partir do lugar vazio deixado pela ausência da mãe, o que fazer? A resposta que se esboça nas associações a partir do primeiro sonho oscila entre cuidar/proteger a irmã e a si e ser cuidada/protegida por ela – uma operação que não contemplou, ao menos na fala de Liz e nos sonhos, a entrada do pai na dialética de cuidado.

A partir de 1913, quando escreve o ensaio "Metafísica da juventude", Benjamin começa a conceber a linguagem feminina como tagarelice, em oposição à linguagem masculina, pensada como uma

“Minha irmã e eu fomos *à* um bar, no momento em que tudo já havia **RETORNADO**. Nesse bar tinham uns amigos [...]. [Eu] pedia minha irmã para ir comigo ver se umas amigas estavam chegando. Nesse **PERCURSO**, de muita árvore, tinha uma **CORUJA** de tamanho humano, a parte de trás era uma coruja e a parte da frente era uma **MULHER**. Ela fazia o som da ave e falava a nossa língua, dizendo para nos **PROTEGER**, que aquele era o momento da folhagem. Nesse momento um monte de pássaros embaraçava em nossos cabelos e eu tentava prender o meu cabelo. Ao sair daquele ciclo, ficamos **CHEIAS** de pena e folhas no cabelo. Ao retornar, com as amigas que encontramos, para a roda do bar. Começaram a aparecer vários **REDEMOINHOS** pela cidade. E para nos proteger entramos para o bar da esquina. [...]. Do alto, conseguíamos ver a cidade sendo "**DEVASTADA**" pelos redemoinhos de vento. Eu fiz uma cabaninha de travesseiro para mim e para minha irmã, para nos **PROTEGER**. [...], mas o **MEDO** de morrer estava lá. Quando o redemoinho passou por nós, **SOBREVIVEMOS**. Muitas pessoas morreram e outras não. As que sobreviveram, foram levadas pelos ministros do Brasil, eles seguiam a ordem do presidente **BOLSONARO**. Fomos colocados enfileirados, para fazer um exame de sangue, para ver nossa saúde. Eram **MUITAS** pessoas. [...]."

(LIZ, 26 ANOS, 20 DE MAIO DE 2020)

"violenta e cruel dialética", que prevaleceu na história. Não por acaso, o título da primeira seção do ensaio é "Conversa" (*Gespräch*), e não "Diálogo" (*Dialog*).[8] Como paradigmas dessa outra linguagem, Benjamin mobiliza duas figuras femininas paradigmáticas: a prostituta, personagem importante no contexto cultural da República de Weimar, e a poetisa Safo. "Como safo e suas amigas conversavam? Como as mulheres chegaram a falar?", pergunta-se Benjamin ([1913] 1977, p. 95). A partir da relação sexual entre mulheres e do ato sexual da prostituta – os quais são meios em si, pois não têm em vista a procriação –, Benjamin pensará a linguagem como puro meio e não meio para fins, comunicação de conteúdos. O sexo que não procria corresponde a uma linguagem que não é comunicativa. A relação sexual entre as mulheres e o erotismo feminino, flagrante no texto de Benjamin, funcionam como paradigma para outra possibilidade de linguagem, a linguagem feminina oscilando entre silêncio e tagarelice.

Ao mesmo tempo que aparecem caracterizadas como mulheres silenciosas, cuja escuta é fonte inapropriada de sentido, quando chamadas a falar na língua do outro, necessariamente masculina, caem na tagarelice. Ao prazer de falar, de tagarelar sem compromisso, de não comunicar, Benjamin corresponde o prazer como um meio em si mesmo e não procriador. Podemos então jogar com a ambivalência do termo "língua", que significa tanto o órgão do corpo quanto a linguagem. É esse prazer da língua que Benjamin indica no tagarelar feminino, pensado por ele como uma língua louca (*wahnwitizigen Sprache*), em que encontramos o *Witz*, o chiste, aquilo que faz furo na linguagem como comunicação e que é da ordem do duplo sentido, dos equívocos, em todas as suas variantes: homofonia, homografia, homossemia.

---

8 Em um diálogo, a língua é concebida como um instrumento para comunicar algo através de si mesma, como indica a etimologia da palavra "*dia*" (através de) "*logos*" (língua). O vocábulo "conversar", por sua vez, do latim "*conversare*", é formado pelo prefixo "*con*" (junto com, na companhia de) e pelo verbo "versar", que significa "voltar", "virar", "girar em torno de um objeto". O vocábulo alemão "*Gespräch*", formado pelo prefixo "*ge*" (correspondente ao "*con*" latino) e pelo radical "*sprach*" (de "*Sprache*", linguagem, língua), tem o mesmo sentido: falar em conjunto, compartilhar uma companhia na linguagem.

No ensino de Jacques Lacan, precisamente no momento em que o psicanalista repensa a relação entre corpo e linguagem a partir das palavras impostas pela *língua* materna, surge – na forma de um lapso homofônico cometido em uma de suas conferências (Lacan, [1971-1972] 2000) – a noção de *lalíngua*.[9] Se, por um lado, esse lapso homofônico pode ser mantido em língua portuguesa – a língua (*la langue*) e alíngua (*lalangue*), por outro lado, no significante "lalíngua" fica evidenciada a *lalação*, o *lalala*, o elemento onomatopaico da palavra, que Lacan faz coincidir com o balbuciar da criança diante da qual a mãe se encontra (Lacan, 1978). Se "a língua" (*la langue*) se refere à realidade instrumental e comunicativa da linguagem, "lalíngua" (*lalangue*), em sua estranheza de tradução, refere-se ao real da língua, em que chistes, homofonias e equívocos se dão. Tanto em Lacan quanto em Benjamin, essa experiência da linguagem para além de seu caráter comunicativo é entendida como feminina.

No *Seminário XX* (1972-1973), cujo título é em si uma homofonia – *encore* (ainda), *en corps* (no corpo) –, Lacan propõe pensar "homem" e "mulher" como instâncias lógicas não redutíveis aos homens e mulheres em termos "biológicos", "empíricos". Na lição em que se propõe a indagar o gozo feminino, Lacan expõe as fórmulas da sexuação, fazendo corresponder o não-todo ao lado "Mulher", que passa a ser lida como não-toda inscrita na função fálica. Uma interpretação possível de Lacan é de que "A mulher" não existe como marca da diferença. Se o simbólico, o Outro (a linguagem, a língua, o discurso), é historicamente masculino, o feminino aparece como resto, como outro irredutível, indizível. Por isso, o psicanalista nos diz que "A mulher" é o Outro do Outro (Lacan, [1972-1973] 2010, p. 170), "A mulher" é indizível. Persiste a oscilação entre indizibilidade e tagarelice associadas ao feminino. Podemos dizer que a mulher é

9 Seguindo indicações de Haroldo de Campos, em língua portuguesa o artigo "a" como prefixo pode marcar uma negação ou uma privação, como em "afasia" (perda do poder de expressão da fala) ou "aglossia" (mutismo, falta de língua). Nesse sentido, Campos sustenta que "alíngua" poderia significar carência de língua ou de linguagem. Pelo contrário, "*lalangue*" não significa nem não língua nem privação de língua, motivo pelo qual mantemos sua tradução por "lalíngua" (CAMPOS, 2005, p. 14).

indizível se o dito for a tentativa de conter e aprisionar um sentido, de significar.

No mesmo período, Lacan produz a atordoante, "aturditante" formulação: "que se diga é justamente o que permanece esquecido, atrás do que é dito, no que se ouve" (Lacan, [1973] 2003, p. 5), proposta em "O aturdito", contração de aturdido e dito. "Que se diga", "que haja linguagem" é o que permanece esquecido "atrás" do que é dito, naquilo que se ouve. Ou seja, há uma dimensão do dizer que fica esquecida na esfera do dito, da significação. Que se diga subjaz como não todo-dito em tudo que é dito, assim como o fato de que há linguagem subjaz em toda e qualquer comunicação. Essa dimensão é *lalíngua* materna, para Lacan necessariamente feminina. *Lalíngua* carrega, assim, o caráter "não-todo" feminino, na medida em que se manifesta na língua – concebida tanto como estrutura linguística quanto como instrumento para a troca intersubjetiva – através do que, nela, faz furo: os chistes, atos falhos e equívocos.

À procura por uma operação do feminino na linguagem como diferença radical, Luce Irigaray traz o corpo da mulher à cena para pensar uma linguagem feminina. Sempre aludindo de forma jocosa a um anatômico que, em sua concepção, nunca desaparece do pensamento psicanalítico (Irigaray, 1974), ela mistura a imagem dos lábios da vagina aos lábios da boca para pensar um novo paradigma de linguagem feminina (Irigaray, 2017, p. 231-247). O toque entre os lábios é mobilizado por Irigaray (1977) para deslocar o par dicotômico atividade/passividade, apontando para uma sexualidade múltipla e fluída do corpo da mulher e fazendo corresponder a ela uma linguagem igualmente múltipla e fluída. Interessa a ela apontar que não há hierarquia entre os lábios – não regidos pela lógica fálica e tributários de certa pluralidade libidinal – sempre se tocando, em abertura e movimento.

Quando Irigaray faz referência ao corpo anatômico, diferencia homens de mulheres não por entender que exista uma diferença essencial entre eles, mas por pensar que a ausência de lógicas subjetivantes (um imaginário e um simbólico) que possa ir além do sujeito único masculino limita as subjetividades a certos modelos estáticos de masculino e de feminino, em que o feminino acaba por representar o castrado, o faltante, o inconsciente, o real irrepresentável, o aquém ou além da linguagem (Whitford, 1991; 1997). O não reconhecimento da subjetividade feminina geraria efeitos na linguagem e, por fim, na forma mesma como as mulheres se tornam *sujeitas*. Validar outra linguagem, que não siga os princípios da razão, da lei, do processo secundário e seus atributos, tipicamente lidos como masculinos, poderia representar uma abertura em termos de representar as mulheres como *sujeitas*. Trata-se de falar outra língua, polimorfa, fluida e que se recusa a parâmetros comumente associados ao masculino.

Permanece instigante, nas proposições de Irigaray, o modo como Judith Butler se vale da psicanalista para reelaborar suas críticas à primazia do falo na teoria psicanalítica. "Irigaray deseja argumentar que o feminino é precisamente o que é excluído por e numa oposição binária", destaca Butler ([1993] 2019, p. 73), indicando que, nessa economia, quando as mulheres são representadas, estão alocadas no lugar de seu apagamento. Essa ausência de representação faz com que Butler siga o argumento de Irigaray, qual seja, o de tomar o feminino como catacrese – metáfora gasta para o indizível, o inominável, aquilo que não se pode dizer na experiência humana. Com isso, vagina e útero deixam de ser metáforas de buraco, vazio ou receptáculo para se tornarem espaço de potência de geração (Irigaray, 1984): "Irigaray insiste aqui que é poder feminino de reprodução que é tomado pela economia falogocêntrica e reconcebido com sua própria ação exclusiva e essencial", escreve Butler ([1993] 2019, p. 84). Nesse ponto, apenas indicamos que Irigaray compreende o maternal-feminino como forma de reduzir a mulher a dois lugares: invólucro e coisa, dois lugares que não permitiriam que homens e mulheres venham a estabelecer uma dinâmica intersubjetiva (Irigaray, 1984, p. 17), questão que se desdobrará na obra de Butler ([1997] 2017; 2004).

Parte desse debate está na proposição de Irigaray de entender que a diferença sexual é o que se dá a pensar como questão para o nosso tempo – embora a proposição seja de 1984, parece-nos que a maioria dos sonhos contados serem de mulheres indica algo sobre as diferenças sexuais permanecerem como matéria contemporânea.

Ao longo da história ocidental, a esfera pública foi negada às mulheres, que se viram convocadas a tecer estratégias para alcançar experiências que ultrapassassem os limites do doméstico. A transmissão desse silêncio pode ser vista hoje nos mais diversos campos do trauma, da violência e da solidão. "Eis aí, senhores, por que vossas filhas são mudas. Mesmo se elas tagarelam, proliferam pithiaticamente[10] palavras que não significam senão sua afasia ou o reverso mimético de vosso desejo", provoca Irigaray (2017, p. 130).

A psicanalista diria que (ainda) não existe uma sintaxe real do/para o feminino (Irigaray, 1977). A via do sonho e de seu relato pode ser uma forma de constituir o que a autora pensa como um *parler-femme*, homofonia intraduzível que tanto pode indicar "falar-mulher" ou "fala das mulheres", aqui indicação de que o sonho pode ser uma tentativa de criar uma narrativa da experiência de linguagem feminina para essas mulheres. Trata-se de contar sem descrever as mulheres como objeto, visando torná-las *sujeitas* de suas narrativas. Pensando a partir da autora, o ato de sonhar e de relatar esses sonhos pelas mulheres, assim como o ato de escutar seus sonhos, já seria um ato analítico, subjetivante e produtor de linguagem: um movimento rumo à criação de um imaginário feminino, condição para a posterior criação de um simbólico feminino. A fluidez e a recusa pelo sonho de uma lógica totalizante seria um ato de retorno do resto excluído, equivalente ao inconsciente e às mulheres.

Na proposição de "fala das mulheres", não haveria diferença real entre enunciado e enunciador, nem entre direito e avesso. Tudo se atravessa e o sujeito é o produtor, produto e objeto de seu discurso. Desse modo, o sonho pode ser entendido como um tipo de falar-mulher (*parler-femme*). Sua forma, seu conteúdo, a subjetividade e o tempo cultural-histórico que o produz: todos esses elementos fundem-se e transformam-se uns aos outros, aproximando-se de uma concepção de linguagem das mulheres. Esta, para Irigaray (1977), será sempre entendida a partir da produção da fala, da língua, do discurso e, podemos pensar, do sonho. Talvez a psicanalista pensasse que as mulheres sonham e contam seus sonhos porque desejam ser reconhecidas fora

10 "Pithiaticamente" vem de pítia, ou pitonisa, sacerdotisa do templo de Apolo, em Delfos.

de uma economia que as exclui: para implodir o discurso de um gozo e subjetividades únicos (Irigaray, 1977).

Nesse contexto, sonhar pode ser subverter o simbólico estruturado da forma rígida que conhecemos. Sonhar e contar podem ser, assim, uma recusa ao "calar-se" e à posição marginal ocupada pelas mulheres, que encontram dificuldade nos lugares sociais e concretos em que circulam para se fazer escutar. Para a psicanalista, criar um lugar (imaginário e simbólico) de existência válida para as mulheres poderia ocorrer por meio das trocas entre elas, que se passariam através de uma linguagem genuína e própria, como fez Valéria com a vizinha e como faz Liz quando ouve a voz da mãe no sonho.

Segundo Irigaray (1977), algo do falar das mulheres se insinua na gestualidade, no riso, na espontaneidade e nas significações que brotam quando às mulheres é oferecida a possibilidade de operar fora da lógica do masculino. Também por isso, o sonho pode ser um lugar de produção da linguagem e expressão da subjetividade das mulheres. A via do sonho é produtiva de imagens, representações, sensações, gestos, que podem colaborar na construção do falar-mulher (*parler-femme*), em ao menos dois planos, individual e coletivo. Para restituir às mulheres seu lugar no discurso, Irigaray propõe um retorno às origens: a relação com a mãe e o vínculo com outras mulheres. Esse movimento significa abandonar o lugar de sujeito sem referências próprias, para deixar de ser falada pelo/no masculino e tornar-se falante de sua própria língua, movimento que se assemelha ao de descolonização.

Influenciado por Frantz Fanon, mas também por Paul Gilroy e Aimé Césaire, Achille Mbembe define a "razão negra" como um "conjunto de vozes, enunciados e discursos, de saberes, comentários e disparates, cujo objeto são as coisas ou as pessoas 'de origem africana' e aquilo que se afirma ser seu nome e sua verdade" (Mbembe, 2018, p. 60). Assim, ele divide a razão negra em dois momentos: o primeiro, o da consciência ocidental do negro, está orientado pela interpelação do colonizador com perguntas como "quem é ele?; como o reconhecemos?; o que o diferencia de nós? poderá ele tornar-se nosso semelhante? como governá-lo e a que fins?" (p. 61). No segundo momento, Mbembe identifica uma declaração de identidade, em que as perguntas são as mesmas, a mudança está no sujeito que as enuncia: "quem sou eu?; serei eu, de verdade, quem dizem que eu sou?; Será verdade que não sou nada além *disto* – minha aparência, aquilo que se diz de mim?; Qual o meu verdadeiro estado civil e histórico?" (p. 62). Na analogia que propomos com a descolonização, Irigaray estaria pensando a linguagem o falar das mulheres como essa mudança *da sujeita* da enunciação.

Isso porque, para a psicanalista, não haveria, no imaginário ou no simbólico, representações que possam dar conta do feminino e, sobretudo, da experiência de ser mãe ou filha, a partir de parâmetros femininos. A dificuldade com que a dupla mãe-filha se depara para encontrar representações cabíveis para sua relação reflete a falta de uma economia de sentidos que lhes seja própria (Irigaray, 1974; 1977). A falta de acesso da dupla mãe-filha a uma linguagem que não as exclua cria obstáculos para a consolidação (ainda que sempre fluida) das mulheres como categoria e gera efeitos para a construção de uma "fala das mulheres" (*parler-femme*).

No contexto traumático pandêmico, sonhar com a mãe irrepresentável pode se referir a uma busca de sentido para algo da ordem do Real do trauma: uma tentativa de buscar uma significação possível para ainda outra experiência sem nome. Pensamos poder haver uma aproximação entre a experiência pandêmica e o sem sentido, historicamente conferido ao feminino como resto inconsciente, sem representação na linguagem. Contar o sonho pode ser tentar transformar o inominável em linguagem, para não repetir uma vivência sem nome, tal qual seria o vínculo com a mãe, do ponto de vista de Irigaray (1974). "Sempre gosto de contar meus sonhos porque são loucos, impossíveis e às vezes muito engraçados" (Juliana, 30 anos, 13 de junho de 2020).

Aqui esboçamos um caminho de compreensão para um dos fenômenos que a pesquisa constata: uma imensa maioria de mulheres contaram seus sonhos, talvez por se autorizarem a fazer uma experiência da linguagem que não seja mera comunicação, mera informação, meio para fins. Retomando Benjamin, podemos pensar que talvez se permitam a tagarelice, o compartilhamento dessas estranhas experiências em que os sonhos consistem por meio de uma linguagem cujo fim é a própria experiência de que há linguagem.

O sonho de Fernanda, 19 anos, 29 de maio de 2020[11]

● Tenho tido muito mais pesadelos que o normal, no geral sempre estou fugindo/correndo de algo ou alguém (nunca consigo me lembrar). Nessa angústia eu acabo acordando no meio da noite assustada extremamente e com a sensação de que ainda preciso fugir disso ou que essa coisa está me observando. Tenho visto em muitos sonhos caixões e sempre acordo com essa imagem na cabeça.

Fernanda (nome fictício), 19 anos, endereçou esse sonho para a pesquisa e foi escutada por meio de troca de áudio em aplicativo de mensagens, conforme sua preferência. Mostrou-se muito surpresa e interessada com o contato. A jovem é universitária, reside em uma capital brasileira com a mãe e o padrasto, e estava em completo isolamento social em casa com a mãe, com quem passou a trabalhar em regime *home office* após o decreto da pandemia, enquanto o padrasto continuava saindo para trabalhar.

A jovem contara no questionário da pesquisa que estaria tendo sonhos muito mais tristes e angustiantes se comparados aos sonhos que tinha antes da pandemia e destaca a recorrência desses sonhos ligados à fuga de algo ou alguém que não consegue recordar. "Nessa angústia eu acabo acordando no meio da noite assustada extremamente e com a sensação de que ainda preciso fugir disso ou que essa coisa está me observando", conta Fernanda ao falar da experiência dos pesadelos que passou a ter no período da pandemia de maneira mais acentuada.

Esse fragmento mostra como a pandemia incidiu substancialmente sobre os sonhos da jovem, que foi convidada a relatar o sonho que inscrevera no questionário, de modo a ultrapassar o registro escrito – que pouco dizia sobre o que havia sonhado – para o registro da fala, que traz um saber não contido na escrita, endereçado a quem escuta. Fernanda acentua que os sonhos na pandemia estariam lhe "perturbando" e marca ter passado a acordar no meio da noite, assustada,

[11] Escuta clínica de Israel Tainan Lima e Chaves.

agitada e com falta de ar, ressaltando a recorrência da sensação de estar sempre fugindo e sendo observada ao acordar, tal como aconteceu no dia do sonho sobre o qual ela elege contar com detalhes.

Descreve ter sonhado que estava na casa de uma amiga desconhecida, lugar cujas características se assemelham a um filme de terror por conter objetos "macabros": caixões espalhados, cruzes viradas e móveis antigos. Na cena, desviava desses objetos ao andar pela casa, enquanto os amigos agiam normalmente, percebendo que fugia de algo ou alguém. Ao sair da casa chegou ao quintal, descrito também como assustador, viu-se sozinha, os amigos tinham desaparecido. Foi nesse momento que acordou muito assustada e com medo, pois sentia estar fugindo de algo que não conseguia reconhecer e teve a impressão de estar sendo olhada. Afirma que, depois de um tempo, conseguiu dormir e acordou de manhã com o mesmo medo que sentiu ao acordar do sonho pela primeira vez, sendo tomada pela mesma sensação de estar fugindo e sendo vigiada.

Essa passagem do sonho ao despertar é muito interessante, pois mesmo acordada ela descreve como se estivesse sonhando, relatando reações no próprio corpo que parecem misturar sonho e realidade. Lacan ([1969-1970] 1997) trabalha com a noção do sonho como um instrumento de despertar, de modo que só acordamos para continuar sonhando. Carolina Koretzky (2020) nos convida a pensar o despertar, a partir de Lacan, como o que possibilita ao sujeito fugir do horror que encontrou no sonho, para, em seguida, continuar dormindo na realidade. Para a psicanalista, só seria possível despertar um pouco, apenas um instante, para logo voltar a sonhar, ressaltando que nesse sentido sonhar carrega a qualidade de que "isso sonha", "*ça rêve*", diz Lacan em francês para definir o princípio de realidade ao qual o ato de sonhar estaria conectado. Koretzky acentua que, durante o ensino de Lacan, recolhemos a orientação de que o sujeito não quer despertar, ele finalmente quer dormir, já que, no sonho, quando o sujeito se aproxima demais de uma verdade insuportável, desperta. Esse despertar à realidade serve justamente para evitar o despertar para a própria verdade.

A partir dessa orientação, podemos depreender que viver é um sonho e que o despertar de cada um, como o de Fernanda, faz continuar sonhando na realidade, particularmente naquilo que a pandemia provoca em seus fantasmas. Mas, nesse caso, o que desperta e qual saída a jovem busca para lidar com os efeitos do que lhe perturba? A primeira leitura que Fernanda fez do próprio sonho apontava para a dificuldade de interpretação sobre o conteúdo repetitivo apresentado nos sonhos da pandemia. A jovem se permite falar livremente sobre o sonho em questão, alcançando certo saber que ela não imaginava obter ao falar. O sonho relatado mostra relação direta com o contexto da pandemia, não apenas pelo conteúdo associativo aos objetos que relembram as milhares de mortes causadas pelo vírus, mas também pelo que causa na sonhadora a partir da sua relação com o que se desvela desconhecido, irreconhecível, que parece corresponder a um estado de desamparo sobre o qual ela buscará atuar. Diante desse desamparo como um ponto de real que desperta, assombrada pela proximidade da morte no sonho, a jovem recorre à mãe para contornar essa condição.

A mãe é procurada por Fernanda e passa a ter uma função específica e singular de proteção para ela, o que só foi possível verificar na escuta, pois a palavra "mãe" não aparece no registro escrito do sonho, embora venha a se tornar central a partir das associações feitas por ela. Fernanda apresenta a "mãe" como a que opera uma função diante do desamparo que se desvela no pesadelo. Confirmo essa ideia quando escuto que Fernanda pediu para dormir com a mãe, após vários episódios de pesadelo durante o período da pandemia: "Parece que quando durmo com ela eu fico mais calma".

A jovem conta que até os 12 anos dormiu com a mãe, pois seu pai vivia viajando a trabalho. "Sempre me senti extremamente confortável dormindo com ela". Quando os pais se separaram e a mãe conheceu o novo marido, hoje padrasto de Fernanda, ela era adolescente e ficava se perguntando se poderia continuar a ter a mesma liberdade de dormir com a mãe, se viesse a ter algum pesadelo. Conta com alívio que o padrasto aceitou isso da melhor forma e, portanto, pode acionar a mãe a qualquer momento para dormir com ela e conter os seus medos.

Conta que, quando era adolescente, começou a ter crises de ansiedade. "Eu passava muito mal, eu vomitava, tinha falta de ar constante e isso acontecia muitas vezes de noite." Nesse momento, chamava a mãe para dormir com ela ou o padrasto se retirava do quarto a fim de que ela pudesse dormir com a mãe. "Ela ficava comigo a noite inteira se precisasse, me acalmando." Diz que ficava muito tranquila com essa liberdade de ter a mãe por perto para dormir quando precisasse e isso não ser um problema para o padrasto. Na semana que antecedeu a escuta, pediu para dormir com a mãe em uma noite específica por ter tido pesadelo, e o padrasto se retirou do quarto sem se queixar. "Sempre fui muito apegada a minha mãe e eu não conseguiria lidar com o fato de não poder ter essa liberdade com ela."

Fernanda ocupa um lugar particularizado no desejo da mãe, que cuida da filha nos momentos de demanda explícita de presença que sirva de anteparo ao desamparo trazido pelos pesadelos, que ocorrem não sem efeitos no corpo da jovem desde mais nova, pois os pesadelos a perseguem desde a adolescência. Outro ponto levantado na escuta do caso diz respeito às imagens que apareceram no sonho e são diretamente associadas às mortes na pandemia. A jovem relembra que, no dia anterior, assistiu a notícias que mostravam caixões das vítimas de covid-19. Esses elementos reaparecem em seu sonho como restos diurnos, que se apresentam como imagens fixas, interpretadas como fonte de medo e pavor: "Tenho essas imagens fixas dessas coisas que eu interpreto como macabro. Eu sempre tive muito medo de igreja, de cemitério e é por eu estar vendo muito essas coisas, que eu sempre evitei, porque eu sempre fugi um pouco disso, agora está tudo muito na minha frente e eu não sei descrever muito isso".

A fala de Fernanda de que "agora está tudo muito na minha frente e eu não sei descrever muito isso" nos serve para definir o que se escancara com a pandemia – o real da morte –, sendo preciso, cada um à sua maneira, como fez Fernanda ao se voltar para sua mãe, inventar formas de representar o horror que esse momento comporta para cada um de nós.

O desamparo experimentado por todos os seres humanos ao nascer é constitutivo dos sujeitos. Sem recursos para se manterem vivos sozinhos, demandando cuidados primários – como alimentação, investimento afetivo e certa mediação para a inserção no campo da linguagem –, a rede de cuidadoras/es se mostra essencial. Freud ([1930] 2020) observa que o contato com essa figura de amparo e cuidado operará não só sobre necessidades em seu âmbito fisiológico, mas também sobre a própria constituição do desejo, da necessidade do outro e da falta. O laço social permite um apoio diante do desamparo – que não acaba nos primeiros anos de vida, bem ao contrário, é continuamente reatualizado – e um campo para tratar o sofrimento. Freud também assinala que a possibilidade de felicidade é restrita por pelo menos três particularidades de nossa própria constituição: o próprio corpo, inevitavelmente vulnerável; a exposição à força da natureza, potencialmente destruidora; e as relações vividas junto a outros indivíduos. Tanto recursos como o próprio sofrimento são encontrados na mesma esfera: o laço social. A experiência de uma pandemia não é vivida fora desse lugar.

Entretanto, tal experiência poderá ser vivida de formas distintas a depender de como o sofrimento encontra ressonância em um campo de reconhecimento no corpo social. Uma característica do sofrimento, diz Dunker (2015, p. 219), é que ele se transforma a depender de como é reconhecido e da forma como sua escrita é lida no corpo social. É em um espaço coletivo que se decide, politicamente, quais dessas experiências de sofrimento merecem ou não ser reconhecidas, quais podem ser partilhadas, quais devem ser vividas em silêncio. Nesse sentido, se pensarmos que a escuta ofertada durante a pesquisa pretendeu fornecer um tempo e espaço para acolher o que se quisesse dizer sobre o sofrimento, notamos que, além de ser clínica, ela oferece e se constitui num lastro político.

Para que o sofrimento possa ser escutado, ele precisa adquirir a estrutura de uma *narrativa*, que o autor define como esta "fala autoral que se elabora em seu próprio processo e apropriação coletiva de uma experiência [...] transformação criativa entre memória e história, [...] recusa da soberania da informação, evitação de explicações" (Dunker; Paulon; Milán-Ramos, 2016, p. 156). Ora, nesse ponto, não estaríamos precisamente de volta ao *contar*? Fomos a campo menos de um mês depois da declaração da pandemia, captando impactos iniciais que, acreditamos, permitem-nos analisar estratégias de elaboração do momento vivido, assim como possíveis consequências psíquicas relacionadas ao contexto social, político e econômico, altamente afetado pela covid-19. O questionário on-line convidava participantes a contarem seus sonhos, lembranças e associações, formas de organização familiar e profissional durante o período de distanciamento social, sentimentos, pensamentos e o que mais quisessem. Mantivemos o anonimato das pessoas e oferecemos escuta clínica a quem assim desejasse. Psicanalistas da equipe, após combinar o contato, realizavam escutas com sonhadores e sonhadoras que tivessem manifestado o desejo de ser escutado/a.

Ao impor o bloqueio de circulação dos corpos nas ruas, o confinamento interditou também o convívio, muitas vezes insustentável pelas formas de comunicação não presenciais, produzindo um bloqueio também no campo da palavra. Ao provocar a fala, convocando sujeitos a tratarem de acontecimentos, mudanças e sofrimentos, a pesquisa pretendeu abrir um espaço para a tessitura da trama esgarçada do laço social. Ao passar do formato escrito ao registro oral, compartilhado junto a um outro e endereçado a uma escuta presente, ainda que não fisicamente, percebemos a chance de processos de mobilização e elaboração subjetivas. Sabemos que intensas alterações na organização do cotidiano podem trazer sentimentos angustiantes de continuidade, não mediados por atividades antes rotineiras, que assim parecem ainda mais distantes ou inalcançáveis, como registrado no questionário: "Todos os dias me angustio muito com a possibilidade de a vida normal demorar anos para voltar" (Cris, 36 anos, 29 de maio de 2020).

A palavra facilita certa organização simbólica, e a escuta, sobretudo, pode trazer suporte em um período marcado pelo desamparo. Dessa forma, a pesquisa buscou, para além da produção de conhecimento a partir do material compartilhado por participantes, ocupar o campo da intervenção política. Ao nos oferecermos como psicanalistas com quem se pode contar, habitamos um espaço que poderia estar vazio: o de testemunha e endereçamento diante da experiência do trauma. Reconhecer o risco, a ameaça, a proximidade da morte, o medo e a angústia para então tratá-los, ainda que seja impossível eliminá-los, foi parte do trabalho que entrelaçou pesquisa e oferta de escuta clínica.

Ao refletir acerca da pesquisa psicanalítica, Miriam Debieux Rosa e Eliane Domingues (2010) alertam para o fato de que, por mais cuidadoso que seja o processo de escolha das perguntas em questionários, as respostas do sujeito jamais poderão ser, de fato, alcançadas, pois algo do campo fantasmático e do recalque sempre irá operar. "É no recalcado que se encontra a história das escolhas de objeto, a das pulsões, assim como os caminhos do desejo" (Rosa; Domingues, 2010, p. 186). Miriam Debieux Rosa ainda destaca que "a escuta busca, na linguagem, a articulação da libido e do simbólico" (Rosa, 2004, p. 342). Ao oferecermos essas escutas durante a pesquisa, buscamos propiciar aos participantes a chance de iniciar essa elaboração de um não saber oculto dos sonhos. Seja na forma escrita, seja na falada, é a palavra que possibilita a construção de um saber, e só a partir desse encontro o objeto de pesquisa é produzido. Poder compartilhar de forma literal o que nos foi enviado nos permite trabalhar com a potência da palavra, abrindo espaço para a costura de um saber sobre si: "Eu falo demais (meu namorado sempre diz isso), mas essa sou eu" (Melina, 27 anos, 12 de junho de 2020).

Consideramos um privilégio a possibilidade de compartilhar desses relatos, enlaçando-nos não só a essas participantes que nos contaram sobre suas experiências durante a quarentena, mas também a todas as pessoas envolvidas em sua leitura, abrindo espaço para reflexões e discussões. Em um momento em que o desamparo se faz presente de maneira evidente, seja pelo desemprego, pelo agravamento de vulnerabilidades socioeconômicas, pela perda de pessoas próximas ou pela ameaça à própria vida, a desarticulação de políticas públicas intensifica a articulação entre sofrimento individual e coletivo. A pandemia, em seus mais variados aspectos, evoca uma cena de desamparo que já se realizou, mas não se concluiu.

Com o convite à produção, ao compartilhamento e à elaboração do que estava sendo vivido, foi possível facilitar percursos subjetivos, com tratamento a questões que não necessariamente foram causadas pela covid-19, trazidas à tona *só depois* dela. A pesquisa foi assim sendo escrita em conjunto, palavra a palavra costurada entre participantes e pesquisadoras/es. Muitas mulheres nos agradecem "por poder contar seus sonhos". Mas somos nós que deveríamos agradecer. Para além da linguagem jornalística que informa a cada dia os números de mortos, os sonhos contados por essas mulheres nos permitiram elaborar passado-presente-futuro por uma linguagem compartilhada, apontando o que há de compartilhável no acontecimento traumático. ■

REFERÊNCIAS

ALESSI, G. A luta contra o coronavírus tem o rosto de mulheres. *El País*, São Paulo, 02 maio 2020. Disponível em: http://bit.ly/3f2x7Bl. Acesso em: 20 ago. 2020.

BENJAMIN, W. *Correspondence avec Gretel Adorno (1930-1940).* Paris: Gallimard, 2007.

BENJAMIN, W. Metaphysik der Jugend [1913]. *Gesammelte Schriften*, Hrsg. Rolf Tiedemann und Hermann Schweppenhäuser. Frankfurt: Suhrkamp, 1977. B. II, I. [Edição brasileira: BENJAMIN, W. Metafísica da juventude. Tradução de Isabela Pinho. *In*: PINHO, I. *Tagarelar (schwätzen): itinerários entre linguagem e feminino.* Belo Horizonte: Relicário; Rio de Janeiro: Editora PUC-Rio, 2021. No prelo.]

BENJAMIN, W. O contador de histórias [1936]. *In*: LAVELLE, P. (Org.). *Walter Benjamin: a arte de contar histórias.* Tradução de Patrícia Lavelle. São Paulo: Hedra, 2018. p. 19-58.

BENJAMIN, W. Sobre a linguagem em geral e sobre a linguagem humana [1916]. *In*: *Escritos sobre mito e linguagem.* Tradução de Susana Kampff Lages. São Paulo: Editora 34, 2011. p. 212-156.

BUTLER, J. *A vida psíquica do poder* [1997]. Tradução de Rogério Bettoni. Belo Horizonte: Autêntica, 2017.

BUTLER, J. *Corpos que importam: os limites discursivos do sexo* [1993]. Tradução de Veronica Daminelli e Daniel Yago Françoli. São Paulo: n-1 edições; Crocodilo, 2019.

BUTLER, J. *(Un)doing Gender.* New York: Routledge, 2004.

CAMPOS, H. O afreudisíaco Lacan na galáxia de *lalíngua* (Freud, Lacan a escritura). *Afreudite: Rev. Lus. de Psi. Pura e Aplicada*, Porto, v. 1, n. 1, p. 1-22, mar. 2005. Disponível em: http://bit.ly/3s3gGZh. Acesso em: 25 ago. 2020.

CERQUEIRA , D. *et al. Atlas da Violência 2020.* Instituto de Pesquisa Econômica Aplicada – IPEA, 2020. Disponível em: http://bit.ly/318eDrf. Acesso em: 25 ago. 2020.

CORTÉS, O. N. P. A filosofia feminista de Luce Irigaray. *Kalagatos Revista de Filosofia*, Fortaleza, v. 15, n. 2, p. 71-84, maio-ago. 2018. Disponível em: https://bit.ly/38Tu0Id. Acesso em: 25 ago. 2020.

COSSI, R. K. Luce Irigaray e a psicanálise: uma crítica feminista. *Gerais: Revista Interinstitucional de Psicologia*, Minas Gerais, v. 12, n. 2, p. 319-337, dez. 2019. Disponível em: https://bit.ly/3s4gOaY. Acesso em: 25 ago. 2020.

DERRIDA, J. Auto-imunidade: suicídios reais e simbólicos [2003]. *In*: BORRADORI, G. (Org.). *Filosofia em tempo de terror: diálogos com Habermas e Derrida.* Tradução de Roberto Muggiati. Rio de Janeiro: Jorge Zahar, 2004. p. 95-180.

DUNKER, C. I. L. *Mal-estar, sofrimento e sintoma: uma psicopatologia do Brasil entre muros.* São Paulo: Boitempo, 2015.

DUNKER, C. I. L.; PAULON, C. P.; MILLAN-RAMOS, J. G. *Análise psicanalítica de discursos: perspectivas lacanianas.* 2. ed. São Paulo: Estação das Letras e Cores, 2016.

FÓRUM BRASILEIRO DE SEGURANÇA PÚBLICA. *Violência doméstica durante a pandemia de COVID-19.* [s.l.]: [s.n.], 2020. Disponível em: http://bit.ly/2QwbPSA. Acesso em: 25 ago. 2020.

FREUD, S. *A interpretação dos sonhos* [1900]. Tradução de Paulo César de Souza. São Paulo: Companhia das Letras, 2019.

FREUD. S. Conferência XVIII: fixação em traumas, o inconsciente [1917]. *In*: *Conferências introdutórias sobre psicanálise (Parte III) (1915-1916).* Tradução de Jayme Salomão. 2. ed. Rio de Janeiro: Imago, 1987. p. 281-292. (Edição Standard Brasileira das Obras Psicológicas Completas de Sigmund Freud, XVI).

FREUD, S. *Luto e melancolia* [1917]. Tradução de Marilene Carone. São Paulo: Cosac Naify, 2011.

FREUD, S. Além do princípio de prazer [1920]. *In*: *Além do princípio de prazer, Psicologia de grupo e outros trabalhos (1920-1922).* Tradução de Jayme Salomão. 2. ed. Rio de Janeiro: Imago, 1987. p. 11-75. (Edição Standard Brasileira das Obras Psicológicas Completas de Sigmund Freud, XVIII).

FREUD, S. *O mal-estar na cultura e outros escritos de cultura, sociedade, religião* [1930]. Tradução de Maria Rita Salzano Moraes. Belo Horizonte: Autêntica, 2020.

FUNDAÇÃO OSWALDO CRUZ (Fiocruz). *Boletim socioepidemiológico da COVID-19 nas favelas*. Rio de Janeiro: Fiocruz, 2020. 47 p. Disponível em: http://bit.ly/3cWbal1. Acesso em: 20 ago. 2020.

GÊNERO E NÚMERO; SOF SEMPREVIVA ORGANIZAÇÃO FEMINISTA. *Sem parar: o trabalho e a vida das mulheres na pandemia*. São Paulo: GN; SOF, 2020. Disponível em: http://bit.ly/3fcQtnk. Acesso em: 20 ago. 2020.

IRIGARAY, L. *Ce sexe qui n'en est pas un*. Paris: Editions de Minuit, 1977.

IRIGARAY, L. *Este sexo que não é só um sexo*. Tradução de Cecília Prada. Revisão técnica de Rafael Cossi. São Paulo: Editora Senac São Paulo, 2017.

IRIGARAY, L. *Éthique de la différence sexuelle*. Paris: Editions Minuit, 1984.

IRIGARAY, L. L'ordre sexuel du discours. *Langage*, Paris, v. 21, n. 85, p. 81-123, 1987. Disponível em: http://bit.ly/3c9wdBe. Acesso em: 20 ago. 2020.

IRIGARAY, L. *Parler n'est jamais neutre*. Paris: Editions Minuit, 1985.

IRIGARAY, L. *Speculum: de l'autre femme*. Paris: Editions de Minuit, 1974.

KEHL, M. R. *Sobre ética e psicanálise*. São Paulo: Companhia das Letras, 2002.

KEHL, M. R. Tortura e sintoma social. *In*: TELES, E.; SAFATLE, V. (Org.). *O que resta da ditadura*. São Paulo: Boitempo, 2010. p. 123-132.

KORETZKY, C. Sonho e despertar. YouTube, 2020. Disponível em: https://bit.ly/3cW2xXv. Acesso em: 14 set. 2020.

LACAN, J. Alla Scuola Freudiana [1974]. *In*: *Lacan in Italia, 1953-1978*. Milano: La Salamandra, 1978. p. 99-122.

LACAN, J. *Encore* (*Seminário XX*) [(1972-1973]. Tradução de Analucia Teixeira Ribeiro. Rio de Janeiro: Escola Letra Freudiana, 2010. Tradução de circulação interna.

LACAN, J. O aturdito [1973]. *In*: *Outros escritos*. Tradução de Vera Ribeiro. Rio de Janeiro: Zahar, 2003. p. 448-497.

LACAN, J. *O saber do psicanalista* [1971-1972]. Tradução de Ana Izabel Correia, Letícia Fonseca e Nanette Frej. Recife: Centro de Estudos Freudianos de Recife, 2000. Tradução de circulação interna.

LACAN, J. *O seminário, livro 11: Os quatro conceitos fundamentais da psicanálise* [1964]. Tradução de MD Magno. Rio de Janeiro: Jorge Zahar, 1985. p. 55-65.

LACAN, J. *O seminário, livro 17: O avesso da psicanálise* [1969-1970]. Tradução de Ari Roitman. Rio de Janeiro: Jorge Zahar, 1997.

MBEMBE, A. *Crítica da razão negra*. Tradução de Sebastião Nascimento. São Paulo: n-1 edições, 2018.

PAULUZE, T. Brasil teve uma mulher assassinada a cada duas horas em 2018, aponta Atlas da Violência. *Folha de S.Paulo,* São Paulo, 27 ago. 2020. Disponível em: https://bit.ly/314nhqu. Acesso em: 25 ago. 2020.

PINHEIRO, L.; LIRA, F.; REZENDE, M.; FONTOURA, N. *Os desafios do passado no trabalho doméstico do século XXI: reflexões para o caso brasileiro a partir dos dados da PNAD contínua.* Texto para discussão. Brasília; Rio de Janeiro: Ipea, 2019.

ROSA, M. D. A pesquisa psicanalítica dos fenômenos sociais e políticos: metodologia e fundamentação teórica. *Mal-estar e Subjetividade*, Fortaleza, v. 4, n. 2, p. 329-348, 2004.

ROSA, M. D; DOMINGUES, E. O método na pesquisa psicanalítica de fenômenos sociais e políticos: a utilização da entrevista e da observação. *Psicologia & Sociedade*, v. 22, n. 1, p. 180-188, 2010.

WORLD HEALTH ORGANIZATION (WHO). *WHO Director-General's Opening Remarks at the Media Briefing on COVID-19.* [s. l: s. n], 2020. Disponível em: http://bit.ly/3eSVKRa. Acesso em: 4 ago. 2020.

WHITFORD, M. *Luce Irigaray: Philosophy on the Feminine*. London; New York: Routledge, 1991.

WHITFORD, M. Releitura de Irigaray. *In*: BRENNAN, T. *Para além do falo: uma crítica a Lacan do ponto de vista da mulher*. Rio de Janeiro: Record, 1997. p. 145-170.

“Quando eu **DIRIJO** nos sonhos, eu nunca sei **EXATAMENTE** onde fica freio, acelerador, embreagem, não sou exatamente eu quem dirige o carro, e nesse **SONHO** foi assim também.”

(PATRÍCIA, 25 ANOS, 22 DE MARÇO DE 2020)

CAPÍTULO 5

"Maquina de moer sonhos": A pandemia e os sonhos das juventudes

Jaquelina Maria Imbrizi, Mariana Desenzi Silva, Isabela Mendes de Lemos, Leônia Cavalcante Teixeira, Miriam Debieux Rosa

Introdução

Estamos vivendo, no Brasil e no restante do mundo, uma pandemia ocasionada pelo novo coronavírus. Trata-se de uma pandemia com proporções jamais imaginadas, com consequências em todos os setores da vida, em termos coletivos e individuais. No Brasil, até o momento em que este texto foi redigido, foram ceifadas mais de 128 mil histórias de vida de brasileiros e brasileiras – ao mesmo tempo que sabemos que esse número de mortes poderia ser menos expressivo, caso não estivéssemos *sub judice* de um governo de extrema-direita que não toma as devidas providências no que se refere aos cuidados à saúde da população, principalmente aquela que está em situação de vulnerabilidade e risco social. Ou seja, são mortes que poderiam ter sido evitadas, se o representante maior do país tivesse suas ações e decisões políticas pautadas nas diretrizes sanitárias advindas de bases científicas e da Organização Mundial da Saúde (OMS).

Quem morre hoje no Brasil são, em sua maioria, pessoas em situação de vulnerabilidade social, um fato que aprofunda e explicita as mazelas da estrutural desigualdade social (Vespa, 2020). Soma-se a essa questão a emergência de mensagens paradoxais nos discursos dos representantes do governo, que, a título de exemplificação, comparam a pandemia a uma "gripezinha" e, assim, acabam por provocar desalento e confusão em parte da população quanto às atitudes que devem ser tomadas para a proteção à saúde singular e coletiva. Para algumas pessoas localizadas em extratos sociais mais privilegiados, há a possibilidade de seguir as exigências de suspensão de algumas tarefas do cotidiano, ao mesmo tempo que é necessário inventar novas atividades para a sobrevivência frente ao inusitado instaurado. Esse período insólito para todos e todas impacta diretamente nos modos de sentir e pensar dos sujeitos, tanto para os que se arriscam no transporte público, com o intuito de chegar ao seu local de trabalho, quanto para os que estão confinados em suas casas e apartamentos.

Esse impacto poderia afetar a qualidade do sono, provocar o sonho e aumentar a frequência da criação de imagens, impressões, afetos e representações oníricas? Essa é uma das perguntas que norteiam a pesquisa "Sonhos em tempos de pandemia: a oniropolítica em construção", que convidou profissionais de saúde e professores para escrever e falar sobre seus sonhos. Para este capítulo do livro, as autoras – que já têm uma trajetória no desenvolvimento de investigações com e sobre juventudes – recolheram 52 narrativas de sonhantes na faixa etária de 19 até 29 anos, que responderam à pesquisa no período de 20 março 9 de julho de 2020. A pergunta que mobilizou a escrita deste capítulo foi: "O que sonham jovens que participaram da pesquisa sobre a oniropolítica?".

Nosso objetivo neste capítulo é caracterizar as juventudes brasileiras e a especificidade de seus sonhos mobilizados em tempos pandêmicos, enfatizando o modo como narraram a experiência onírica e como estabeleceram associações com seu cotidiano. O método de trabalho adotado foi o de realizar a leitura das narrativas de modo a localizar a forma como o sonho foi construído, os temas, afetos e impressões emergentes, e, assim, estabelecer articulações com as ideias advindas dos estudos sobre juventudes e da teoria dos sonhos. Este capítulo foi dividido em quatro seções: na primeira, descrevemos brevemente os diferentes modos de valorizar o conteúdo onírico nas diversas culturas e expomos alguns aspectos da teoria do sonho em psicanálise, apresentando a nossa hipótese para a escrita do texto; na segunda, evidenciamos o modo como compreendemos juventudes; na terceira, expomos vinhetas selecionadas das narrativas oníricas; na quarta, que se refere às considerações finais, localizamos a importância dos sonhos e os sentidos produzidos para uma crítica às condições de desigualdade social que foram agravadas em tempos pandêmicos, e que têm como referência o modo específico como a organização capitalista opera em um país periférico como o Brasil.

Os sonhos na história

Sidarta Ribeiro (2019), em seu livro *O oráculo da noite: a história e a ciência do sonho*, faz um importante resgate do lugar que os fenômenos oníricos ocuparam para diferentes povos e culturas ao longo da história. Parte-se dos sonhos proféticos e premonitórios, capazes de guiar importantes decisões por parte de imperadores e governantes, passa-se pelos sonhos como via de comunicação entre deuses e reis e chega-se à importância dessa produção para a cultura ameríndia. Em relação a esta última, o neurocientista relata um sonho documentado de 1840, no qual o povo indígena comanche – orientado por uma dessas visões noturnas – saiu em marcha em direção à costa, conseguindo conter o avanço do exército inimigo (Ribeiro, 2019, p. 25). Ribeiro (2019) comenta que esse episódio está relacionado às culturas ameríndias de modo geral, nas quais as pessoas eram orientadas pelo pensamento onírico para a tomada de decisão em momentos importantes da sua história. O neurocientista afirma que há no conteúdo onírico um rearranjo dos objetos utilizados e do espaço ocupado no cotidiano, e que ele tem a potência de remeter os sonhantes para além da restrição do imediato, apontando a direção para se criarem outros horizontes de convivência no planeta Terra.

Ailton Krenak e Sidarta Ribeiro afirmam a função prospectiva da produção onírica na direção do novo que poderia estar referido à edificação de uma sociedade menos predatória, "como construção de um novo corpo que caiba e respeite o planeta" (Krenak; Ribeiro,

2020). Nesse sentido, o sonho pode ser um momento importante de organização de nossas experiências do passado, suscitadas pelo momento presente e que nos inspiram para um tempo outro, novo, no qual o desafio esteja em construir novos horizontes políticos possíveis. Ou seja, a experiência onírica é um campo afetivo que simula as consequências dos nossos atos e facilita a projeção de outros futuros.

Soma-se a essas questões o fato de que, nas sociedades contemporâneas ocidentais de extração capitalista, os sonhos vêm perdendo progressivamente o reconhecimento de sua potência criativa e imaginativa na cultura, em função dos valores e aspectos mais produtivistas e utilitários – necessários no modo competitivo de organizar a convivência humana. Jonathan Crary (2013) sublinha, em pleno século XXI, as pesquisas militares que investigam como os homens poderiam dormir menos e, assim, ser mais produtivos – no caso, mais aptos a permanecer acordados em tempos de guerra. Para o estudioso da percepção, cada vez dormimos menos na sociedade contemporânea, em função das exigências de produtividade, do excesso de luminosidade nos espaços físicos e de telas que rodeiam os sujeitos em sua vida de vigília. Assim, na sociedade de funcionamento ininterrupto, 24 horas por dia, nos sete dias da semana, "dormir é coisa para derrotados" (Crary, 2013).

Se no capitalismo o sono e o sonhar são considerados perda de tempo, a nossa posição neste capítulo é a de apontar a função restauradora do sonhar (Ab'saber, 2005), da imaginação e da nossa capacidade criativa, que potencializa as energias do sujeito para o enfrentamento às transformações necessárias em seus cotidianos. Há uma produtividade sutil e invisibilizada no pensamento onírico a que pretendemos, neste capítulo, dar visibilidade. Ribeiro (2019) defende que o sono produz moléculas e ajuda o cérebro a se livrar de toxinas; e ainda que o sonho produz memória, embaralha reminiscências e gera criatividade. Ao contrário das percepções do senso comum, o sono não é um soterrador de memórias, tampouco há um apagamento do cérebro durante o sono e o sonho.

Freud ([1900] 2017) aponta o sonho como o guardião do sono e também desvela a plurivocidade de sentidos, significados e desejos movimentados na produção onírica – com exceção dos sonhos de angústia e traumáticos, que, em vez de guardarem o sono, interrompem-no e podem até impedir o sujeito de dormir. Os sonhos traumáticos dos combatentes que retornaram da Primeira Guerra Mundial provocaram uma torção na teoria do sonho em psicanálise: o que mobiliza a produção onírica é menos a realização de desejos infantis do que a tentativa de elaborar as angústias e os impactos causados pelas transformações sociais (Koretsky, 2020; Rudge, 1999). Outro elemento importante na teoria freudiana é o de que não há uma cisão entre vida de vigília e vida onírica, e, sim, continuidades. As experiências vivenciadas pelo sujeito em seu contexto político, social e histórico constituem ingredientes relevantes para o material do sonho; os chamados "restos diurnos" são o mote para a produção do material onírico. Portanto, ao contrário do que está muito presente no senso comum – que o conteúdo do sonho seria algo separado da nossa vida cotidiana –, o psicanalista recupera articulações entre o pensamento consciente e as manifestações do inconsciente, e revela como são mobilizadores os objetos e as experiências do dia a dia para que o pensamento do sonho seja produzido.

Alguns sonhantes têm dificuldades de estabelecer associações entre o material do sonho e o pensamento do dia a dia, o que pode ser fruto dessa concepção de que os elementos oníricos são um mundo separado da vida de vigília. Desconstruir essa falsa concepção é uma estratégia importante no sentido de contribuir para que o sujeito conviva com os seus conteúdos inconscientes e coexista com aspectos que produzem estranhamento na sua experiência cotidiana (Freud, [1919] 1976). A propósito, em muitos sonhos há a aparição de cenas familiares em ambientes estranhos, ou pessoas da família com rostos de pessoas estranhas. O afeto vinculado ao "estranhamento familiar" parece advir de certo embaralhamento entre o pensamento consciente e as manifestações do inconsciente.

Nesse sentido, os mecanismos inconscientes se manifestam por meio da condensação, da figurabilidade e do deslocamento, que têm como objetivo censurar conteúdos vinculados a desejos que produzem angústia no sonhante. O "censor" através do qual os sonhos são produzidos é um elemento fornecido pelo tecido simbólico da nossa cultura. As negociações entre o que pode ser revelado à consciência e o material que precisa permanecer obscuro ao sujeito são dadas por essas chaves culturais. O mais interessante de tudo isso é justamente a ideia de que esses "censores" carregam consigo "sensores" que caracterizam a via de acesso ao inconsciente e, portanto, ao desejo. Ao desvelar os movimentos desses mecanismos, é possível produzir associações e potencializar no sujeito o processo de elaboração psíquica necessário para o trabalho do luto e para o despertar do próprio sujeito. Assim, é apropriado refletir sobre a função política do despertar. Ou seja: o sonho teria a função de despertar o sujeito para uma percepção mais aguçada da realidade e obstaria os processos de negação que afastam a visão daquilo que o incomoda. No Brasil, hoje, as forças políticas conservadoras que ascenderam ao poder vêm destruindo as conquistas democráticas nas áreas de saúde e educação e impedindo a criação de políticas públicas emergenciais a favor da vida da população em situação de vulnerabilidade social. Alguns autores têm ressaltado a "política de morte" (Safatle, 2020; Salles, 2020) presente nos projetos de governo da extrema-direita, tal como o do governo brasileiro eleito democraticamente no Brasil em outubro de 2018.

Quais as consequências desse modo específico de gerir a pandemia no Brasil e como os retrocessos nas áreas de saúde e educação afetam as juventudes? Ou seja: o que estão sonhando as juventudes que têm projetos de vida interrompidos em decorrência do contexto social da história do presente? Como os impactos subjetivos dessa interrupção aparecem, por meio de afetos e imagens, no conteúdo onírico? Essas questões nos fizeram refletir sobre a hipótese de que o momento da pandemia e suas especificidades brasileiras podem ser percebidos pelos jovens como "uma máquina de moer sonhos" (Coletivo Contrafilé, Secundaristas de Luta e Amigos, 2016). Isto é, a nossa hipótese de trabalho é a de que o material onírico parece alertar os sonhantes e despertá-los para o fato de que o agravamento da desigualdade social, por conta da pandemia, funciona como uma máquina de moer os sonhos das juventudes.

Se a pandemia é a interrupção dos sonhos de vigília das juventudes – por conta dos retrocessos em saúde e educação que já estavam em curso, recrudesceram no governo de Jair Bolsonaro e foram agravados em tempos pandêmicos –, poderiam os sonhos noturnos, ainda que frequentemente invadidos pelas "máquinas de moer" presentes na vida cotidiana, ser um espaço-tempo de reconexão com a vida, dando pistas para a interrupção de projetos de morte e suas reverberações nas subjetividades da população, próprios de um governo de extrema-direita?

As juventudes e a pandemia como máquina de moer sonhos no Brasil

A expressão "máquina de moer sonhos" advém das nossas pesquisas sobre as juventudes brasileiras e foi recolhida das falas dos estudantes secundaristas em luta política por melhores condições das instituições escolares, no sentido de que o ensino possa ser gratuito, público e de qualidade.[1] Há uma importante publicação, que retrata essa luta política dos jovens, disponível em formato digital: ela apresenta as entrevistas e os grupos de discussão nos quais há a referência à "máquina de moer sonhos" (Coletivo Contrafilé, Secundaristas de Luta e Amigos, 2016, p. 100) para se referir à escola e a um momento específico da história do Brasil. Ou seja, os estudantes secundaristas se posicionaram contra a forma como o governo do estado de São Paulo anunciava uma proposta de reorganização escolar pautada na concepção de escola como mais uma máquina produtora de mercadoria. Em outras palavras, uma proposta conservadora que desconsiderava pautas fundamentais, como a de formação de sujeitos de sua própria história, críticos e pensantes.

[1] Em 2016, houve uma série de ocupações nas escolas, lideradas por estudantes secundaristas que, naquele momento, posicionavam-se contra a forma empresarial, marcada por interesses econômicos, com a qual o governo do estado de São Paulo tratava a educação, as escolas e as reivindicações dos estudantes. Esses jovens tiveram apoio de vários segmentos da sociedade, e grupos de autogestão foram construídos no movimento.

Dessa expressão advinda do movimento secundarista, as autoras se depararam com o fato de que ela fazia referência ao importante livro *O povo brasileiro*, no qual o antropólogo Darcy Ribeiro (2001) utiliza o epíteto "máquina de moer gente" para caracterizar os engenhos de açúcar no nordeste colonial. Portanto, a máquina de moer – seja gente, seja os sonhos dessa gente – está relacionada à dinâmica capitalista que considera trabalhadores e estudantes de escolas públicas brasileiras como mercadoria, como objetos e coisa. Mais do que isso, recupera o nosso passado colonial e escravagista que nega a existência humana a algumas pessoas. Ainda lembrando o sistema escravocrata brasileiro, no conjunto de conversas com esses estudantes, apareceu a figura do zumbi. Essa figura pode estar associada às imagens daqueles que aparecem nos filmes de terror – os mortos-vivos –, que, para os estudantes, significava a condição na qual se encontravam anteriormente, compondo passivamente a cena da escola, até se mobilizarem para ocupá-la e montarem pautas de reivindicação. O engajamento na luta para frear as determinações arbitrárias do governo teria feito com que os estudantes despertassem da passividade própria de pessoas que são objetificadas na engrenagem da escola e do sistema capitalista.[2] Aí, os estudantes mencionaram outro Zumbi, conhecido da história brasileira e símbolo da luta pela liberdade do povo negro e escravizado do Brasil. O nome "Zumbi" está também associado a vários líderes, associado a cargos políticos importantes dos quilombos, que organizavam aqueles que se rebelavam contra o sistema escravocrata (Guerras..., 2018). A palavra "zumbi", no dicionário, aparece como referência tanto ao líder do Quilombo de Palmares quanto a uma "alma ou espírito que vagueia durante a noite" (Ribeiro, 2019, p. 51).

Essa breve digressão sobre a ideia de luta política como despertar de uma condição de passividade é trazida aqui justamente

[2] Podemos fazer aqui uma associação com o filme *The Wall* (1982), dirigido por Alan Parker e Gerald Scarfe, pontuando a cena que mostra estudantes uniformizados passando como autômatos por uma esteira e caindo em uma máquina de moer carne. No final da cena, os estudantes se rebelam e destroem as carteiras das salas de aula. O vídeo está disponível em https://bit.ly/3ltyMRK.

em sua relação com a possibilidade de sonhar. Não à toa, em língua portuguesa, usamos a mesma palavra para denominar tanto um fenômeno decorrente do sono como também aquilo que se almeja, que se deseja para o futuro – uma vontade viva. Haveria uma função política no sonho expressa no epíteto "máquina de moer sonhos"? O sonho poderia despertar o sonhante para uma mudança de posição subjetiva com vistas a transformar uma vida sonambúlica e objetificada? Uma posição subjetiva que recupera as energias necessárias para a luta por um mundo mais justo?

Atualmente, a população jovem no Brasil é a maior da história, representando 23% dos brasileiros (Conselho Nacional de Juventude, 2020). É questão deste século que a sociedade volte seu olhar para esse público enquanto população que se diferencia da adolescência pela faixa etária (compreendida dos 19 aos 29 anos), mas que se assemelha a ela no que diz respeito a sua condição de transitoriedade: afinal, ambos os momentos são marcados por aspectos constitutivos, sejam eles orgânicos ou psíquicos, que se modificam e se ressignificam em um curto período de tempo. Embora parametrizada em função de sua idade, a população jovem brasileira é composta por uma diversidade de identidades e singularidades, não podendo ser considerada enquanto um grupo social homogêneo. Tais aspectos estão diretamente relacionados a sua inserção social, realidade socioeconômica e condição histórico-cultural – estes, por sua vez, apontam para um modo próprio e singular de atravessamento dessa fase de transição nomeada "juventude". Devido a sua pluralidade, então, "juventudes".

A população jovem pode ser considerada um segmento social vulnerável a partir de dois campos que se articulam também no contexto atual e pandêmico: os direitos humanos e a saúde pública. Em relação ao primeiro campo, as juventudes se constituem como população que demanda ações coordenadas e específicas do Estado, a fim de que seus direitos fundamentais sejam reconhecidos e destacados enquanto uma prioridade; entre eles, o direito a educação e saúde de qualidade. Já o segundo campo se refere a um conjunto de aspectos individuais e coletivos que aumentam a suscetibilidade dos jovens a diferentes adoecimentos (Ayres *et al.*, 2003). Nesse sentido, a noção de vulnerabilidade social lança luz sobre as condições estruturais de uma sociedade que tendem a aumentar o risco de os indivíduos adoecerem, mas que, no entanto, não são determinantes, uma vez que é importante considerar as condições singulares de cada sujeito nessa conta. Assim, é importante diferenciar vulnerabilidade social de vulnerabilidade psíquica; se a primeira combina dificuldades próprias do cotidiano e de suas relações, nos âmbitos de saúde, emprego, estudo, cultura e segurança, a segunda retoma o desamparo estrutural do sujeito, que é sempre (re)atualizado como momento de operações psíquicas que lhe exigem mudanças de posições subjetivas frente ao corpo, à morte e ao outro. Podemos afirmar que, devido à especificidade do contexto pandêmico brasileiro, toda a população sofre de certo desalento (Birman, 2020) que reforça sua vulnerabilidade e suscetibilidade psíquica (o desamparo estrutural humano), devido à inabilidade do governo atual para lidar com a emergência sanitária. Especialmente no caso das juventudes em situação de vulnerabilidade social, que têm poucos subsídios e recursos sociais e culturais para lidar com o desalento.

Na amostra de sonhos coletada por nossa pesquisa multicêntrica, ao estabelecermos o recorte das juventudes, deparamo-nos com pouca pluralidade (levando em consideração que a pesquisa é de âmbito nacional, não há participantes da região Norte do Brasil, por exemplo), sendo a maioria dos participantes (44,2%, o que equivale a 23 participantes) residentes na região Sudeste, seguidos de sonhantes do Nordeste (14) e do Sul (12). Entre as 52 sonhantes selecionadas, sua composição é de 47 mulheres e cinco homens. Por conta desse dado, as autoras optaram pela adoção do artigo flexionado ao gênero feminino – condição que representa de forma mais fiel nosso recorte, evitando uma linguagem androcêntrica. Dentro desse recorte, escolhemos evidenciar outros dois aspectos que apontam para certa homogeneização de nossas sonhantes: a autodeclaração étnico-racial e o nível de escolaridade: 46 sonhantes se autodeclaram brancas, cinco pardas e apenas uma, preta. Em relação ao segundo aspecto, embora o convite tenha sido direcionado a profissionais de saúde (69,2%) e educação (30,8%), algumas sonhantes estão cursando o ensino superior e também nos enviaram seus sonhos. Levando em consideração nossas 52 sonhantes, 39 delas já concluíram seus respectivos cursos de graduação, dentre as quais 12 possuem título de pós-graduação. Diante da caracterização detalhada do público participante da pesquisa, é possível reafirmar a pouca heterogeneidade percebida pelas autoras. Em outras palavras, condições estruturais de vulnerabilidade social perdem sua força nessa amostra, apontando mais o desalento e o desamparo estrutural psíquico que é atualizado em situações de risco de vida.

Nesse sentido, pareceu-nos importante delimitar os efeitos de uma pandemia mundial sobre as transformações já vivenciadas por essa população no Brasil. Nesse novo contexto pandêmico e por suas consequentes exigências, como o distanciamento social, a interrupção das aulas presenciais, o ensino e o trabalho remotos e os usos regrados (e limitados) do espaço privado e público, somados a uma série de protocolos de higiene (uso de máscaras e lavagem de mãos), foram necessárias toda uma reorganização de cotidianos diversos, uma redução de circulação na urbe e uma consequente sensação de pouco pertencimento à comunidade humana. De que forma essa significativa parcela da população brasileira se vê afetada pela pandemia e por seus atravessamentos na vida cotidiana? Ela poderia perceber a pandemia como uma "máquina de moer sonhos"?

As vinhetas dos sonhos

Em uma primeira leitura do material coletado, foi possível perceber que a maioria das sonhantes já explicita, no início de suas respostas ao questionário, o fato de que estão lembrando mais dos seus sonhos ou, devido ao momento da pandemia, estão percebendo mudanças na qualidade e no tipo de conteúdo onírico produzido. Além disso, elas fazem referência ao impacto dos sonhos em seus dias: reflexões, questionamentos, compartilhamentos com pares e nas redes sociais.

Destacamos quatro temáticas que emergiram das narrativas das sonhantes: os usos dos espaços privados e públicos, o silenciamento (não ser escutado), o contato físico e as diferentes temporalidades referentes às experiências vividas.

No que se refere ao primeiro tema, a maioria das sonhantes respondeu que está seguindo rigidamente as normas de isolamento social; e, em contraposição a esse confinamento forçado, há cenas na produção onírica que retomam o movimento relacionado às viagens de carro ou transporte público. Essa impressão de corpo em movimento aparece no formato do sonho, no modo de definição dele e em seu processo, e há também o afeto de estranhamento causado por interrupções bruscas daquilo que se movimenta: uma viagem interrompida, a sonhante que dirige o carro e não encontra os pedais de aceleração ou freio; ela está em um movimento, mas o movimento não está sob o seu controle. Uma sensação estranha na qual alguém dirige o seu carro, alguém comanda o seu sonho. O conteúdo do sonho parece apresentar um modo de resistência a uma vida de vigília na qual o sujeito não pode circular livremente pela cidade.

● Quando eu dirijo nos sonhos, eu nunca sei exatamente onde fica freio, acelerador, embreagem, não sou exatamente eu quem dirige o carro, e nesse sonho foi assim também (Patrícia, 25 anos, 22 de março de 2020).

Há também belas analogias estabelecidas pela sonhante entre movimento e máquinas, ou entre movimento e falta de controle, nas quais alguém aperta o "iniciar" e só resta uma posição passiva: a de se deixar levar e acompanhar o movimento. Esse sonho reforça a nossa hipótese sobre as máquinas que moem gente – as máquinas que moem sonhos. A sonhante também descreve um modo de construção do sonho no qual ela se vê sempre em movimento; ela está sempre andando, correndo, voando ou dentro de um meio de transporte:

● Para mim, "estar dentro de um sonho", independente do que acontecia nele, sempre me passava a sensação de estar em uma esteira rolante, ou que alguém tinha dado *play* em uma situação que só me restava acompanhar (Patrícia, 25 anos, 22 de março de 2020).

Podemos refletir, à luz da narrativa e das associações oníricas da sonhante, que aqui se trata de uma sensação de estranhamento própria ao sonho e referente à falta de controle diante dos momentos de perigo. Também salientamos a sensação de passividade de alguém que está dentro de um carro, não dirigindo, mas sendo dirigida, ou em uma esteira rolante na qual só resta deixar solto o corpo e seguir o fluxo. Isso nos aproxima da ideia de passividade e objetificação, sujeitos impedidos de conduzir a sua própria história, o que é apontado na nossa caracterização das juventudes. Esse é, assim, um momento disparador para outros movimentos na vida do sujeito: o dar-se conta de uma certa passividade no mundo para então, quiçá, conquistar a posição de sujeito desejante e construtor de sua própria história.

O silenciamento, a interrupção de uma fala ou a ausência da escuta do que fora dito são variações do segundo tema que elencamos, e parecem explicitar certo silenciamento diante dos efeitos do retrocesso democrático nos interstícios da sociedade brasileira. Por se tratar de juventudes, percebemos que a mudez – uma fala que é interrompida e a sensação de estranhamento diante do fato de não estar sendo escutada – pode estar relacionada a certa interrupção de projetos de vida e de trabalho que moem sonhos de nossa juventude.

Uma sonhante narra o seguinte:

> Eu estava muito apreensiva, não sabia direito como chegar até o local do seminário [...]. Cheguei até um gramado onde havia uma concha acústica enorme, voltada para o mar [...]. As pessoas não precisavam falar alto, apesar do tamanho do local; todos se ouviam porque existia um sistema acústico para isso. Porém, em todas as minhas tentativas de falar, a professora [...] me interrompia e eu gritava, mas ninguém ouvia (Patrícia, 25 anos, 27 de março de 2020).

Uma das peculiaridades que essa narrativa apresenta é o clima de estranhamento frente às situações de emudecimento da própria sonhante e/ou o silenciamento dos seus interlocutores na cena onírica – como também a falta de escuta. Essa característica está presente no conteúdo narrado e escrito sobre o sonho, e também aparece nas associações realizadas e narradas pela sonhante.

No que se refere ao tema "contato físico", podemos dizer que ele está relacionado à importância do tato e do toque do outro nas nossas relações interpessoais – seja um abraço, seja um "cutucão". O tema também pode aparecer na construção de sonhos com pessoas que moram longe, de quem se sente saudade.

● Sonhei que meu pai tinha me levado na casa da minha avó e eu a via apenas da janela, não a abraçava, e ela estava com um iPhone com uma capinha azul-claro, olhava pra mim e eu ficava surpresa em vê-la com um celular, interagindo nas redes sociais, e sabia que esse seria o nosso único meio de comunicação a partir de então, por causa da pandemia. Meu pai me apressou para ir embora da casa dela (Fernanda, 18 anos, 5 de maio de 2020).

Nessa narrativa onírica há uma volta no tempo, no sentido de que, cada vez mais, nós estamos valorizando os abraços de alguém que não vemos há muito tempo. Sonhar com o abraço – seja sua realização, seja sua ausência (querer abraçar, mas não conseguir) – pode nos dar notícias dos efeitos do isolamento para a vida das sonhantes.

O quarto e último tema se refere às diferentes temporalidades presentes no sonho das juventudes; pois, nas narrativas de várias sonhantes, aparecem referências a espaços, como a casa da infância e dos avós, o prédio da escola e as relações afetivas que já foram relevantes em tempos passados. Destacam-se ex-namorados, professores e colegas de escola no ensino fundamental e no ensino médio. Uma sonhante narra que tem sonhado muito com a escola que frequentou no ensino fundamental. Em seu sonho, ela decide entrar no prédio da escola:

● O interior era parecido, mas as janelas e portas tinham sido fechadas com cimento. [...]. A sensação desse momento tinha um pouquinho de tristeza por ver que a escola ia mesmo ser demolida, mas o que predominava era alegria por ter conseguido dar mais uma olhada nela. Foi um sentimento reconfortante (Victória, 24 anos, 13 de abril de 2020).

Nessa narrativa, podemos localizar o afeto nostálgico que aparece misturado com certo estranhamento: o prédio é e não é parecido com imagens guardadas, trazendo contrapontos entre a configuração fragmentária da memória e o prédio ainda existente na cidade, portas e janelas fechadas com cimento, quase mortas. A ambivalência de sentimentos também está presente no sonho: tristeza, alegria e conforto.

A escola e as temporalidades que ela inaugura para as juventudes – por exemplo, ritmo de atividades e a disciplina – organizam o cotidiano e, nesse momento de suspensão de atividades e de relações físicas em espaços externos à casa, organizam tempos nos quais os contatos com o outro são privilegiadamente remotos; a escola aparece nos sonhos dos jovens, que estão ora no ensino universitário, ora nos primeiros anos da vida profissional, talvez como possibilidade de dar continência à angústia expressa pelos medos advindos do contágio, da morte, da perda da rotina. Além disso, quando é exigida a permanência no espaço da casa e da família, a construção de laços identificatórios fora da cena familiar pode perder o lugar de referência, o que demanda mais trabalho psíquico atravessado pelo desalento político do nosso momento societário.

No que se refere ao desalento político, uma das sonhantes narra que a atmosfera de seus sonhos se aproxima da atmosfera de filmes ou séries no estilo *dark*, repletas de uma iluminação mais escura e meio nebulosa:

A maioria das vezes estão ocorrendo situações de perseguição, medo, desespero, tristeza, choro, e culminam em alguns momentos de acalento, quando alguém presente nos sonhos promove um contato físico (como abraços etc.). Ao despertar sempre me deparo com a sensação de angústia, uma certa desorientação (Gabriela, 27 anos, 22 de abril de 2020).

Essa mesma sonhante estabelece uma importante associação e escreve: "Talvez eu tenha mais medo do contexto agressivo que

"Para mim, 'estar **DENTRO** de um sonho', independentemente do que acontecia nele, sempre me passava a **SENSAÇÃO** de estar em uma **ESTEIRA** rolante, ou que alguém tinha dado *play* em uma situação que só me restava **ACOMPANHAR**."

(PATRÍCIA, 25 ANOS, 22 DE MARÇO DE 2020)

estamos vivendo do que do contexto pandêmico". Isso nos levou a pensar que, diante do cenário apocalíptico configurado e condensado na formação onírica, há referências à situação social específica do governo atual – um contexto agressivo reforçado por discursos associados a política de morte, perseguição, medo e desespero.

Mais uma vez, estamos diante de um sonho que visa ao trabalho de elaboração psíquica sobre o indizível do nosso momento político atual. Um cenário distópico nunca imaginado na *terra brasilis*; um cenário que, como uma aparição, visa despertar os mortos-vivos necessitados de um abraço. Em seus fragmentos, esse sonho poderia representar lampejos, no sentido de suscitar outra posição subjetiva das sonhantes?

Para nós, trata-se antes de tudo de valorizar a narrativa onírica em sua potência imaginativa e criativa. Assim, acolher e trabalhar com o conteúdo onírico das sonhantes é um ato de resistência a esse modo de existir capitalista, que só valoriza atividades consideradas úteis para o tempo da mercadoria, uma vez que o sonho opera em uma lógica própria, a do inconsciente.

Assim, o sonho, democrático por excelência, constitui-se enquanto espaço privado de resistência. Resistência ao capitalismo, à individualização e ao avanço de sua tecnologia, que massifica, objetificando e apassivando sujeitos. Resistência que articula, em movimento pendular, o privado e o público: aquilo que é mais íntimo e singular do sujeito, atravessado pelo contexto que assola a todos, distancia ao mesmo tempo que aproxima nas palavras, sensações, afetos e cenas comuns, que se repetem.

Considerações finais

A "máquina de moer sonhos", imagem escolhida pelas autoras deste capítulo para ilustrar a faceta avassaladora da pandemia na vida das juventudes, concentra alguns aspectos da crise sanitária global do novo coronavírus. Esse fenômeno de grandes proporções acentuou as desigualdades e escancarou as estruturas perversas que sustentam nosso modo de existir em sociedade. Se seremos capazes efetivamente de questionar as relações de trabalho, as linhas abissais que constituem as grandes metrópoles e seus processos de urbanização e gentrificação, valorizar nossos rituais de despedida e possibilidades de trabalho do luto (Freud, [1917] 2012), bem como interpelar o lugar dado ao cuidado em saúde mental, é algo que está em aberto.

As juventudes aqui caracterizadas sofreram impactos em seu cotidiano diante da suspensão de atividades vinculadas aos seus projetos de vida. No caso de um país periférico como o Brasil, a destruição própria ao sistema capitalista se apresenta de maneira mais perversa, uma vez que as sonhantes são profissionais das áreas da educação e da saúde e assistem à diminuição dos investimentos nesses setores – as asfixias financeiras das universidades públicas e o desmantelamento do Sistema Único de Saúde (SUS). Dessa forma, confirmamos a nossa hipótese de que os efeitos da pandemia podem funcionar como rupturas nos sonhos possíveis de um futuro articulado a um projeto democrático de sociedade.

A imagem do apocalipse, muitas vezes exibida pela indústria cultural, como um cenário lúgubre e povoado por mortos-vivos na forma de zumbis (criaturas que, em massa, ameaçam a vida humana), instalou-se de forma invisível e de difícil contra-ataque no nosso cotidiano. Ousamos dizer que o vírus surge, então, para frear um modo de vida zumbi, perpetrado pelo capitalismo: uma existência que seguia num fluxo contínuo de trabalho acelerado, de tempo de estudo que pudesse corresponder ao mercado e reforçar essa lógica, e de lazer estereotipado e vendido através das mídias sociais. Nesse sentido, o cenário *dark* descrito em algumas narrativas oníricas parece revelar que todos estamos vivendo como mortos-vivos, silenciados diante das atrocidades da engrenagem capitalista aprofundada em tempos pandêmicos. Ou seja, convivemos com a contradição indigesta de sermos mortos-vivos com muito medo da morte e da experiência radical de finitude. Ao mesmo tempo, sonhar com cenários distópicos pode despertar as sonhantes para outros modos de incorporar o Zumbi; nesse caso, o de Palmares, que representou um conjunto de lutas históricas do povo negro, que vem resistindo e segue se "aquilombando" contra os ditames de uma sociedade racista.

Portanto, podemos responder a esta pergunta: "O que estão sonhando as juventudes que participaram da nossa pesquisa?". Elas produziram narrativas oníricas que remetem a um clima e a uma impressão de escuridão, um ambiente estranho que retoma o medo de violência e a agressividade que assombra o país por conta do retrocesso político e da crise econômica que está por vir. Há também a sensação de passividade, de estar dentro de um carro em movimento e sem o controle de quem está dirigindo, o que remete à ideia de seres autômatos, e não de sujeitos de sua própria história. Devem-se ressaltar aqui as referências ao silenciamento, que pode remeter tanto ao momento histórico brasileiro, de certo emudecimento das pessoas diante do aprofundamento das desigualdades sociais, quanto a uma sensação comum ao público jovem: a busca por espaços de pertencimento nos quais esse público possa expressar seus questionamentos, trazer seus medos e as angústias, a fim de ser escutado. A jovem que sonha com a concha acústica e em um ambiente no qual estranhamente ela não é escutada pode estar fazendo referência a algo de silenciador na tessitura social, em relação às contribuições das juventudes para a construção de um projeto de sociedade mais igualitário e com justiça para todos. Muitas vezes, seus saberes são desvalorizados; pouco se escuta deles, e ainda de forma retroativa, pois, ao serem pouco escutados, pouco desejam dizer. Ao nos debruçarmos sobre seus sonhos, interessamo-nos sobre esse saber próprio de cada sujeito, que emerge do inconsciente, e garantimos um espaço de partilha de sonhos, de modo a oferecer uma alternativa ao silenciamento experimentado de forma social.

Ainda é possível afirmar que o silenciamento pode se referir ao medo de entrar em conflito com outras pessoas; e, no limite, entrar em contato com afetos arcaicos que se referem ao nosso desamparo estrutural. Também remetemos, aqui no texto, à vulnerabilidade psíquica própria do humano, ao medo da morte, dos riscos e da angústia, relacionados diretamente à autoconservação de cada um de nós. Cabe também apontar o fato de que certos sofrimentos, produzidos na sociedade capitalista, desencadeiam um tipo de desamparo discursivo em pessoas em situação de vulnerabilidade social (Rosa, 2018).

Djamila Ribeiro (2017) aponta as relações intrínsecas entre romper com o silêncio e romper com o ciclo de violência. Grada Kilomba (2019) pontua as relações entre falar e ser escutado como formas de produzir o sentimento de pertencimento a um grupo, a um coletivo e a um país. Ou seja, quem tem sua palavra levada em consideração, em movimentos de reciprocidade, sente-se parte da comunidade humana.

Por último, podemos citar o tema do contato físico, que apareceu nos sonhos, supondo que esse é um indicativo dos efeitos do isolamento para as sonhadoras, ao relatarem a falta que sentem da aproximação corporal durante a pandemia. Nesse sentido, o sonho estaria guardando o sono das sonhadoras, na medida em que realiza seu desejo de convívio perdido durante o isolamento? E, ainda, se a função do toque e a importância do abraço são algo culturalmente determinado, poderíamos supor que essa é uma marca particular dos efeitos do isolamento durante a pandemia no Brasil?

São questões importantes que remetem à especificidade da situação brasileira em tempos de pandemia, o que assinalamos durante toda a construção do nosso texto. Assim, reafirmamos a nossa hipótese: as sonhantes percebem o momento pandêmico como uma "máquina de moer sonhos" (Coletivo Contrafilé, Secundaristas de Luta e Amigos, 2016). Diante da nossa constatação, as narrativas oníricas acompanhadas das associações partilhadas, no formulário da pesquisa, poderiam propiciar um lampejo de reflexão e de elaboração sobre o desamparo estrutural e o desalento produzido no Brasil. O convite da pesquisa, ao acessar o imaginário e valorizar o conteúdo onírico produzido, propicia o encontro com o infamiliar e com o trabalho de elaboração psíquica que demanda novos modos de construir o cotidiano. Em síntese, se a pandemia e o avanço das forças políticas conservadoras significam a interrupção dos sonhos de vigília das juventudes, afirmamos que há oniropolítica em construção; e, assim, os sonhos noturnos, ainda que frequentemente invadidos pelas "máquinas de moer" presentes na vida cotidiana, podem restaurar um espaço-tempo de reconexão com a vida, dando pistas para a interrupção de projetos de morte próprios de um governo de extrema-direita. ■

REFERÊNCIAS

AB'SABER, T. *O sonhar restaurado: formas do sonhar em Bion, Winnicott e Freud.* São Paulo: Editora 34, 2005.

AYRES, J. *et al.* O conceito de vulnerabilidade e as práticas de saúde: novas perspectivas e desafios. *In*: CZERESNIA, D.; FREITAS, C. M. *Promoção da saúde: conceitos, reflexões, tendências.* Rio de Janeiro: Fiocruz, 2003. p. 117-139.

BIRMAN, J. O preço escorchante da pandemia. *Folha de S.Paulo*, São Paulo, 8 set. 2020. Caderno Opinião. Disponível em: http://bit.ly/314d0L4. Acesso em: 14 set. 2020.

COLETIVO CONTRAFILÉ, SECUNDARISTAS DE LUTA E AMIGOS. *A batalha do Vivo*. MASP, Exposição Playgrounds 2016. São Paulo: SESC Interlagos, 2016. Disponível em: http://bit.ly/3r7eaQl. Acesso em: 20 jul. 2020.

CONSELHO NACIONAL DE JUVENTUDE. *Pesquisa Juventudes e a pandemia do coronavírus*, jun. 2020. Relatório de resultados. Disponível em: https://bit.ly/2NsYvNx. Acesso em: 23 jul. 2020.

CRARY, J. *24/7: capitalismo tardio e os fins do sono*. São Paulo: Cosac Naify, 2013.

CRARY, J. Na sociedade 24/7, dormir é coisa para derrotados. *Piauí*, São Paulo, n. 96, set. 2014. Disponível em: http://bit.ly/3cbbqgP. Acesso em: 20 ago. 2020.

FREUD, S. O "estranho" [1919]. *In*: *Uma neurose infantil e outros trabalhos (1917-1918).* Tradução de Jayme Salomão. Rio de Janeiro: Imago, 1976. p. 273-314. (Edição Standard das Obras Psicológicas Completas de Sigmund Freud, XVII).

FREUD, S. *Luto e melancolia* [1917]. São Paulo: Cosac Naify, 2012.

FREUD, S. *A interpretação dos sonhos* [1900]. Porto Alegre: L&PM, 2017.

GUERRAS do Brasil.doc. Direção: Luis Bolognesi. São Paulo: Netflix, 2018. Widescreen, color.

KILOMBA, G. *Memórias da plantação: episódios de racismo cotidiano*. Rio de Janeiro: Cobogó, 2019.

KORETSKY, C. *Sueños y despertares: una elucidación psicoanalítica.* Olivos: Grama Ediciones, 2020.

KRENAK, A.; RIBEIRO, S. Sonhos para adiar o fim do mundo. YouTube, maio 2020. Disponível em: https://bit.ly/3tYf7fZ. Acesso em: 25 maio 2020.

RIBEIRO, D. *O povo brasileiro: a formação e o sentido do Brasil.* São Paulo: Companhia das Letras, 2001.

RIBEIRO, D. *O que é lugar de fala?* Belo Horizonte: Letramento, 2017.

RIBEIRO, S. *O oráculo da noite: a história e a ciência do sonho.* São Paulo: Companhia das Letras, 2019.

ROSA, M. D. *A clínica psicanalítica frente ao desamparo social e discursivo: direção e estratégias.* São Paulo: Instituto de Psicologia da USP, 2018.

RUDGE, A. M. As fantasias oníricas, para que servem? *Psyche*, v. 3, n. 4, p. 63-72, 1999.

SAFATLE, V. *Bem-vindo ao Estado suicidário.* São Paulo: n-1 edições, 2020. Disponível em: https://n-1edicoes.org/004. Acesso em: 10 ago. 2020.

SALLES, J. M. A morte e a morte: Jair Bolsonaro entre o gozo e o tédio. *Piauí*, São Paulo, n. 166, jul. 2020. Disponível em: http://bit.ly/3s38oAw. Acesso em: 8 ago. 2020.

VESPA, T. Em vez de idade, classe social passa a definir quem morre no Brasil. UOL, 06 maio 2020. Disponível em: http://bit.ly/3tI4xJK. Acesso: 21 dez. 2020.

“Estava na casa da minha **AVÓ**, que é uma casa com um **CORREDOR** externo circular. Eu e algumas pessoas do grupo de teatro da minha adolescência estávamos **CIRCULANDO** nesse corredor da casa, que era cheio de **DESAFIOS** a atravessar: algumas partes densas de folhagens, em outras tínhamos que nos abaixar para conseguir passar. Tinha uma **CENA** do nosso grupo de teatro para acontecer, era a cena de uma **FACADA**. Eu tinha a impressão de que já conhecia essa cena da facada, que estávamos encenando alguma coisa do cenário brasileiro. Me lembrei de todos os **CRIMES** hediondos do Brasil: o caso Eloá, o caso Nardoni, mas não conseguia me lembrar qual era a cena que a facada representava. Me perguntei então quem seria a pessoa que levaria a facada, pensei: 'Sou eu o **PERSONAGEM**? Não sou eu, se fosse eu, eu já teria **DECORADO** as minhas falas'. Logo em seguida, um colega veio em minha direção e me deu uma facada na **BARRIGA**. Era eu a personagem da facada! Levei um **SUSTO** e acordei. Assim que acordo, me lembro: o crime famoso do Brasil envolvendo facada é o do Bolsonaro, óbvio!"

(ANÔNIMO)

CAPÍTULO 6

"Políticos": Sonhos como *apresentação perspectiva* na pandemia

Christian Dunker, Adriana Gaião, Elizabeth Brose, João Pedro P. Queiroz, Priscila David, Patricia de Campos Moura, Renata Bazzo, Rodrigo Gonsalves, Tiago Ravanello

É uma apreciação corriqueira sobre os sonhos, uma espécie de juízo instantâneo, pensar que estes se referem apenas à biografia particular de cada sonhador. Neles reinariam as questões da intimidade, os dramas subjetivos, não envolvendo nada além dos conflitos mais particulares e dos desejos mais privados; os problemas da sociedade civil e do âmbito político se restringiriam à vida de vigília. Contudo, aqueles que se debruçaram sobre a matéria onírica não demoraram para desfazer essas margens, provando que tal visada sobre os sonhos não se sustenta. Essa compreensão de que o universo onírico ultrapassa a experiência íntima surge já na Antiguidade Clássica, na proposta de Artemidoro de Daldis (século II d.C.). Em sua obra, ela está expressa nas duas categorias de sua classificação, aquela dos sonhos comuns e dos políticos, que concernem respectivamente às questões coletivas e públicas (Artemidoro, 2009).

Corroborando essa visada, encontrarmos registros históricos e biográficos de grandes personagens, como reis, profetas, generais e teólogos (Evans, 1961; King, 2013; Ribeiro, 2019), relatos de sonhos que, por vezes, entrelaçam os tópicos oníricos dos sonhadores às grandes decisões sobre o destino de seus povos. Nesses casos, a dimensão sociopolítica da narrativa onírica é manifesta e proeminente. Neste capítulo, no entanto, vamos propor uma mudança de papéis, já que aqui nos interessa apresentar os sonhos de pessoas comuns envolvendo figuras públicas. Desse modo, se o foco de grande parte daqueles registros historiográficos incide sobre os sonhos dos grandes líderes, na nossa perspectiva eles deixam de ser os sujeitos sonhadores para se tornar os objetos sonhados.

Nosso material privilegiado de análise são, portanto, os sonhos *sobre* figuras da vida política durante a pandemia causada pelo coronavírus no Brasil. Quando comparado ao universo dos sonhos com personalidades públicas coletados pela pesquisa, que incluem uma série de artistas e celebridades, figuras políticas como governadores, prefeitos, ministros, generais e o presidente da República são as mais presentes não apenas nos relatos dos sonhos dos brasileiros, mas também nas interpretações que fizeram sobre seus sonhos e em suas memórias dos restos diurnos, isto é, dos eventos que os antecedem.

A recorrência onírica dessas figuras políticas começou a ser constatada em meados de abril e se intensificou expressivamente no mês de maio de 2020, na esteira do enorme volume de eventos, crises e conflitos políticos no período, como testemunham os próprios sonhadores. Elas se entrelaçam com as preocupações mais cruciais provocadas pela pandemia, pela quarentena subsequente e pela crise sanitária, fundindo expectativas e medos, esperanças e angústias, nos limites da existência humana.

Neste capítulo, pretendemos apresentar, analisar e interpretar o modo como essa história, ainda em andamento, foi narrada por meio das construções oníricas que envolvem figuras políticas. Estaremos interessados, então, na dimensão narrativa dos sonhos. Ou seja, queremos saber quem contou essa trama, de quais modos, com quais personagens e sob qual atmosfera. Sobretudo, interessa-nos aqui a forma como essas construções se constituíram, as relações que elas expressam entre sonhadores e os líderes políticos, os ângulos em que elas configuram e quais pontos de vista sobre a pandemia que elas nos contam.

Trabalho e perspectiva onírica

No entanto, pode-se perguntar, os sonhos, enquanto produções inconscientes, narram ou encenam uma história? É possível considerá-los como narrativas?

Em *A interpretação dos sonhos*, Freud (1979) descreve três operações envolvidas na formação de sonhos, tal como lembrados pelo sonhador, a que chamou de trabalho do sonho. Ele envolve três processos: a condensação, o deslocamento e o terceiro processo, que costuma ser deixado de lado, mas que trazemos aqui para pensar na possibilidade de articulação entre o sonho e a narrativa a partir do ponto de vista da sua estrutura de linguagem.

A *consideração de figurabilidade* (como o termo foi traduzido para o português) permaneceu, desde sempre, a prima pobre dos processos primários, porque ela se liga com a elaboração secundária dos sonhos, ou seja, com a introdução de condições para que as imagens alucinadas, produzidas por pensamentos unificados, ganhe estatuto de ordem e encadeamento temporal para o próprio sonhador. Contribuiria então com a operação por intermédio da qual o conteúdo latente se transforma em conteúdo manifesto do sonho e, portanto, com uma "remodelação do sonho destinada a apresentá-lo sob a forma de uma história relativamente coerente e compreensível" (Laplanche; Pontalis, 2001, p. 145).

A expressão desse conceito em alemão é muito rica. "*Rücksicht*" quer dizer, literalmente, "olhar para trás" ou "olhar que reestabelece". Existe um termo geométrico que define perfeitamente o que é uma *Rücksicht*, ou seja, é uma perspectiva. Uma perspectiva é um ponto de vista que cria um objeto.

Mas a segunda parte da consideração de figurabilidade é composta por esta palavra nobre, "*Darstellbarkeit*". "*Darstellung*" vem do verbo "*stellen*", que quer dizer colocar de pé, erguer, erigir ou simplesmente pôr. Usa-se tanto para coisas concretas, como uma estátua ou um edifício, quanto para ideias abstratas, como uma obra ou uma ideia. *Darstellung* é uma apresentação, colocar diante de. Portanto, a apresentação tem que ver com a forma como algo se mostra, com a maneira como se dá a ser visto, o que fica ainda mais congruente com a ideia anterior de *Rücksich*, como perspectiva. O conjunto do conceito pode ser agora redescrito como: *perspectiva sobre a apresentação*.

No sonho, a alteração principal entre o sonho sonhado e o sonho contado não é que no primeiro caso teríamos imagens dispersas em sequência e no segundo uma história com começo, meio e fim, produto da elaboração secundária. O ponto é que a relação entre elaboração primária e a elaboração secundária exige a produção de perspectivas combinadas, quando o sonho é contado para alguém. Essa transformação de perspectivas e modos de apresentação, figuração ou representabilidade é o que chamamos de narrativa. Assim, entendemos que a perspectiva de apresentação não é apenas um trabalho realizado depois do sonho, na medida em que vai se aproximando do estado de vigília (como a expressão "elaboração secundária" pode sugerir), mas envolve um trâmite entre tempo e espaço, através da montagem ficcional, das transformações apresentadas, e isso diz respeito ao aspecto narrativo do trabalho onírico.

Assim, a partir do que foi dito, veremos agora como essas perspectivas combinadas aparecem nas montagens oníricas com as figuras políticas durante a pandemia, começando pelo lugar do narrador.

O lugar do narrador nos sonhos com figuras políticas

Para que o sonhador consiga endereçar algo sobre o seu sonho para alguém, ele cria um narrador que contará o que lhe apareceu como imagens encenadas. Como vimos anteriormente, nessa tentativa, ele combina perspectivas, preenche as lacunas existentes com material novo, arredondando e aparando as pontas dos sonhos e, então, a coleção de imagens oníricas se perfaz.

Transformado em narrativa a ser contada, o sonho ganha personagens, cenas, temporalidade e um narrador. Nesta seção, analisaremos como esses elementos aparecerem em quatro sonhos com figuras políticas. Sobretudo, interessa-nos nesses sonhos identificar as especificidades do narrador.

Vejamos no sonho a seguir:

● Estávamos viajando em um ônibus, junto comigo estavam algumas pessoas conhecidas, alguns professores. Em um momento do sonho a Dilma estava conosco e ela era muito idosa e frágil. Chegamos no centro da minha cidade e estava muito congestionado, havia barricadas impedindo o fluxo dos carros, mas ao mesmo tempo muitas pessoas estavam nas ruas, em clima de Carnaval. Preocupado com o fato da Dilma estar a bordo, começamos a mostrar ela pela janela para que as autoridades nos deixassem passar. Em outro momento quem estava junto conosco era o Bolsonaro. Ele estava sentado nos bancos da frente, vestindo um terno, até que uma mulher começou a falar com ele sobre o governo, fazer alguns apontamentos, algumas críticas. Ele, do jeito Bolsonaro, ouviu respondendo alguns dos comentários. No fim ela abraçou ele, mas foi uma cena estranha, como se ele fosse um ser asqueroso, meio natimorto, mas ela buscasse se desculpar por ter o pressionado. Então um colega, N. (professor de português – muito inteligente e crítico ao Bolsonaro), resolveu começar um "textão" oral. Começou um discurso que dava para notar que o Bolsonaro não estava acompanhando e não se interessava, principalmente pelo fato do N. ser gay. No outro momento era eu que tentava falar com o Bolsonaro, ele foi comigo para o meio do ônibus, para longe dos outros e, em pé, eu comecei a falar para ele, de uma maneira muito acolhedora e polida, para tentar chamar a atenção dele, que estava havendo um problema de comunicação, que ele não estava governando para todos e isso não era inteligente. Ele começou a ficar impaciente, mas de um jeito "querido" e sugeriu que eu mandasse um e-mail para ele com minhas sugestões. Eu falei que não adiantaria, porque ele não leria. Ele falou que era pra eu mandar com o título "sugestões ônibus X". A minha intenção era ser ouvido, parecia que dava para ajudar com algo se ele ouvisse e entendesse o que eu queria dizer.[1]

Nessa narrativa dividida em dois tempos, o narrador está no centro da história, no local em que aparecem as duas figuras políticas, a ex-presidenta Dilma Rousseff e o atual presidente Jair Bolsonaro. O ambiente é o espaço fechado de um ônibus, no qual ele está junto com conhecidos e colegas de profissão, professores. Na antiga classificação dos sonhos feita por Artemidoro, esse sonho faria parte da classe dos *sonhos comuns*, ou seja, aqueles que se referem a experiências coletivas e compartilhadas com alguém familiar ao sonhador (Artemidoro, 2009).

Sobre a atmosfera externa, sabe-se que vias públicas estão intransitáveis, bloqueadas pelas autoridades com barricadas. O sonhador não revela a razão para a obstrução das ruas, mas a constante recorrência

[1] No presente capítulo, optou-se por não informar nome ou pseudônimo dos sonhadores.

dessa cena nos sonhos relatados durante o período de pandemia indica que elas podem aludir ao estado de quarentena. Em todo caso, o uso da conjunção adversativa revela que não se trata do isolamento da rua para uma festa popular: "*mas* ao mesmo tempo muitas pessoas estavam nas ruas, em clima de Carnaval". Assim, transita-se na via pública apesar do bloqueio. Dentro do ônibus, lugar no qual as ações principais do sonho ocorrem e onde estão situados o narrador, as figuras políticas e os demais personagens da cena, o clima não é de folia. Isso porque, assim como os obstáculos da via pública, a escuta do governante está igualmente inacessível e impedida para aqueles que tentam ser ouvidos, sem sucesso. Todos estão preocupados com as diferentes formas de fragilidade dos governantes, seja por sua frágil condição física, seja por sua incapacidade de diálogo.

Observa-se também nesse exemplo que o narrador ocupa o lugar de quem sabe o que o grupo de pessoas no ônibus sente: "Preocupado com o fato da Dilma estar a bordo, começamos a mostrá-la pela janela, para que as autoridades nos deixassem passar". Principalmente, ele é capaz de fornecer os elementos descritivos a respeito das personalidades políticas, desde a aparência física, seus gestos e vestimentas, seu lugar na cena, suas ações em relação aos outros personagens. O narrador também compartilha experiências diretamente com tais figuras, interagindo com elas. Não obstante, Dilma e Bolsonaro não estão apresentados como meras alusões representativas: são elementos centrais da narrativa desse sonho.

Acima de tudo, é a respeito da personagem de Bolsonaro que o narrador fornece mais elementos, a ponto de conseguir descortinar algumas de suas emoções e de seus interesses para o leitor. É apenas com narrador que a figura do presidente dialoga. Ele sabe onde está a atenção dessa personagem, indica as razões para os obstáculos de sua escuta e, além disso, é capaz de prever algo sobre sua ação futura: "eu falei que não adiantaria, porque ele não leria". Ainda que seja um conhecimento parcial sobre a personagem Bolsonaro, o narrador mantém com ela um tom íntimo, que se expressa de maneira mais evidente no trecho "ele foi comigo para o meio do ônibus, para longe dos outros". Esse tom também se evidencia na parte final de seu sonho, quando anuncia estar ali para ajudar a figura política, e que para isso era necessário que o outro fosse capaz de ouvir e entender.

Passemos agora a outra narrativa, na qual o sonhador está com seu grupo de teatro na casa de sua avó. Ele começa pela descrição detalhada da arquitetura da casa, descrevendo uma cena em detalhes. Aqui vemos de modo minucioso como as várias imagens encenadas nos sonhos são passadas para a forma narrativa:

● Estava na casa da minha avó, que é uma casa com um corredor externo circular. Eu e algumas pessoas do grupo de teatro da minha adolescência estávamos circulando nesse corredor da casa que era cheio de desafios a atravessar: algumas partes densas de folhagens, em outras tínhamos que nos abaixar para conseguir passar. Tinha uma cena do nosso grupo de teatro para acontecer, era a cena de uma facada. Eu tinha a impressão que já conhecia essa cena da facada, que estávamos encenando alguma coisa do cenário brasileiro. Me lembrei de todos os crimes hediondos do Brasil: o caso Eloá, o caso Nardoni, mas não conseguia me lembrar qual era a cena que a facada representava. Me perguntei então quem seria a pessoa que levaria a facada, pensei: "sou eu o personagem? Não sou eu, se fosse eu, eu já teria decorado as minhas falas". Logo em seguida, um colega veio em minha direção e me deu uma facada na barriga. Era eu a personagem da facada! Levei um susto e acordei. Assim que acordo, me lembro: o crime famoso do Brasil envolvendo facada é o do Bolsonaro, óbvio!

Embora também pudesse ser classificado como um sonho comum ou coletivo, envolvendo a narradora e seu grupo de teatro, a cena desse sonho se dá no interior de um espaço privado, a casa de sua avó. Assim como no sonho anterior, também há obstáculos no caminho pelo qual transita o narrador, representado na cena por "um corredor de desafios". O adjunto adnominal, "da adolescência", caracteriza temporalmente o que é encenado. Ou seja, trata-se do passado do Brasil e dos crimes hediondos que marcaram sua história.

Diferentemente do sonho anterior, neste, apesar de se encontrar na cena principal da ação, o narrador pouco sabe de si e dos outros personagens. Esse desconhecimento ajuda a criar uma atmosfera de suspense para a história.

Observa-se que as imagens justapostas do sonho são organizadas com coesão, tematizando a própria questão do sonhador: "afinal, sou eu o personagem?"; para a qual elabora uma hipótese: "se fosse eu, eu já teria decorado minhas falas". Quando a sonhadora se pergunta sobre a representação da facada e se ela seria a personagem, parece que ocorre uma interrupção da fina membrana que sustenta os duplos: dentro e fora, sonho e vigília, ficção e realidade. Esse aspecto remete à chamada "queda da quarta parede", termo que denomina uma interrupção desse tipo na narrativa teatral e cinematográfica. A "quarta parede" é uma parede imaginária situada na frente do palco do teatro, através da qual a plateia assiste de forma passiva aos atos do mundo encenado.[2] A sua queda consiste na situação em que uma personagem chama a atenção *da* e *para* a plateia, levando-a a tomar conhecimento de que as personagens e ações não são reais e sim fictícias, o que afeta a experiência da plateia, suspendendo a crença no encenado como realidade. Há, assim, um convite ao público a enxergar o conteúdo ficcional de outra perspectiva, menos passiva e mais participativa, e, dessa forma, mais crítica. Como a quarta parede é parte fundamental da narrativa, quando assistimos ao personagem se dando conta de que faz parte de uma ficção, isso nos afeta, deixando a fronteira entre as duas instâncias muito mais borrada.

Assim, nesse sonho, além do referido abalo dos limites entre realidade e ficção, entre ator e personagem, também está presente uma nova configuração da posição do narrador em relação à personalidade política. Isso porque a figura do narrador e a figura política se encontram sobrepostas na cena final, revelando o enigma instaurado no começo do sonho sobre a identidade do sonhador: "Era eu a personagem da facada!". Nesse sonho, a figura política está escondida no narrador, que ignora sua identidade.

---

[2] O recurso de quebra da quarta parede é utilizado no cinema, no teatro e em demais manifestações artísticas, tendo origem na teoria do teatro épico de Bertolt Brecht (1898-1958).

Passemos agora para esse outro sonho, também de tipo coletivo, dividido em três tempos. A narradora nos apresenta, já no início, uma atmosfera desoladora.

● Sonhei que segurava no colo uma criança desnutrida, doente, com cabelos raspados e com manchas no couro cabeludo, no sonho disseram me que era por falta de vitamina A, e a criança era minha sobrinha, mas não tinha suas características. Em sequência, acontecia uma reunião, e minha desfelicidade de participar, pois o Bolsonaro estava presente e discursava, lembro-me da vontade de interrompê-lo, mas minha mãe pedia para eu me calar, eu mantive-me quieta por medo de ser morta. A reunião parecia acontecer numa comunidade rural, logo eu já estava no sítio (onde nasci e morei até meus 10 anos), havia várias pessoas em conjunto, inclusive minha mãe e um artista de uma série que gosto também, caminhávamos pela serra, onde o solo era rico, plantas crescendo e num determinado local eu avistava minha cidade (prédios), mas esse local era bem específico, ou seja, fora dele não avistava, e havia também nesse ponto como se fosse um espelho oculto que refletia a imagem da pessoa, ou seja, eu via um ser humano de forma dual.

Aqui o narrador está no centro das três cenas, incluindo aquela em que a figura do presidente da República está presente. Há pouco diálogo entre as personagens, ainda que elas estejam reunidas.

Na primeira cena, de forma alegórica, está descrita a imagem do sofrimento, da doença e da fome representadas por uma criança, a quem a narradora carrega, um corpo frágil, carente, mutilado e adoecido. Na segunda cena, há o personagem político que discursa. Não há polêmica, apenas ele fala. A narradora não interage com ele, somente com a sua própria mãe. Sabemos apenas que ela se manteve calada, todas as outras informações sobre a cena advêm de suas emoções e desejos: sua "*desfelicidade*", "a vontade de interromper", e sobre o seu "medo de ser morta". Em suas associações sobre o sonho, ela contrapõe os elementos da cena: "a dor da quietude" e "a segurança e ou confiança da presença da mãe". A atmosfera da cena é de intimidação, paira uma espécie de censura velada sobre os participantes da reunião, que apenas escutam.

No elenco das descrições sobre emoções e estados, encontramos o neologismo "desfelicidade", criado pela sonhadora para qualificar seu encontro com a figura política. O termo parece condensar as palavras "infelicidade" e "desfalecimento", que se conectam rapidamente à primeira cena da criança adoecida. Além da articulação de sentidos possíveis, atentamo-nos para a posição em que a palavra aparece na narrativa da sonhadora, ligando a criança doente, desfalecida, ao sentimento dela diante do discurso de Bolsonaro, em que se encontra impedida de falar, para não ser morta. Outro aspecto que não passou despercebido nas descrições sobre a criança foi a sua cabeça raspada, que adquire um novo sentido quando avançamos para a segunda cena, na qual a sonhadora recebe o conselho de sua mãe para se calar, pois falar era um risco de vida. Ideias de regimes totalitários e ditatoriais agora configuram as imagens presentes nas duas cenas: a representação de crianças desnutridas, doentes e de cabeça raspada nos remete rapidamente a imagens conhecidas dos campos de concentração nazistas, e a presença de uma mãe aconselhando a filha a se silenciar diante de uma figura política, de autoridade, remete ao período de censuras no Brasil.

Mais adiante, ela descreve o local onde a reunião acontecia: uma comunidade rural, que se transforma rapidamente no sítio onde nasceu e morou durante sua infância. Lá onde o solo era fértil e as plantas cresciam. O sonho se encaminha para o final, a terceira cena, em que ela chega a um determinado ponto bem específico do qual avista sua cidade, que ela caracteriza com prédios. Nota-se que esse "ponto específico" se apresenta em relação aos conteúdos do sonho como uma posição, uma perspectiva, de onde é possível resgatar um passado que se opõe ao presente que se impõe. É a partir desse ponto que a narradora nos conta o limite de alcance de sua visão, uma vez que "fora dele, não avistava".

Ao mesmo tempo, esse ponto esconde uma espécie de "espelho oculto que refletia a imagem da pessoa" e de onde enxerga um ser humano de forma dual. A dualidade aparece ao longo de toda a narrativa de seu sonho, do passado representado por sua própria infância, uma vida rural em que o solo era rico e plantas cresciam, ao presente na vida urbana, em que a morte está aparente, seja pelo futuro desesperançoso que carrega nos braços, na figura da criança desfalecida, seja na mortificação de sua palavra.

Finalmente, no último sonho dessa série, há um novo lugar para o narrador em seu sonho com a figura política.

● Esse sonho me parece tão absurdo que mal consigo contá-lo. Sonhei que o presidente Bolsonaro chupava os meus seios e logo iria com outra mulher, eu não sentia prazer com aquilo, mas era como se eu tivesse no papel de subjulgada que não tinha autonomia para me opor e não conseguia verbalizar, que precisava de alguma maneira ou por algum motivo passar por aquilo.

O sonho é constituído por uma única cena, ele é quase uma fotografia. Não há nenhum elemento sobre o cenário, a ação parece se dar em um espaço vazio.

Tal como os sonhos anteriores, aqui a sonhadora aparece dentro da cena, salvo que agora em total proximidade física com a figura política. Entre eles não há troca de palavras. Quem age na cena é a figura política. É ela quem age agora e que poderá se movimentar a seguir. O narrador nada nos informa sobre essa personagem, mas sabemos que ela "mama" e também algo sobre sua ação futura.

A narradora está reduzida a um seio, um corpo dentro de uma série de corpos femininos anônimos que virão depois. Vemos a descrição de um corpo mortificado, que se dá sem falar, um corpo sem palavras. Todas as descrições da narradora sobre si são feitas com o uso de negativas: "eu não sentia prazer", "eu não tinha autonomia", "eu não consegui verbalizar". A única afirmação que faz sobre si é "era como se eu tivesse no papel de subjulgada". Através desse ato falho, que aparece no lugar de "subjugada", e que condensa o prefixo "sub" e a palavra "julgada", temos novamente a indicação sobre sua posição de inferioridade na cena, "está abaixo de". Ao mesmo tempo, "subjulgada" poderia indicar o julgamento indigno a que foi submetida. Nesse caso, não sabemos se já lhe foi dada a sentença final ou se tenta dela fugir barganhando o seu corpo.

Aparecem o silêncio, a supressão do falar como estratégia de sobrevivência, como sintoma que faz acordo entre o paradoxo do desejo de dizer e de sobreviver, quando assumir esse dizer pode trazer consequências. A narradora se apresenta como objeto sem autonomia, sem um terceiro interventor. Apesar de tudo, esse narrador consegue encontrar um sentido, mesmo que fatalista, para a sua submissão: "precisava de alguma maneira ou por algum motivo passar por aquilo".

Esse sonho permite ainda mais uma camada interpretativa a respeito do lugar do narrador. Quando as personagens falam algo sobre a ação, avaliando o que está acontecendo, elas estão coincidindo com um primeiro olhar distanciado e crítico da história. Um exemplo disso é o comentário feito pela narradora logo no início: "Esse sonho me parece tão absurdo que mal consigo contá-lo", criando uma separação entre narrador e a personagem da ação. Assim, há um desdobramento entre quem fala de si e o si mesmo, mais ou menos assim: ali está o meu corpo, mas a minha voz está aqui e meu olhar vê de longe meu corpo, como uma lembrança encobridora, uma fantasia. Observamos que nesse primeiro nível, o narrador descreve a cena e vê a figura política de modo externo, pela aparência, sem pretender saber nada de seus sentimentos ou pensamentos. Os sonhos com essa configuração nos contam algo a respeito do par estruturante "sonhador-figura política", pela metáfora do evento catastrófico, o trauma. Com a ajuda de Freud, podemos ler essa cena como "uma experiência que, em curto período de tempo, aporta à mente um acréscimo de estímulo excessivamente poderoso para ser manejado ou elaborado de maneira normal" (Freud, 1976, p. 325). Distanciando-se da cena ao cindir narrador e personagem, a sonhadora pode criar o anteparo ao trauma.

Nessa série de quatro sonhos com figuras políticas aqui analisados, foi possível encontrar uma constância naquilo que se refere ao foco narrativo. Isso porque, em todos eles, o narrador esteve posicionado dentro da cena, mas nunca situado com inteira clareza sobre seu destino ou sobre as intenções das personagens a sua volta. A perspectiva que ele nos oferece dos sonhos apresenta escotomas, pontos turvos e opacos sobre as personagens, suas ações, intenções e sobre o seu destino. O caso paradigmático e mais extremo dessa posição é sonho no qual uma peça é encenada. Como vimos, ali o narrador não se situa com clareza nem a si mesmo, nem ao papel que irá interpretar e tampouco sobre a peça. Quase tudo é indefinido, "alguma coisa do cenário brasileiro".

Passaremos agora a analisar especificamente a relação entre o narrador e a figura política do sonho. Entre as séries transformativas que compõem as narrativas coletadas, e que separam o começo e o fim da história, veremos como as relações de conflito marcaram as ações entre esses personagens oníricos. Nossa hipótese é de que os sonhos integraram em sua narrativa as propriedades mais inquietantes da cena política nacional contemporânea.

Sonhos em conflito

Nos sonhos trabalhados até aqui, pudemos acompanhar o modo como os sonhadores narraram as cenas oníricas, percorrendo as perspectivas assumidas por eles, seus posicionamentos e suas transformações. Passaremos, agora, a analisar mais de perto o tipo de relação que se estabelece entre o par estrutural sonhador e figura política no interior das narrativas apresentadas. Interessa-nos pensar de que forma a configuração de tais relações permite-nos refletir sobre as estratégias de apreensão da realidade comum brasileira desenvolvidas na intimidade dos processos oníricos.

Entre os sonhos com personalidades políticas endereçados à pesquisa, encontramos inúmeras situações em que os conflitos vividos na esfera pública parecem funcionar como matéria-prima para as formações oníricas. Mas não apenas isso, as histórias oníricas integraram as relações conflituosas e as prolongaram. Desse modo, foi possível observar como dentro dessas narrativas, as relações mais frequentes entre o narrador e a personalidade política figurada no sonho operam sob o regime da oposição. A análise dessas narrativas parece confirmar que a coexistência da crise sanitária com o acirramento das tensões políticas no país teve um profundo impacto subjetivo, produzindo experiências de sofrimento que podem ser encontradas no conteúdo e no formato dos sonhos.

Quando Freud (1979, p. 254-257) aproxima a estrutura onírica das criações literárias, ele apresenta a ideia de que tanto o sonhador como o escritor utilizam os imperiosos movimentos do desejo como fundamentos para suas construções. As narrativas literárias e as narrativas oníricas se desenvolvem, então, como realizações de desejos infantis, proibidos e conflitivos. Assim, a dimensão do conflito é justamente um ponto de cruzamento entre a teoria psicanalítica e as teorias narrativas, tomadas como referência para nossas análises dos sonhos pandêmicos.

Para a psicanálise, o conflito é central para a vida humana, posto que estruturalmente o sujeito falante está dividido pela linguagem na vida social, cujas normas tentam regular suas formas de satisfação. Os sofrimentos experimentados no cotidiano são maneiras de nomear e reconhecer os afetos provenientes desses conflitos. A experiência de sofrer carrega, assim, relações de oposição intrínsecas e extrínsecas ao sujeito. Parte do trabalho do psicanalista é, precisamente, conduzir aquele que busca um tratamento às vias de fato de suas contradições, nas quais o sujeito desejante noticia sua presença. O que Freud defende é que as formações do inconsciente, como os sonhos e os sintomas, são justamente campos privilegiados em que os conflitos subjetivos tomam forma.

Nas teorias narrativas, da mesma maneira, o conflito desempenha um aspecto central. Isso porque, segundo Gancho (2004), o enredo de uma estória se desenrola a partir dos conflitos que nela se apresentam. O conflito, que anuncia relações de oposição, é o elemento gerador de uma narrativa: "Seja entre dois personagens, seja entre o personagem e o ambiente, o conflito possibilita ao leitor-ouvinte criar expectativas frente aos fatos do enredo" (Gancho, 2004, p. 10). Em termos de estrutura, o conflito, em geral, atravessa todas as partes de um texto narrativo, determinando a sequência da estória a partir das formas de apresentar, desenvolver e solucionar um conflito. Os gêneros textuais são assim definidos pela maneira como tratam e resolvem os conflitos no interior de suas narrativas, tendo a tragédia como modelo clássico para conclusões negativas marcadas por mortes e desgraças, e a comédia como paradigma de desfechos positivos e alegres.

Tentando integrar teorias narrativas às teorias psicanalíticas do sonho, podemos considerar que ambos os processos de narração envolvem e solucionam uma trama conflitiva, jogando com o que

Freud descreve como sistemas de deslocamentos e de condensações, que podem ser lidos a partir das relações de oposição expressas no texto. A lógica do conflito, do protagonista e do antagonista, do perseguidor e do perseguido, que frequenta as narrativas oníricas cotidianas, é, portanto, uma dimensão essencial para pensar nos modos de sofrimento vigentes em um determinado período histórico. Evidentemente, tais relações de oposição são submetidas a mecanismos próprios ao sonho que, para manter o sujeito dormindo, distorcem seus conteúdos, criando sonhos absurdos, divertidos ou assustadores.

É justamente a partir dos afetos relatados e associados aos sonhos que se anunciam as posições subjetivas dos sonhadores diante dos conflitos que lhes afligem. Os afetos, para a psicanálise, comportam em si uma dimensão de alteridade, que faz com que eles sejam profundamente modificados em função de a quem se destinam, por quais meios, em quais condições e em qual temporalidade. Assim, como veremos, as relações de oposição, presentes nos sonhos com figuras políticas nesta pandemia, parecem apontar para um circuito afetivo que estabelece uma articulação entre certa condição de sofrimento e o espaço de alteridade a quem se endereça a perspectiva figurada no sonho. Dessa forma, nosso objetivo nesta seção é tipificar três séries de narrativas oníricas que se revelam potencialmente profícuas para a pesquisa sobre os modos de sonhar e de sofrer nesta pandemia de conflitos.

Encontramos no debate público brasileiro, de forma especialmente intensa nos primeiros meses da pandemia no país, um embate entre aqueles que defendiam que as políticas sanitárias deveriam seguir as recomendações da Organização Mundial da Saúde (OMS) e os grupos que se contrapunham a essas recomendações, defendendo a adoção de medidas mais brandas de isolamento e de cuidado (Biernath, 2020). O presidente da República, Jair Bolsonaro, foi um dos principais protagonistas desse conflito, com diversos pronunciamentos nos quais tentava minimizar os perigos do coronavírus (Barrucho, 2020). Na esfera política, a existência de duas posições antagônicas em relação às condutas as serem adotadas diante da crise sanitária levou, então, ao primeiro grande atrito entre os governos federal e estaduais e entre a Presidência da República e o Ministério da Saúde.

A primeira série de narrativas oníricas tematiza justamente tais embates, cuja discordância termina por desorientar a população frente às diferentes estratégias de tratamento para a crise na saúde pública e a se sentir desamparada em meio às posições contraditórias de seus dirigentes.

No relato a seguir, a sonhadora se torna entrevistadora de um programa de televisão cujo convidado entrevistado será o ministro da Saúde:

● Estamos sentados em poltronas confortáveis frente a frente. Mas estou assustada com a resposta que ele me concede à pergunta: como avaliar o número de mortes por coronavírus no país? O ministro responde: – É mais barato! Eu contesto: – Mas tem muitas pessoas morrendo; e o ministro reafirma: – Mas é mais barato! Meu olhos arregalados determinam o fim da cena.

Em suas associações, a sonhadora relacionou a sua posição no sonho com a sua rotina durante a quarentena, período no qual a sua participação política se reduziu a ver as notícias pelo televisor e manifestar as suas discordâncias "no sofá (confortável) da minha casa". Além disso, o sonho, que data do final do mês de maio, quando o país já havia testemunhado a saída de dois ministros da Saúde de seu posto, traz outro aspecto revelador em sua interpretação; a sonhadora escreve: "Não reconheci nenhum rosto no ministro da Saúde".

Outro sonho que parece se relacionar com essa fragmentação da gestão política da pandemia é o de uma sonhadora que narra estar na casa de sua avó, junto a sua mãe, que estava doente e recebendo cuidados, quando percebe a aproximação de um caminhão de som com a voz de Bolsonaro ecoando:

● Ele dizia claramente para uma massa de pessoas (que eu não via, pois apenas ouvia o som ecoando pelo ar) que um determinado bispo da Igreja Católica deveria morrer, pelo fato de tê-lo criticado, pelo fato de ter se posicionado contra uma fala dele (do Bolsonaro). Me senti extremamente perdida e dividida entre essa sensação de horror e a preocupação com a saúde da minha mãe.

Ainda nessa primeira série, sobre os descaminhos da política sanitária nacional, encontra-se uma narrativa onírica na qual a personalidade política aparece nas associações posteriores sobre o sonho. Nela, o narrador está em um iate clube, no qual "crianças brincavam felizes de esconde-esconde ao redor de vários corpos estendidos em macas espalhadas pelo parque". Em um determinado momento, "de forma não pensada, simplesmente peguei um pedaço da carne da costela de um dos corpos e comi. Em seguida, retomei a consciência e senti nojo e repulsa desse ato". Em suas associações sobre o sonho, o narrador o relaciona ao conflito que ocorreu durante um protesto em que 100 valas foram cavadas na areia da praia de Copacabana, junto a cruzes pretas que representavam os mortos pela covid-19 (Alves, 2020). Na ocasião, o pai de uma das vítimas se revoltou com o fato de apoiadores de Bolsonaro – nas palavras do sonhador – "terem desrespeitado o protesto, ao tirarem as cruzes do local". O sonhante comenta ainda, em seu relato, que o grito de revolta desse pai era para que os apoiadores do presidente da República respeitassem a sua dor.

Os sonhos dessa primeira série expressam conflitos que traduzem o sofrimento ligado à experiência de desamparo frente à desorientação derivada da atuação dos poderes públicos na pandemia. Nesses sonhos, predominam afetos como incredulidade, horror, preocupação, repulsa e revolta, expondo de que forma a indeterminação coloca em risco a continuidade da realidade, bem como a segurança quanto ao lugar do sujeito e o controle sobre o seu próprio corpo. Percebe-se que as figuras políticas citadas nesses sonhos e nas associações dos sonhadores são chamadas a responder por seus atos e por suas posturas, sendo acusadas de não reconhecerem as dores das vítimas da covid-19 e de seus familiares.

O segundo grupo de conflitos da vida de vigília integrado aos sonhos da pandemia com figuras políticas foi aquele da polarização entre os campos progressista e conservador, da crise institucional entre os poderes da República, e da moralização da vida política, na qual adversários se transformaram em vilões.

Em dos exemplos que melhor ilustram essa série, é o sonho seguinte:

● Vi um cavalo mas com a cara do presidente Lula assustador cavalgando em direção a mim e minha família. O Bolsonaro tentou nos auxiliar, mas um professor universitário que conheci na minha graduação apareceu do nada e deu uma rasteira no Bolsonaro. O animal com a cara do Lula então continuou correndo em nossa direção e nós fugimos por um matagal terrível, muita aflição.

Nessa narrativa, novamente vemos o conflito político encenado no sonho. Nela, a figura do adversário político, representada pela imagem do ex-presidente Lula, está bestificada, é violenta e ameaça a vida do narrador e de sua família. Nas associações, o sonhador afirma sofrer com "medo de que Lula e a esquerda vão aproveitar da inaptidão do Bolsonaro e voltar para acabar de nos destruir", revelando como a circulação de poder na vida política nacional agora representa um perigo de vida para opositores.

A transformação do adversário político em vilão também aparece nesse sonho em que, para impedir que Bolsonaro invada a casa de sua mãe, o sonhador junta-se aos seus animais de estimação para "dar uma surra em Bolsonaro". Para isso, eles se metamorfoseiam em *transformers*[3] e fazem "Bolsonaro virar pó", conferindo à narrativa um tom infantil e que deixa evidente a lógica de que os adversários devam ser exterminados, sem possibilidade de diálogo. Não por acaso, terminada a luta, o sonhador e seus companheiros entram em um "mar de álcool gel para nos desinfetarmos". Em suas associações, ele relata sentir "medo, sentimento de que vão acabar com a gente, que estamos largados, que ninguém é por nós e temos que fazer algo radical para protegermos a nós e quem amamos. [...] Tenho a sensação de abandono profundo, de que estamos vivendo uma guerra e vão nos levar para o campo de extermínio".

As estórias ficcionais dos sonhos apresentam o modo como cada um de nós interpreta o seu desejo diante da realidade. Assim, em um

[3] Refere-se ao desenho animado e à linha de brinquedos infantis, depois transformados em filme, em que seres de outros planetas podem se transformar em objetos variados, como meios de transporte e aparelhos eletrônicos.

período de fragilização dos laços sociais e em que atos são convocados pedindo o fechamento de instituições da República (Garcia; Falcão, 2020), encontramos nessa segunda série de sonhos aqueles que tentam elaborar o medo de que atitudes antidemocráticas se tornem corriqueiras. Como no caso do sonho do ônibus, em que a democracia, representada no sonho pela ex-presidente Dilma Rousseff – segundo a própria associação do sonhador –, é apresentada de modo "frágil e débil".

O que percebemos é que, por meio de situações exageradas, essa segunda série de narrativas oníricas permite aos sonhadores a elaboração de um sofrimento vinculado ao temor diante das vertigens autoritárias que assolam o país, profundamente polarizado. Nela, as figuras políticas parecem representar o modelo narrativo de objeto intrusivo, no qual estruturas de defesa, de combate e de recuo são proeminentes. Nota-se que o medo é o afeto que aparece de modo mais recorrente, em estado tanto puro quanto derivado, como medos de perseguição, destruição, extermínio e contágio. Em *Além do princípio de prazer* (Freud, [1920] 2020), Freud nos propõe uma distinção entre medo, ansiedade e susto que articula justamente essa relação entre a posição subjetiva e a capacidade (em maior ou menor grau) de assimilar o lugar do outro ou do objeto externo. Seguindo a direção por ele indicada, poderíamos dizer que esse circuito do medo se caracteriza por uma apresentação determinada do objeto (sabe-se, em geral, a que temer), porém, há certa variação quanto ao tipo de perigo que esse objeto representa.

Se a política é a guerra realizada por outros meios (Passos, 2005), o campo político é o espaço privilegiado para a encenação dos conflitos nas narrativas oníricas. E como nos contam as teorias literárias, a conclusão de uma estória é o momento de desfecho para os conflitos, sendo a forma de tratar tais oposições o que determina a categoria narrativa na qual o texto está incluído.

Finalmente, há um terceiro conjunto de sonhos nos quais os sonhadores tentam solucionar os conflitos com as figuras políticas ou ao menos manifestar a sua insatisfação a fim de transformar a situação incômoda. São histórias nas quais os personagens tentam estabelecer um diálogo com as personalidades políticas, na intenção de despertá-las para os seus erros, de fazê-las repensar suas atitudes e decisões frente à pandemia, alertando-as para a necessidade de que o governo se comprometa a tratar o sofrimento de todos os brasileiros. Nesses casos, os sonhadores parecem realizar nos sonhos o que são impedidos de fazer na vida de vigília: tratar pela palavra os conflitos provenientes do campo social político brasileiro.

Como vimos anteriormente, esse era o caso do sonho do ônibus, o primeiro exposto na seção anterior. Nele, diversas personagens tentam, através da palavra, manifestar suas insatisfações para a figura de Bolsonaro a respeito da condução do governo. O sonhador também se dedica a falar com ele, de maneira "muito acolhedora e polida": "A minha intenção era ser ouvido, parecia que dava para ajudar com algo se ele ouvisse e entendesse o que eu queria dizer". Outra sonhadora também relata a sua tentativa de proximidade com a figura política. No sonho, ela está uma festa sentada ao lado de Bolsonaro enquanto "conversava e ria das bobagens que ele falava. No próprio sonho eu me questionava quanto ao fato de ser amiga dele, mesmo não concordando com as ideias que ele defende".

Entretanto, os sonhos da terceira classe ainda apresentam relações de conflito com as figuras políticas. Isso porque, em sua maioria, eles encenam a existência de bloqueios de diálogo e de impossibilidades de escuta.

Por exemplo, em meados de abril, alguém sonhou estar na janela de sua casa gritando para os transeuntes a fim de alertá-los sobre os perigos do vírus e também de protestar contra as medidas do prefeito de sua cidade a respeito da suspensão das restrições de isolamento social. O seu protesto agora se limita ao espaço da janela de seu apartamento, enquanto todos transitam na rua. Em suas associações, o sonhador relaciona a sua posição na janela aos "panelaços" contra o governo federal que realiza durante seu isolamento, já que não pode sair para protestar em espaços públicos. A janela é o elemento comunicante entre externo e interno, e o panelaço, seu único meio de se fazer ouvir. Mas em seu sonho, as pessoas não reparam no seu alerta, por mais alto que ele grite: "Eu gritava muito, porém as pessoas seguiam e não prestavam atenção". Ele está na periferia da cena, impotente.

Nesse outro sonho, a sonhadora decide ir a um "palácio", antiga sede do governo de seu estado, para trocar seus vestidos. O lugar descrito como decadente, também com vias intransitáveis, conta com uma coluna em seu centro, sobre a qual há um ditador gritando.

Sonhei que minha mãe havia comprado vários vestidos para mim e eu queria trocá-los. A loja ficava no Centro de Florianópolis no Palácio Cruz e Souza. Eu já havia ido lá antes, mas agora estava decidida a trocar todos os vestidos. Chegando ao lugar, eu via um palácio decadente, com a pintura descascando, precisando de uma reforma. Eu entrava pela porta da frente, mas a escadaria que antes existia ali não estava mais lá. Para acessar a loja, eu precisava subir ao segundo andar, porém, não havia escada. No lugar da escada, havia uma coluna de pedra-sabão entalhada, com várias esculturas e formas ondulares. Eu precisava escalar essa escultura para conseguir chegar ao segundo andar. No alto da escultura, havia um ditador, um militar, que esbravejava um discurso de forma estridente, gritando. Eu não era a única a ter que escalar a escultura, havia também dois homens e eu lhes dava dicas de como fazer para escalar. Enquanto eu escalava, via que várias partes da escultura estavam podres, como se estivessem comidas por cupim, como galhos de árvores que bastaria um pouco de força para serem quebrados. Eu sentia raiva do militar que fazia o discurso, ele falava do golpe de 1964, elogiava a ditadura militar. Minha vontade era gritar, contrapor tudo o que ele dizia. Mas eu pensava no quanto havia sido difícil chegar até aquele lugar e que eu não podia falar tudo o que pensava, pois poderia sofrer punições. Eu pensava: como pudemos deixar isso acontecer, esse homem chegar ao poder, por que não fiz nada para impedir que isso acontecesse? Eu terminava de escalar a escultura e ele continuava no discurso. Eu passava ao lado dele e seguia para a loja. O prédio aparentava estar em reforma, com pessoas trabalhando, cortinas e vidros nos lugares das portas e janelas.

Como em muitos outros sonhos da pandemia nos quais as vias de trânsito estão impedidas, nesse sonho não há mais escada, a via de acesso está impedida. Não há mais caminhos dentro do palácio decadente, a não ser essa coluna que precisa ser escalada. No plano mais alto dessa coluna escorregadia, frágil e podre, há a figura de um ditador militar que esbraveja. Em suas associações, a sonhadora conta que a escultura lembra a *Pestsäule*, a coluna da peste, memorial construído em Viena após a Grande Peste, no século XVII. Deve-se passar por essa coluna da peste-pandemia e por esse ditador-peste para se chegar ao segundo andar, que está em reforma. Mas, mesmo após conseguir escalar a coluna que a leva ao andar em que o militar faz o discurso, ela prefere não falar com medo de ser punida.

Em muitos desses sonhos, há a presença do líder que discursa. Quase não há diálogo, apenas ele fala. Como no sonho acima, não há discursos contrários. No sonho a seguir, esse aspecto atinge seu auge, e a figura da autoridade é representada por uma voz autoritária, que torna a atmosfera sombria, tensa e apertada:

● Sonhei que alguma coisa muito agradável tocava meus pés, enquanto eu estava deitada. Ora era o mar, ora um vento fresco muito gostoso, e o tudo era preenchido por uma luminosidade incrível. E então, de repente, alguém entrava, era uma voz de autoridade, e diz alguma coisa que eu não consigo lembrar, mas sabia que era uma ordem e tudo se escurecia, e o que eu via era cinza. E eu na verdade estava em um lugar apertado e tenso.

É interessante notar que, nessa terceira série de sonhos analisados, o eixo central é a vontade de se manifestar sobre decisões governamentais, fazer-se ouvir pelos seus pares e por seus líderes, ao mesmo tempo que os sonhadores se deparam com impedimentos de inúmeros tipos para isso.

Além disso, nessa última série, os sonhos parecem elaborar sofrimentos vinculados à impotência frente às dificuldades de comunicação, o que acaba por denunciar certa precariedade nas possibilidades de intervenção dos sujeitos nos acontecimentos e nas decisões públicas. Há pessoas que manifestam medo de falar e se silenciam, há líderes que não escutam. Nessas narrativas oníricas encontramos uma posição quase sempre melancólica do sonhador diante das situações associadas. Trata-se de uma fragilidade na capacidade de ação diante da vontade do outro. Como no sonho, também já mencionado anteriormente, em que o presidente "chupava os meus seios e logo iria com outra mulher", sem que com isso fosse obtido prazer, mas apenas um sentimento de ser "*subjulgada*".

Desse modo, observamos que os sonhos com figuras políticas coletados pela pesquisa, aqui organizados nessas três séries de narrativas oníricas, compõem relações de oposição entre o par sonhador e figura política, tipificando três modelos de sofrimento articulados cada um a um conjunto de conflitos públicos: (a) desamparo, diante das diferentes estratégias de gestão para a crise sanitária; (b) temor, frente à fragilidade democrática e às ameaças autoritárias; e (c) impotência, pelas incapacidades de diálogo político e de participação comunitária nas esferas públicas de poder.

Portanto, podemos supor, a partir dos sonhos trabalhados até aqui, que a narrativa onírica é o campo privilegiado para apreensão dos modos de subjetivação implicados pelas relações de conflito vividas na vida de vigília. Se para Freud (1979), parte importante do trabalho dos sonhos é elaborar maneiras de solucionar conflitos, em um processo de invenção de futuros possíveis, percebemos que os sonhos dos brasileiros nesta pandemia de conflitos parecem convocar os nossos representantes públicos a responder por esses processos de traumatização.

Nesse sentido, um interessante elemento a se destacar nos relatos trabalhados aqui é a maior incidência de sonhos que, costumeiramente, definiríamos como sonhos ruins ou pesadelos. À primeira vista, isso poderia ser respondido simplesmente pela relação com a própria necessidade de encaminhar esses relatos para a pesquisa ou, ainda, de receber dela um significado ou sentido para a experiência do sonho, como uma espécie de pedido por um significado para o sonho (talvez até mesmo para a pandemia). Ao mesmo tempo, nesses sonhos sobre figuras políticas – nos quais visivelmente estão borrados os limites entre os regimes públicos e privados –, a produção das narrativas e o seu envio respondem também à demanda por delimitação da condição de sujeito e de alteridade sobre seus elementos constituintes. Tal objetivo torna-se, até certo ponto, necessário, quando não se encontram mais fronteiras nítidas em relação a esse duplo espectro de conflitos que fazem com que a pandemia e o campo social e político da vida pública brasileira se confundam em sua estrutura.

Conclusão

Ao final de *A interpretação dos sonhos*, Freud retorna a uma questão trivialmente colocada para aqueles que assumem a tarefa de falar sobre os sonhos: seriam eles capazes de prever o futuro? Freud responde, no interior de sua adesão ao movimento científico, de forma categórica que não, certamente não. Porém, e essa virada diz muito sobre o percurso que construímos neste texto, sua resposta caminha no sentido de apontar que os sonhos, se não permitem antever o futuro, possibilitam prever o passado. Parece contraditório, mas faz muito sentido para uma experiência psicanalítica, sobretudo quando confrontada com essa dupla série de transformações da vida pública: tanto no que diz respeito à pandemia quanto nas idas e vindas da tensão política efervescente em nosso país. Assim, o sonho não somente abriria caminho para uma experiência de elaboração das experiências traumáticas, mas também estabeleceria um passado possível a ser lido futuramente, configurando uma perspectiva através da qual os fatos da vida coletiva poderão se alinhar com a experiência desejante.

Isso se faz necessário em função da inclusão de elementos altamente perturbadores da relação com a realidade que poderiam gerar uma fantasia de continuidade e segurança. Nesse sentido, a retomada da *onirocrítica* de Artemidoro nos leva a questionar justamente o caráter evanescente e fugidio das fronteiras entre a o público e o privado, ou ainda a nossa falta de controle sobre o que seria a sua fusão na ideia de coletividade. O caráter de estranheza que vem a abalar a segurança na relação entre o público e o privado já estava presente desde a obra de Artemidoro, ali posta como a leitura do elemento que indica a transformação por vir e a rearticulação entre espaço público e privado. Nela, o sonho sobre a figura pública se apresenta como a tentativa de inclusão da coletividade e suas condições de ruptura e transformação, ou seja, como a inserção da realidade que transforma uma condição de coletividade.

Mas, se a característica mais fundamental dessa tentativa de localizar um sujeito (e, a partir de Freud, um sujeito *desejante*) na história é a de que essa história não se estabiliza facilmente, faz-se necessário a construção de um lugar no qual, futuramente, será possível ler o que se escreve. A consideração de figurabilidade deve ser repensada, portanto, como uma perspectiva sobre a apresentação, ou seja, o rearranjo da estrutura da narrativa, transformada à luz do desejo que vem a indicar uma possibilidade de para onde a realidade poder ser realocada.

Frente à ruptura crescente do espaço público, fragmentado pelas tensões políticas e pelas incertezas que cercam a pandemia, uma possibilidade de enfrentamento se dá a partir da experiência do sonho. Aqui, a estratégia que nos parece ser estabelecida nos sonhos que nos foram relatados (ou destinados) é a de construir um foco narrativo através do uso do par sonhante-figura política. Isso leva o foco da estrutura narrativa a incluir a figura pública como um elemento da transformação subjetiva do próprio sonhador no sentido de sua apropriação de uma realidade que se apresenta em suspensão (ou suspeição), mas também em ruptura (não comunicabilidade). A atualização e a apresentação da vida pública na narrativa dos sonhos permitem, portanto, a inclusão das tensões políticas acirradas pelas estratégias opostas de enfrentamento da pandemia numa dimensão de conflito que marca a estrutura da narrativa. Isso fica ainda mais evidente quando resgatamos o modo como as transformações na linha do tempo da história são abaladas, nos sonhos, de acordo com as manifestações políticas mais notáveis. Nesse caso, o sonho se torna uma das ferramentas mais potentes para a escrita e a elaboração do sofrimento decorrente das transições da realidade, da incerteza, do medo e da impotência em relação aos acontecimentos. ■

REFERÊNCIAS

ALVES, R. Homens invadem ato no Rio e um deles derruba cruzes que lembram mortos pela Covid. *G1*, 16 jun. 2020. Disponível em: http://glo.bo/3ccbOvr. Acesso em: 11 ago. 2020.

ARTEMIDORO DE DALDIS. *Sobre a interpretação dos sonhos*. Rio de Janeiro: Zahar, 2009.

BARRUCHO, L. Coronavírus: o que diz a Ciência sobre 6 pontos do discurso de Bolsonaro. *BBC News*, 25 mar. 2020. Disponível em: http://bbc.in/3tR4gEx. Acesso em: 11 ago. 2020.

BIERNATH, A. Coronavírus: "O Brasil transformou a crise sanitária em crise política". *Veja Saúde*, 22 maio 2020. Disponível em: http://bit.ly/396Gb4y. Acesso em: 11 ago. 2020.

EVANS, J. A. S. The Dream of Xerxes and the "nomoi" of the Persians. *The Classical Journal*, v. 57, n. 3, p. 109-111, Dec. 1961.

FREUD, S. *A interpretação dos sonhos* [1900]. Buenos Aires: Amorrortu, 1979. (Obras Completas, IV).

FREUD, S. *Conferências introdutórias sobre psicanálise (parte III: 1916-1917): com os comentários de James Strachey*. Dir. Jayme Salomão. Rio de Janeiro: Imago, 1976. (Edição Standard Brasileira das Obras Psicológicas Completas de Sigmund Freud, 16).

FREUD, S. *Além do princípio de prazer*. Edição crítica bilíngue. Belo Horizonte: Autêntica, 2020.

GANCHO, C. V. *Como analisar narrativas*. São Paulo: Ática, 2004.

GARCIA, G.; Falcão, M. Ato pró-Bolsonaro em Brasília reúne manifestantes em defesa de medidas inconstitucionais. *G1*, 31 maio 2020. Disponível em: http://glo.bo/3lGtouG. Acesso em: 11 ago. 2020.

LAPLANCHE, J.; PONTALIS, J-B. *Vocabulário da psicanálise*. Martins Fontes: São Paulo, 2001.

KING, C. J. Plutarch, Alexander, and Dream Divination. *Illinois Classical Studies*, n. 38, p. 81-111, 2013.

PASSOS, R. *Clausewitz e a política: uma leitura de* Da guerra. 2005. Tese (Doutorado em Ciência Política) – Faculdade de Filosofia, Letras e Ciências Humanas, Universidade de São Paulo, São Paulo, 2005.

RIBEIRO, S. *O oráculo da noite: a história e a ciência do sonho*. São Paulo: Companhia das Letras, 2019.

"Lembro que tentei **SUBIR** uma escada em **ESPIRAL**, mas ela era muito **APERTADA** e não passavam **DOIS** de nós."

(M., 30 ANOS, MÉDICA, SÃO PAULO)

CAPÍTULO 7

"Despertar": Você me dá seu sonho? Por uma política do despertar

Miriam Debieux Rosa, Sandra Luzia Alencar,
Emília Estivalet Broide, Marta Quaglia Cerruti,
Rodrigo Alencar, Ilana Mountian, Patrícia do Prado Ferreira,
Ivan Ramos Estêvão, Sérgio Eduardo Lima Prudente

Do ponto de vista da leitura do atual contexto histórico brasileiro, temos três camadas de crise: a crise sanitária mundial gerada pela pandemia de covid-19, a crise política e econômica, bem como a crise social e de saúde mental dando destaque ao distanciamento físico, em sua dupla problemática: ao se constituir como isolamento social e a impossibilidade de atender as recomendações de permanecer em casa. É importante reconhecer que embora o isolamento afete de modo particular crianças, adolescentes e idosos, a impossibilidade de permanecer em casa tem consequências para todos, visto que coloca ameaças concretas para a vida.

A essas dimensões soma-se a problemática do luto referente à suspensão das honras funerárias coletivas, condição de operação do processamento do luto própria da tradição (Alencar, 2011; Butler, 2015, 2019; Rosa; Alencar, 2013). Mortes em sentidos reais, simbólicos e imaginários – a nossa própria morte, a morte de entes queridos, a morte de inúmeros brasileiros e brasileiras, a morte que não é considerada uma perda, a morte de nossos ideais e de um modo de vida, a morte como esgarçamento de um projeto político coletivo e o esvaziamento e a desqualificação de algumas instituições públicas de educação, saúde e assistência social, proteção ambiental etc. Além dessas perdas, outras estão presentes: perdemos a vida que, bem ou mal, era a nossa vida. A experiência da morte invade a vida.

A pandemia chega ao Brasil num contexto de grave crise institucional, econômica, política e técnica. Estamos, em setembro de 2020, com quase 130 mil brasileiros e brasileiras vítimas dessa tragédia mundial, que em nosso país adquire contornos peculiares e tristes de descaso e indiferença.

Diante desse cenário e de um alarmante crescimento do desmonte das políticas públicas e das garantias de direitos que temos vivido em nosso país, com o deliberado descompromisso com as vidas humanas e o meio ambiente, é necessário, como diz Edson de Sousa (2017), *atravessar desertos*. Ele usa a expressão "atravessar desertos" como metáfora de enfrentamento do totalitarismo reinante que nos inunda de paralisia e conformismo, anestesiando o que temos de mais precioso, ou seja, nosso direito à revolta, nossa potência de desejar, nosso compromisso para com nossa imaginação. Edson propõe que nos aproximemos desse deserto e que coloquemos o pé em seus contornos para esboçar uma travessia possível. O autor lembra Jorge Luis Borges, em seu texto "O deserto do Saara", para dar um possível tom estratégico para esse percurso.

> A uns trezentos ou quatrocentos metros da Pirâmide me inclinei, peguei um punhado de areia, deixei-o cair silenciosamente um pouco mais longe e disse em voz baixa: estou modificando o Saara. O fato era mínimo, mas essas palavras pouco engenhosas eram exatas e pensei que havia sido necessária toda minha vida para que eu pudesse dizê-las (Borges, 2010, p. 27).

Como psicanalistas e pesquisadores, visamos pegar esse punhado de areia e constituir um levante ao nos debruçarmos sobre as questões de nosso tempo com um mínimo gesto, compilar os sonhos, como nosso punhado de areia, para nada menos do que modificar o *Saara brasileiro*. Como expresso no projeto de pesquisa multicêntrico "Sonhos em tempos de pandemia"[1]: "apostamos na possibilidade de que as narrativas oníricas, quando compartilhadas e endereçadas a outro, possam fazer furo no discurso totalitário e religioso da atualidade, além de decantar na produção de novos sentidos sobre os efeitos do mal-estar atual".

Na perspectiva do grupo de psicanalistas do Laboratório Psicanálise, Sociedade e Política (PSOPOL), do Instituto de Psicologia da Universidade de São Paulo (USP),[2] a pesquisa pode criar um campo de endereçamento ao(à) sonhador(a), trabalhador(a) da saúde e da educação, com isso fazendo distinção entre isolamento físico e social, tornando possível compartilhar as vivências de um momento traumático com outros e, nesse ato, produzir enlaçamentos que criam trilhas para a travessia. Mais ainda, nosso horizonte nesse endereçamento foi o de incitar o sonhador a acessar o saber contido nos sonhos através do relato destes e das suas reverberações, presentes nas associações com vistas ao despertar, subjetivo e político, do transe hipnótico e paralisador diante da crise atual, em um convite à vida e à potência.

O método proposto de leitura do material consistiu em nos deixar interpelar pelos sonhos e o saber neles contidos quanto à política libidinal presente nos laços sociais vividos no atual momento. Com Freud, as cenas dos sonhos nos permitiram recolher, a partir da posição singular do sujeito, a sua articulação coletiva, o seu diagnóstico e a prospecção das crises em andamento.

---

1 Essa pesquisa multicêntrica é coordenada por Rose Gurski e Claudia Perrone, do Núcleo de Pesquisa em Psicanálise (NUPPEC-UFRGS); Miriam Debieux Rosa, do Laboratório Psicanálise, Sociedade e Política (PSOPOL-USP), Christian Dunker, do Laboratório de Teoria Social, Filosofia e Psicanálise (LATESFIP-USP), e Gilson Iannini do Instituto de Psicologia da UFMG.

2 Esse trabalho é fruto das discussões da pesquisa dos sonhos do PSOPOL (IP-USP). A equipe é constituída por Emília Broide, Ilana Mountian, Ivan Ramos Estêvão, Jaquelina Maria Imbrizi, Isabela Mendes de Lemos, Leônia Cavalcante Teixeira, Mariana Desenzi Silva, Marta Cerruti, Miriam Debieux Rosa, Patrícia Ferreira, Rodrigo Alencar e Sergio Prudente, entre outros.

Neste texto destacamos sonhos de uma parcela dos sonhadores, os médicos e médicas, coletados no início da pandemia e no rigor do isolamento, entre 10 de abril e 5 de maio de 2020. Pudemos observar dois eixos nos sonhos: de um lado, desamparo e sofrimento e, de outro, busca de alternativas e formas de resistência. Outro aspecto relevante que observamos foi certa perda do limiar entre sonho e realidade – certa irrealidade do vivido, fenômeno presente em situações de violenta interrupção de modos de vida, tais como nas guerras ou transformações sociais ou pessoais, repentinas, que acionam o processo de elaboração caracterizado como traumático (Nogueira; Debieux, 2017; Pestre; Benslama, 2011; Rosa, 2015; Saglio-Yatzimirsky, 2018).

Nesse sentido, pudemos encontrar nos sonhos relatados durante a pandemia determinados significantes descritivos da atual situação: perigo, medo, fuga, isolamento. Mas também testemunhamos os movimentos de elaboração de um novo modo de vida que afeta as relações afetivas, libidinais e políticas, assim como a recriação e retomada da potência e da resistência – chaves das análises do momento social e político e do despertar subjetivo e político.

Endereçamento: você me dá seu sonho?

Um gesto: psicanalistas pesquisadores, inicialmente ligados aos laboratórios NUPPEC, da UFRGS, e PSOPOL e LATESFIP, da USP, convidam profissionais da saúde e da educação em tempos de pandemia a encaminharem seus sonhos por escrito. Contemplam nesse convite um pedido acerca das associações do sonhador. A aposta é que esse convite promova condições para que se possa construir uma trama discursiva numa perspectiva que põe em relevo o saber do sujeito do inconsciente. Uma aposta segundo a qual o compartilhamento dos sonhos possa nos permitir contribuir com o pensamento e a reflexão sobre o mal-estar de nosso tempo numa época surpreendente como a que estamos vivendo, tanto global – em função da covid-19 – como localmente – onde se soma à pandemia o desgoverno na política brasileira.

"O corpo **DILUI-SE** na tela do **COMPUTADOR**: No sonho, *eu lia as palavras de um texto como se fosse a **IMAGEM** da televisão ou de uma **TELA** de computador*. Mas reforço, o que me chamou muito a **ATENÇÃO** foi o fato de, apesar de ter a **CONSCIÊNCIA** de que era eu quem lia a mensagem, *não havia o meu corpo **PRESENTE**, ou a consciência desse **CORPO***. Não havia a **BORDA** da tela. Era como se *eu e aquele **CAMPO** digital fossemos um só, como se estivéssemos* **FUNDIDOS**. Não havia nem mesmo a **IDENTIFICAÇÃO** de que era essa minha amiga a autora do texto. No entanto, por alguma razão, eu sabia que ela era a **RESPONSÁVEL** por ter escrito aquelas palavras."

(C., 35 ANOS, PSICÓLOGA, RIO DE JANEIRO)

Esse gesto, o convite, foi respondido com o ato dos sonhadores que endereçaram seus sonhos, relatando-os a um grupo de psicanalistas pesquisadores. Sonhos de uma noite, de noites seguidas, relatos extensos, fragmentos. A escrita segue o sonhar. Profusão de imagens, cenas do cotidiano, desconexões e conexões, efeitos de deslocamentos e condensações, resultado do trabalho do sonho. Desejo e censura. No conjunto a pesquisa reuniu cerca de mil relatos de sonhos de pessoas do país todo entre 10 de abril e 24 de julho de 2020.[3]

O gesto de dar ouvidos ao sonhador acolhendo a sua intimidade configurou-se como um ato (Lacan, [1969] 2003), ato que convoca para que o outro fale. Na contramão do descaso e da indiferença governamental, foi feita a aposta de que, ao se ofertar escuta, as questões do viver pudessem ganhar espaço e se revelar nos sonhos como produções, como fotografia, como obra de arte. A disponibilidade de escutar nos trouxe os sonhadores, que passam a lembrar e nos contar os seus sonhos e as suas histórias.

A resposta dos sonhadores ao convite pôde transmutar o gesto em ato. Coube a eles oferecer seu saber, aquele que não se sabe – o saber inconsciente –, para uma pesquisa, para a ciência, para a universidade e para a saúde e a educação, tão desprezadas pelo desinvestimento político maciço. Diante da indiferença política reinante,[4] os sonhadores respondem ao pedido que fizemos para nos dar seu sonho e nos oferecem seu saber, suas histórias, para compor um cenário vivo e potente com as dores e amores desse tempo.

Oferecem o saber que não sabemos sobre o inaudito que ensurdece, o indizível que resplandece. Contar os sonhos é levar em conta o outro, é poder compartilhar algo da ordem do vivido que recorta a dimensão de sofrimento perante o acontecimento. O sonhador, ao entregar seu sonho à leitura de outros, reflete a esperança de alguém

[3] Entrevista sobre a pesquisa disponível em: https://bit.ly/3vSQCCk. Acesso em: 2 set. 2020.

[4] "Eu não sou coveiro", disse em 20 de abril o governante de nosso país, quando as mortes eram 2.587 (GOMES, 2020). "E daí? Lamento. Quer que faça o que eu sou messias, mas não faço milagre", disse ele em 28 de abril, quando o registro de mortes era de 5.083 (GARCIA; GOMES; VIANA, 2020).

que lança ao mar uma garrafa que contém, em breve escrito, uma mensagem. Esse pequeno escrito também vai com uma aposta. Aposta de que alguém vai ler o que ele escreveu, de que haverá uma escuta, de que há um devir em um período tão sombrio como o que estamos vivendo. Instauram-se redes que mobilizam relações de confiança, um dos nomes dados à transferência – aos pesquisadores, à ciência, à universidade. Confiança aqui deve ser compreendida como categoria ética que faz do ser humano sujeito no laço social.

A pesquisa torna-se uma convocação aos nossos contemporâneos para contarem a história do seu tempo, compondo um ato de dupla inflexão, ato clínico e político. Tem uma dimensão de reconhecimento da palavra e do sujeito e de marcar uma pertença coletiva e, nessa dimensão, em tempos de distanciamento, oferece um laço que acolhe e recolhe a sua palavra como uma transmissão, um testemunho desse tempo.

Nosso compromisso, como pesquisadores e sujeitos da história, é sermos contemporâneos. Para Agamben (2009), o contemporâneo é aquele que percebe o escuro de seu tempo como algo que lhe concerne e não cessa de interpelá-lo, algo que, mais do que toda luz, dirige-se direta e singularmente a ele. Contemporâneo é aquele que recebe em pleno rosto o facho de trevas que provém do seu tempo.

Nessa medida, entendemos que o conjunto dos sonhos dos nossos contemporâneos não compõe um texto unificado de diferentes vidas, mas cada escrito, cada vida, cada sonho pode compor um tecido discursivo, um mosaico, uma obra de arte, captando estremecimentos imperceptíveis, mas que, ao serem tomados em conjunto, sem que se faça desse conjunto o um totalizador, possibilita captar os dizeres de nossa época. Os sonhos de cada sonhador são capazes de nos dar pistas para que possamos confluir em um devir coletivo. Tal qual a obra *Guernica* de Picasso, que retrata os horrores da Guerra Civil Espanhola, podemos nos deter em cada cena pintada ou passar os olhos em seu conjunto e sentiremos o estremecimento da dor e do terror retratados, ali onde também podemos identificar esperança, saídas e alternativas que compõem a utopia necessária para a saída do imobilismo.

Nessa proposta, em vez de interpretar o sonhador e a realidade, invertemos: o sonho que nos foi endereçado nos interpelam à leitura dos laços sociais, da cultura, da política de nosso tempo.

Modalidades de interpelação do campo social e político nos sonhos

O sonho revela a verdade atrás da qual se encontra o pensamento.
Kafka, 2003, p. 7.

De que se compõem os sonhos? Essa pergunta foi tomada com radicalidade e apresentada, na virada do século, na extensa obra freudiana. Em 1900, no texto *A interpretação dos sonhos*, de Sigmund Freud, o sonho ganha outro lugar cultural e científico. Recolhendo os sonhos no livro sagrado, passando pela ciência e chegando à cultura popular, Freud constrói um método de investigação e tratamento e toma os sonhos como via régia do inconsciente. Os sonhos, longe de serem imagens e conteúdos desprovidos de sentidos, são portadores de verdades e desejos. Assim como os sintomas e os atos falhos, eles são formações do inconsciente e se constituem por um trabalho de elaboração. Há um método de interpretação dos sonhos. E, neste, o sonhador associa sobre o que o sonho o faz pensar. Do lado do psicanalista, a escuta do sonho não tem como objetivo extrair dali um significado, mas, a partir das noções de condensação e deslocamento, recortar, trabalhar com as partes constituintes do sonho, buscando o saber evitado pelo enunciado. O sonho, nessa medida, é um enigma a ser decifrado, trabalho a ser realizado pelo sonhador recuperando os fragmentos de pensamento, afetos e imagens tanto do cotidiano como de sua história. Apenas desse modo ele pode driblar a censura do supereu e, podemos acrescentar, a censura ideológica dos discursos de verdade vigentes.

A relação com o desejo, no sentido freudiano, é entremeada pelo recalcado, elucidando o conflito entre o eu e suas instâncias, o eu e o outro. Assim, a cena onírica contém facetas do desejo e suas vias de manifestação pulsional e histórica, compreendendo a história do sujeito e seus laços sociais, encenando a política que conduz os laços de seu tempo.

Vamos destacar as ênfases que observamos no conjunto dos sonhos de trabalhadores e trabalhadoras da saúde e da educação, tendo em vista o corte abrupto no modo de vida – nesse tempo histórico marcado pela pandemia, com seus riscos e incitação ao isolamento, associado a uma política temerária que suspende várias políticas públicas de proteção e amparo.

Há vários sonhos que buscam, de um lado, um diagnóstico da realidade, compreender os acontecimentos, muitas vezes buscando referências na história pessoal. Outros sonhos enfatizam os dilemas, conflitos e escolhas gerados na crise, seja com culpa, seja com modalidades de angústia. Em ambos são a questão da perda do endereçamento e da familiaridade na relação com o outro e ao próprio corpo e as modalidades pulsionais que estão no foco. Por fim, há um terceiro tipo de sonho, próprio dos tempos de crise social, que interroga o absurdo e o obsceno do momento de modo que o litoral entre ficção ou realidade, sonho ou vigília, fica fluído.

Abordaremos inicialmente os dois primeiros tipos e suas modalidades de sofrimento e resistência para nos debruçarmos no último tipo posteriormente.

Nomeamos sonhos de diagnóstico da realidade aqueles muitos sonhos com a temática de um perigo à espreita sem que esteja definido o objeto temido. Fica a sensação de estar perdido, de perseguição e fuga, de não saber o caminho ou para onde ir e de não ter como voltar ao ponto conhecido de partida. Os afetos de medo e angústia preponderam. A dificuldade é não saber quem ou o que persegue ou protege e qual é a responsabilidade de cada um no risco enfrentado.

Há outros sonhos cuja ênfase está nos dilemas e conflitos atuais diante do enfrentamento e das saídas da crise. Um dilema constante é se as saídas devem ser individuais, cada um por si, ou coletivas; também, se o cuidado se centra na família ou nos pacientes. Nota-se o impacto do isolamento e do discurso da saúde que culpabiliza os indivíduos, trazendo isolamento e fragmentação, trazendo falsas alternativas entre o cuidado de si ou dos outros, dos próprios familiares ou dos outros doentes, transmissores de doenças. O outro que seria foco de cuidado torna-se uma ameaça à saúde; até mesmo os profissionais da saúde se tornam uma ameaça, pois sinalizam que a doença existe e pode ser transmitida. Assim comparece o sonho de fugir sozinho em um pequeno barco – e olhar os privilegiados que estão a salvo em grandes embarcações. Entendemos que a ética médica tem sido confrontada com a saída individual: escolher quem cuidar; salvar-se ou cuidar.

Alguns exemplos de fragmentos de sonhos:

- Isso me faz pensar também na questão do risco e do perigo, que estavam sempre presentes nos passeios do sonho. Em especial o meu pé escorregando em uma pedra, que aparece em imagem de close, como num filme de ação... (V., 46 anos, médica, São Paulo).

Nesse sonho e no próximo há ênfase no risco iminente e responsabilidade individual.

- Sonhei que eu estava em uma viagem para a praia com pessoas que não são tão próximas a mim, mas que admiro e acompanho nas redes sociais. Sonhei que estávamos jogando *beach tenis*, era um dia ensolarado. Tive a sensação, durante o sonho, da areia no rosto de quando eu errei uma bola fácil, tentei dar a raquetada e errei o alvo, ficando no vácuo, senti a sensação do erro, do mico. Depois o sonho pulou para a parte em que estávamos num hotel, já com os meus colegas de residência que estão no covidário do HC (M., 30 anos, médica, São Paulo).

- Lembro que tentei subir uma escada em espiral, mas ela era muito apertada e não passavam dois de nós (M., 30 anos, médica, São Paulo).

- Eu recebi algumas cartas também enquanto eu dormia no sonho, mas não sei sobre o que eram (talvez tenham a ver com o filme que assisti ontem, em que o personagem envia cartas). Por fim, todos nós dormimos no quarto, um quarto branco e não de hospital. E eu acordei. Acordo sempre meio assustada, primeiro por estar dormindo até tarde (acordo às 8h, pois estamos fazendo 6h/48h) e, segundo, porque me vem a lembrança quase imediata da covid e vejo que o meu sonho não existe (M., 30 anos, médica, São Paulo).

A mistura entre o ambiente doméstico e seguro e o lugar externo e de risco fica evidente em alguns dos sonhos.

● Nas últimas duas noites anotei meus sonhos. Numa noite sonhei que estava em um hotel com a minha filha e ia escovar os dentes. Na hora de cuspir, cuspi na gaveta em vez de usar a pia. Era a gaveta do meu banheiro, onde eu guardo cotonetes, mas *ao invés de cotonetes, o que tinha lá eram os swabs para a coleta de exames de covid-19* (V., 46 anos, médica, São Paulo).

A cena revela a súbita perda de familiaridade e a invasão da doença na vida cotidiana. A ênfase do próximo sonho está na angústia e em estar sob risco em qualquer lugar, mesmo na própria casa, talvez uma menção ao isolamento e à imobilidade, sentidos como perda de liberdade.

● Dentro dessa casa estava um cachorro, branco, médio porte, lindo. Muito *desesperado, latia, chorava*, com uma enforcadora muito apertada no pescoço e a corrente da coleira também era muito curta. Apesar de estar sozinho na casa, estava preso (M., 30 anos, médica, São Paulo).

Uma solução seria a volta a um estado anterior ou poder contar com o futuro, mas a dúvida quanto a esses pontos preponderá:

● Meu sonho reflete na minha maior *vontade: que tudo passe*. Não tenho pesadelos com frequência, acredito que porque não tenho medo de alguém próximo morrer de Sars não fico triste pelo que não estamos vivendo, eu fico mesmo *apreensiva com o futuro: quando e como vai acabar* (M., 30 anos, médica, São Paulo).

São sonhos de tentativas de escrever o que está acontecendo, delinear o problema e inscrever o real. Dois aspectos parecem dificultar e angustiar os sonhadores: a perda do endereçamento e da familiaridade na relação com o outro e a necessária reorganização do corpo, dos pontos de ancoragem (Broide; Broide, 2016) em suspenso. Sobrecarga superegoica, cobranças.

Assim, há muitas situações em que o outro não escuta, não responde: "*Ele não respondeu no sonho e eu acordei. Não estava angustiada e o sonho pareceu bem real*! Logo me dei conta que era um sonho, mas não 'só' um sonho".

Há temas que remetem à culpa e à impotência, mas também ao cuidado com o outro, à relação com o outro, com a família, com a autoridade. A despedida aparece bastante, em menção ao necessário luto a ser realizado.

● No sonho, ao finalizar a leitura do texto, tive o sentimento de *alívio por perceber que não era uma carta de despedida suicida e sim de despedida do trabalho dela no SUS*. Fiquei aliviada ao saber que minha amiga permaneceria viva. Mas junto com o alívio senti uma tristeza imensa, pois *percebia o SUS perdendo mais uma profissional de excelência e dedicada* (C., 35 anos, psicóloga, Rio de Janeiro).

Há uma ressignificação do corpo, corpo pulsional ou virtual. O corpo parece reduzir-se à carne, e há um esforço de recuperação da dimensão do prazer e do pulsional pelo olhar na tela. Há prevalência do campo escópico: olhar-ser olhado, ver-ser visto, espiar as aulas, assistir ao professor performático. O isolamento e o campo escópico reduzem o espetáculo do mundo, o mundo a um espetáculo.

● O corpo dilui-se na tela do computador: No sonho, *eu lia as palavras de um texto como se fosse a imagem da televisão ou de uma tela de computador*. Mas reforço, o que me chamou muito a atenção foi o fato de, apesar de ter a consciência de que era eu quem lia a mensagem, *não havia o meu corpo presente, ou a consciência desse corpo*. Não havia a borda da tela. Era como se *eu e aquele campo digital fossemos um só, como se estivéssemos fundidos*. Não havia nem mesmo a identificação de que era essa minha amiga a autora do texto. No entanto, por alguma razão, eu sabia que ela era a responsável por ter escrito aquelas palavras (C., 35 anos, psicóloga, Rio de Janeiro).

Tanto esforço de construção de um modo de vida gera, como diz uma sonhadora, "momentos de exaustão e de sensação de *estar vivendo num sonho/pesadelo e não conseguir acordar*".

Desamparo, sofrimento e as formas de resistência ao desamparo

Na última noite sonhei com viagens de aventuras e eu viajava, ora com o meu namorado, ora com outro homem com quem já tive um caso. Tinha um cartaz com os locais de viagens, sempre com pedras ou alguns penhascos e eu escolhia os locais com um outro amigo próximo, que por um bom tempo foi um confidente (V., 46 anos, médica, São Paulo).

Sonhei que estava na Califórnia para participar de uma corrida. Tinha ladeiras enormes. Encontrava a galera da corrida – J., L., C., R. e até M., que não está mais no grupo. Ao final da corrida, em vez de medalha, tínhamos que subir a arquibancada de um estádio para pegar o prêmio, que era ou um carimbo ou um isqueiro, mas tinha que ser aquele que estivesse identificado com nosso nome. Depois, o Miguel dirigia um carro, tipo uma van, com todo mundo dentro e a gente ia comer num drive-thru do McDonald's. O carro tinha mão inglesa, a paisagem era linda, cheia de árvores floridas. Eu ficava frustrada de ter que comer um big mac... (A., 39 anos, médica, São Paulo).

Essa corrida iria compor o que eu planejava como "corrida comemorativa dos 40 anos", pois vou quarentar em breve... eu costumava dizer que iria me "aposentar" das corridas depois que fizesse essa do Atacama e a da São Silvestre (que corri no último 31/12/19), parece que trouxe um mau agouro querer parar de correr... (A., 39 anos, médica, São Paulo).

As pessoas que aparecem no sonho são muito queridas, do grupo de corrida em que treino (treinava). Acho que o sonho inteiro conversa com o tanto de frustração que me apareceu nesse momento e os prazeres que tento buscar pra lidar (correr, amigos, natureza, comer), né?... é quase que literal... Eu realizava acupuntura até tudo virar do avesso – então tive que passar a atuar no atendimento a sintomáticos respiratórios, tendo que me virar pra estudar as atualizações e sem nenhum treinamento específico, nas condições de trabalho bem ruins do SUS (os serviços sucateados e com falta de insumos, inclusive de EPI adequados) (A., 39 anos, médica, São Paulo).

É interessante notar que os três sonhos das médicas são sonhos de viagens, usando outro tempo e espaço para produzir alívio, segurança e prazer, como se estar no presente significasse apenas sofrimento, frustração, dificuldades em conseguir fazer algo simples, como se vê nas frases:

- Tentei dar a raquetada e errei o alvo, ficando no vácuo, senti a sensação do erro, do mico.

- Na hora de cuspir, cuspi na gaveta ao invés de usar a pia.

- Sonhei que estava na Califórnia para participar de uma corrida. Tinha ladeiras enormes...Ao final da corrida, em vez de medalha, tínhamos que subir a arquibancada de um estádio para pegar o prêmio, que era ou um carimbo ou um isqueiro, mas tinha que ser aquele que estivesse identificado com nosso nome.

As tentativas de recompor a vida nos detalhes cotidianos atestam que há um perigo em cena. As viagens, reencontros, jogos ou competições esportivas são tentativas de retomada de outras modalidades de prazer nas relações, bem como uma recomposição do corpo no jogo com o outro, nas relações. Parece que a busca de reconexão com o corpo e as relações afetivas e amorosas são caminhos vislumbrados em competição com as restrições atuais de contato e afeto. Para além de sentimentos e vivências conectados às histórias individuais de seus sonhadores, esses relatos portam mensagens das respostas coletivas ao viver social da pandemia no Brasil: as frustrações pelos projetos suspensos, o pé escorregando, que tudo passe.

Será sonho? Ficção ou realidade, sonho ou vigília

● Tinha momentos de exaustão e de sensação de estar vivendo num sonho/pesadelo e não conseguir acordar (T., 46 anos, psicóloga, São Paulo).

O isolamento gera descompasso no tempo e no espaço. Experimentamos regimes de temporalidades diferentes, experiências de temporalidade – do inconsciente e cronológica, e a repetição – de afetos e significantes – comparece como tentativa de inscrição. A temporalidade do traumático está presente congelando a vida no instante de ver (Broide, 2017). Estão presentes o cansaço pela dificuldade de dormir para sonhar e o esforço para despertar desse pesadelo. A perda da segurança e das relações afetivas se alterna com a presença do excesso de realidade: uma realidade que se custa crer e faz parecer irreal.

O regime caótico produz estruturas organizadas que articulam trauma e política. Os sonhos tentam construir uma resposta ou antecipar o futuro, buscam as respostas no universo interno. No sonho, o sujeito tenta dar conta desse desarranjo, busca encontrar o seu tempo e ressignificar as vivências através do *aprés-coup*. O traumático é o que nos desarticula de nossa história, de nosso tempo (Rosa, 2016). Instante que se eterniza e o tempo não conta, sideração que congela o tempo do sujeito, posição semelhante a uma condição de morto-vivo. O obsceno da cena se transmuta e recai sobre o sujeito, transformando-o em objeto na cena obscena, dando a dimensão de vergonha que muitas vezes recobre o sujeito. Esse é um tempo *Unheimliche*, do infamiliar, em que o acontecido passa a (não) contar.

Por vezes, diante do mal-estar e da pobreza da experiência nesse desgoverno atual, a vida fica empobrecida e o sonho literaliza a metáfora: perde a distância entre o vivido e o sonhado, nem se sabe que está sonhando. Algo tal como o coronavírus se espalhando, sem limite, invadindo. Aqui a experiência no sonho quase reproduz a experiência na vigília. O trauma se materializa no sonho: "Esse vulto autoritário como que anulou minha capacidade de sentir, de argumentar, de negociar ou de seguir meus instintos...", "A luta – sonhei com os prazeres que tento buscar pra lidar (correr, amigos, natureza, comer), né?... *é quase que literal...*", segundo uma sonhadora.

Porém, podemos dar outro foco a alguns desses sonhos literais, inspirados na diferença entre o chiste e os sonhos. Freud ([1905] 1972) diz que o sonho é um desejo irreconhecível, e o chiste, um jogo. Jogo que, diferente do manejo perverso que promove angústia no outro, tem a função de dissolver recalques, desdramatizar o sofrimento. Assim, se o sonho se encaminha predominantemente para evitar o desprazer, o chiste visa à obtenção de prazer.

E, importante ao nosso tema, "o chiste é a mais social de todas as funções anímicas encaminhadas para a obtenção do prazer. Precisa de três pessoas e o seu aperfeiçoamento requer a participação de um estranho nos processos anímicos por ele estimulados" (Freud, [1905] 1972, p. 193).

O chiste pode representar uma rebelião contra uma autoridade e se presta a atacar os grandes e poderosos: através da mediação do terceiro (aquele que escuta), como também da palavra cifrada ou engenhosa do chiste, o alvo fica protegido de uma hostilidade direta. O chiste tem a função de satisfazer uma pulsão agressiva e ao mesmo tempo destituir o outro que nos parece ameaçador; e, muitas vezes, tem a função também de nos livrar de uma mentira ou, em última instância, de uma culpa.

O chiste traz uma marca de criatividade e inclui o outro, queira ou não, como parceiro e testemunho do que irrompe graças ao deslocamento das defesas, abrindo novos canais de circulação. É experiência de transgressão, de expressão direta do que está velado na relação com o outro: o chiste supera os limites do recalque. Vinte e dois anos mais tarde Freud ([1927] 1980) escreveu um artigo exclusivamente dedicado ao *humor*, escrito sob a égide da segunda tópica freudiana, considerando o conceito do supereu, no caso, um supereu protetor, que permite ao eu evitar o sofrimento e servir-se do prazer que o humor pode dar.

Assim, poderíamos retomar a dimensão do humor e da realização do desejo para tomar o sonho literal como um chiste. Contrariamente ao cenário político atual, é no espaço íntimo que o público, o coletivo, emerge. Medo, dor, esperança, futuro podem ser expressos nas cenas dos sonhos, que possibilitam a emergência do sujeito e, por que não, ironia e humor!

Vejamos nessa lógica como comparece literalmente o cenário sanitário no contexto político brasileiro. O sonhador comenta:

● Tenho a sensação de abandono profundo, de que estamos vivendo uma guerra e vão nos levar para o campo de extermínio (V. 54 anos, professora, São Paulo).

● E relata sua resposta condensada na cena onírica ou... satírica:

● O Bolsonaro (seria metáfora do vírus ou literal?) ia na casa da minha mãe, que DETESTA ele. Do nada, Dudu, Nero – os cachorros – e a Lara – a papagaio – e eu aparecemos na rua, antes de ele entrar na casa da minha mãe. Os bichos viraram tipo *transformers* e comigo, meio "*power ranger* amarelo", demos uma surra nele, mas uma surra tal que ele virou pó. Depois, nós entramos num mar de álcool gel para nos desinfetarmos (V. 54 anos, professora, São Paulo).

O sonhador comenta: "Tenho medo, sentimento de que vão acabar com a gente, que estamos largados, que ninguém é por nós e temos que fazer algo radical para protegermos a nós e quem amamos. (V., 54 anos, professora, São Paulo).

Dizíamos que o sonhador, ao entregar seu sonho à leitura de outros, é como alguém que lança ao mar uma garrafa que contém, em breve escrito, uma mensagem. Há várias apostas, mas principalmente a de que alguém vai ler o que ele escreveu, que haverá uma escuta, que uma carta chegará ao seu destino (Lacan, [1971] 2003). Manter a aposta e se responsabilizar por um endereçamento nos faz pensar que as/os sonhadores vislumbram um devir para além desse período tão sombrio como o que estamos vivendo.

Nesse sentido, podemos encontrar, nos sonhos relatados em pandemia, determinados significantes que remetem à perda de liberdade, à perda de um modo de vida, mas, por outro lado, comparece o sujeito afetando-se com o mundo, pensando e criando alternativas e potência, chaves da política do despertar.

Sonhar e despertar – por uma política do despertar: considerações finais

A realidade da pandemia incide de forma reluzente nos olhos, contraditoriamente produzindo efeito de cegueira. A população sofre duplamente pela pandemia e pela falta de medidas protetivas e tenta fechar os olhos para a irresponsabilidade, o descaso e a indiferença com os quais responde o governo brasileiro.

Dormir, sonhar, via que nos possibilita acessar algo do, por vezes, insuportável de ver, ouvir, dizer... É nos e pelos sonhos que dimensões do vivido, não elaborado, dão-se a ver/saber. O trabalho do sonho tenta dar um tratamento para o desamparo constitutivo e social; recuperação da erótica da vida. Tenta construir uma narrativa possível para tempos de crise total, uma cura, um modo de lidar com a transformação no tempo.

A pesquisa que pergunta "Você me dá meu sonho?" convoca o outro na posição de sujeito. E o sonhador que responde quer transmitir uma mensagem, quer restituir laços, tornar público o que se prenuncia, o que se anuncia de novo, o que nos espera. Com isso se reconecta com o outro na busca de saídas políticas, individuais ou coletivas.

No cenário das crises sanitária e política que vivenciamos no Brasil, contar o sonho nos pareceu um dispositivo de rearticulação da história social, colocando cada um envolvido num trabalho de produção de saber e cultura. Dispositivo que põe em andamento uma questão: "Como despertar do transe, do sono, epidêmico?". Tomaremos a experiência do despertar tal como é pensado pela psicanálise, como uma inversão de seu sentido habitual, no qual o acordar seria equivalente à saída do estado de inércia e alienação para retornar ao estado de vigília e de consciência.

Em Freud ([1900] 1996), o sonho de angústia exemplificado com o pai que acorda no meio do sonho com o filho morto a dizer-lhe "Pai, não vês que estou queimando?" (p. 504) o faz problematizar essa relação em todas as situações.

A relação entre a angústia e o despertar permitirá a Lacan ([1963-1964] 1985, p. 61) afirmar que "o que nos desperta é a outra realidade escondida por trás da falta do que tem lugar de representação". Dirá Jorge (2005, p. 4) que "é precisamente naquele momento em que algo do real tenta imiscuir-se no sonho, como no sonho de angústia, que o sujeito acorda".

Desse modo, acordar não supõe despertar, pois o sujeito acorda para continuar dormindo, fantasiando. Ou seja, o sonho de angústia revela que há uma diferença entre acordar e despertar. Acordar pode ter a função de calar o desejo e as ambivalências que habitam o sujeito e que seriam revelados no sonho, na cena inconsciente. Já o despertar segue o caminho da separação em relação à alienação estrutural (Lacan, [1963-1964] 1985).

Em vez do despertar, a atual cena política cerceia e impede a resposta na posição de sujeito, exigindo a adesão acrítica à autoridade do momento na condição de um espectro – o corpo que vagueia. Em tal processo, a angústia produz um corpo ao modo do espectro, um duplo que funciona como persona (Rosa; Carmo-Huerta, 2020). A desesperança fomenta ora a dessubjetivação, ora a melancolização.

No refúgio narcísico, em vez do luto, resta pouco "além de tentar traficar alguma solução econômica, libidinal, na qual se invista certos objetos que valorizem uma imagem de si que aparece seguidamente em dissonância em relação à imagem corporal que é experimentada pelo sujeito" (Binkowski; Rosa, 2019, p. 65).

Há um trabalho e uma construção que precisam de uma distância, como espaço e tempo, uma espera para o trabalho de recompor uma narrativa. Tal narrativa é a antecipação necessária à modulação do excesso que invade o sujeito e dissimula o encontro faltoso com o sexual que permitirá que se viva experimentações e invenções de um lugar para viver. Contar o tempo e se contar, inventariando a própria história na História, é a possibilidade de apostar num tempo que nos ultrapassa e funda o futuro. Produzir narrativas para situar o acontecimento e despertar do transe epidêmico e epistêmico, essa é nossa aposta.

Trata-se de promover a pandemia em seu sentido figurado – uma coisa que, concreta ou abstrata, espalha-se rapidamente e tem uma grande extensão de atuação.

Os sonhos na pandemia são sonha-dores, pois trazem o trauma, a revolta, a repetição, a ruptura do tempo, os lutos infinitos. Mas também a luta de quem sabe que estamos em revolução. Retomamos a metáfora de Borges de "atravessar desertos" como metáfora do totalitarismo reinante que nos inunda de paralisia e conformismo, anestesiando o que temos de mais precioso, ou seja, nosso direito à revolta, nossa potência de desejar, nosso compromisso para com nossa imaginação. Nossos sonhadores revelam seu compromisso, pois pegaram um punhado de areia e, com um mínimo gesto, debruçaram-se sobre as questões de nosso tempo.

No atual contexto histórico brasileiro, em que o anonimato e a mentira ocupam a cena política, sonhar é ato revolucionário. Revolucionário porque subverte o campo do não querer saber, do não se responsabilizar pelo dito. Numa relação em que os sonhantes/sonha-dores sonham por todos nós – oferecem uma profusão de imagens que revelam, que afirmam que ainda há sonhos para nos despertar para a vida!

Ficamos com essa mensagem, com essa carta que chegou ao seu destino.

REFERÊNCIAS

AGAMBEN, G. *O que é o contemporâneo? e outros ensaios.* Tradução de Vinicius Nicastro Honesco. Chapecó, SC: Argos, 2009.

ALENCAR, S. L. S. *A experiência do luto em situação de violência: entre duas mortes.* 2011. 187 f. Tese (Doutorado em Psicologia Social) – Instituto de Psicologia, Universidade de São Paulo, São Paulo, 2011.

BINKOWSKI, G.; ROSA, M. D. Édipo terrorista, Édipo traficante: radicalismo religioso na adolescência frente à violência do laço social. *Associação Psicanalítica de Curitiba em Revista*, n. 1, p. 53-71, 2019.

BORGES, J. L. *Atlas*. Tradução de Heloisa Jahn. São Paulo: Companhia das Letras, 2010.

BROIDE, E. E. *A supervisão como interrogante da práxis psicanalítica: desejo de analista e a transmissão da psicanálise*. São Paulo: Escuta, 2017.

BROIDE, E. E.; BROIDE, J. O atendimento em situações sociais críticas: a construção de um método baseado nas ancoragens do sujeito. *In*: *A psicanálise nas situações sociais críticas: metodologia, clínica e intervenções*. 2. ed. São Paulo: Escuta, 2016.

BUTLER, J. *Quadros de guerra: quando a vida é passível de luto?* Tradução de Sérgio Tadeu de Niemeyer Lamarão e Arnaldo Marques da Cunha. Rio de Janeiro: Civilização Brasileira, 2015.

BUTLER, J. *Vida precária: os poderes do luto e da violência*. Tradução de Andreas Lieber. Belo Horizonte: Autêntica, 2019.

FREUD, S. *A interpretação dos sonhos (1900)*. Tradução de Jayme Salomão. Rio de Janeiro: Imago, 1996. p. 15-700. (Edição Standard Brasileira das Obras Psicológicas Completas de Sigmund Freud, IV-V).

FREUD, S. O humor [1927]. Tradução de Jayme Salomão. Rio de Janeiro: Imago, 1980. (Edição Standard Brasileira das Obras Psicológicas Completas de Sigmund Freud, XXI).

FREUD, S. *Os chistes e sua relação com o inconsciente (1905)*. Tradução de Fernando Costa Matos. Rio de Janeiro: Imago, 1972. (Edição Standard Brasileira das Obras Psicológicas Completas de Sigmund Freud, VIII).

GARCIA, G.; GOMES, P. H.; VIANA, H. "E daí? Lamento. Quer que eu faça o quê?", diz Bolsonaro sobre mortes por coronavírus; "Sou Messias, mas não faço milagre". *G1*, 28 abr. 2020. Disponível em: http://glo.bo/3sb8hmA. Acesso em: 2 set. 2020.

GOMES, P. H. "Não sou coveiro, tá?", diz Bolsonaro ao responder sobre mortos por coronavírus. *G1*, 20 abr. 2020. Disponível em: http://glo.bo/3rdbXDd. Acesso em: 5 set. 2020.

JORGE, M. A. C. As quatro dimensões do despertar: sonho, fantasia, delírio, ilusão. *Ágora*, n. 8, p. 275-289, 2005. DOI: 10.1590/S1516-14982005000200008.

KAFKA, F. *Sonhos*. Prefácio de Luis Gusmán. São Paulo: Iluminuras, 2003.

LACAN, J. Lituraterra [1971]. *In*: *Outros escritos*. Tradução de Vera Ribeiro. Rio de Janeiro: Jorge Zahar, 2003. p. 15-28.

LACAN, J. O ato psicanalítico [1969]. *In*: *Outros escritos*. Rio de Janeiro: Zahar, 2003. p. 371- 382.

LACAN, J. *O seminário, livro 11: Os quatro conceitos fundamentais da psicanálise* [1963-1964]. Tradução de Vera Ribeiro. Rio de Janeiro: Jorge Zahar, 1985.

NOGUEIRA, T.; DEBIEUX, M. D. The Trauma Clinic: A Brief Comment. *Journal of Trauma & Treatment*, v. 6, p. 157-161, 2017.

PESTRE, E.; BENSLAMA, F. Traduction et traumatisme. *Recherches en Psychanalyse*, n. 11, jan. 2011.

ROSA, M. D. A clínica em face da dimensão sócio-política do sofrimento. *Coleção Psicanálise, política e cultura*. São Paulo: Escuta, 2016.

ROSA, M. D. Immigration forcée: de l'imaginaire traumatique aux interventions clinico-politiques. *Nouvelle Revue de Psychosociologie: Devenirs de la Psychanalyse*, Toulouse, v. 20, p. 183-193, 19 nov. 2015. Disponível em: https://bit.ly/3sbMj2N. Acesso em: 20 nov. 2020.

ROSA, M. D.; ALENCAR, S. The Collective Elaboration of Trauma. *In*: MARVAKIS, A.; MOTZKAU, J.; PAINTER, D.; RUTO-KORIR, R.; SULLIVAN, G.; TRILIVA, S.; WIESER, M. (Orgs.). *Doing Psychology under New Conditions*. Ontario: Captus Press, 2013. v. 1. p. 401-407.

ROSA, M. D.; CARMO-HUERTA, V. O que resta da adolescência: despertar nas fronteiras e nos *fronts*. *Estilos da Clínica*, v. 25, n. 1, p. 5-20, 2020. Disponível em: http://bit.ly/3s5zoQ0. Acesso em: 5 set. 2020.

SAGLIO-YATZIMIRSKY, M-C. *La voix de ceux qui crient: rencontre avec des demandeurs d'asile*. Paris: Éditions Albin Michel, 2018.

SOUSA, E. L. A. Atravessar desertos. *Psicanalistas pela Democracia*, 16 jan. 2017. Disponível em: http://bit.ly/3vP7Yjv. Acesso em 6 set. 2020.

"Tenho a sensação de **ABANDONO** profundo, de que estamos vivendo uma **GUERRA** e vão nos levar para o campo de **EXTERMÍNIO**. [...] O Bolsonaro (seria **METÁFORA** do vírus ou literal?) ia na casa da minha mãe, que **DETESTA** ele. Do nada, Dudu, Nero – os cachorros – e a Lara – a papagaio – e eu aparecemos na rua, antes de ele entrar na casa da minha mãe. Os bichos viraram tipo ***TRANSFORMERS*** e comigo, meio '*power ranger* amarelo', demos uma **SURRA** nele, mas uma surra tal que ele virou pó. Depois, nós entramos num mar de álcool gel para nos **DESINFETARMOS**."

(V., 54 ANOS PROFESSORA, SÃO PAULO)

QUEM SOMOS

Organizadores

Christian Dunker é psicanalista e professor titular do Instituto de Psicologia da USP. Obteve o título de livre-docente em Psicologia Clínica após realizar seu pós-doutorado na Manchester Metropolitan University. É autor de vários livros, tais como *Estrutura e constituição da clínica psicanalítica* (2011) e *Mal-estar, sofrimento e sintoma* (2015), ambos contemplados com o Prêmio Jabuti.

Cláudia Perrone é psicóloga e psicanalista associada da Associação Psicanalítica de Porto Alegre (APPOA). Professora do Instituto de Psicologia e do Programa de Pós-Graduação de Psicanálise: Clínica e Cultura da UFRGS.

Gilson Iannini é professor do Departamento de Psicologia da Universidade Federal de Minas Gerais e editor da coleção Obras incompletas de Sigmund Freud (Autêntica). Membro da Escola Brasileira de Psicanálise e da Associação Mundial de Psicanálise.

Miriam Debieux Rosa é psicanalista e professora do Programa de Pós-Graduação em Psicologia Clínica do Instituto de Psicologia da USP, onde coordena o Laboratório Psicanálise, Sociedade e Política (PSOPOL) e o Grupo Veredas: Psicanálise e Imigração. Presidente da Rede Interamericana de Psicanálise e Política (RedIPPol). Pesquisadora da Rede Internacional Coletivo Amarrações: Psicanálise e Políticas com Juventudes.

Rose Gurski é psicóloga e psicanalista, membro da Associação Psicanalítica de Porto Alegre (APPOA). Professora do Instituto de Psicologia e do Programa de Pós-Graduação em Psicanálise: Clínica e Cultura da Universidade Federal do Rio Grande do Sul (UFRGS).

Autores / colaboradores

Adriana Gaião é psicanalista. Graduada em Psicologia pela PUC-SP. Mestranda em Psicologia Clínica pelo Instituto de Psicologia da USP. Faz formação continuada em psicanálise pelo Fórum do Campo Lacaniano – SP (FCL-SP). Possui formação em acompanhamento terapêutico pelo Instituto Sedes Sapientiae. Integrante do Laboratório Psicanálise, Sociedade e Política (PSOPOL) do IP-USP. Tem experiência nas áreas de Psicologia e Educação, com ênfase em Psicanálise.

Ana Cláudia Castello Branco Rena é doutoranda pelo Programa de Pós-Graduação na PUC Minas. Bolsista Capes I. Pesquisadora colaboradora do Núcleo Psicanálise e Laço Social no Contemporâneo (PSILACS – FAFICH/UFMG). Mestre e graduada em Psicologia pela PUC Minas. Especialista em Clínica Psicanalítica em Instituições de Saúde.

Ana Luisa Sanders Britto é graduada em Psicologia pela UFMG. Cursou Arte Contemporânea no Centro de Formação Artística e Tecnológica da Fundação Clóvis Salgado. Atualmente, atua como psicanalista na Traço: clínica e transmissão em psicanálise.

Ana Paula Menezes de Souza é graduanda em Psicologia pela UFMG (2017-2021) e bolsista CNPq de iniciação científica pelo Núcleo PSILACS (FAFICH/UFMG).

André Gil Alcon Cabral é doutorando no Programa de Pós-Graduação da UFMG. Atua como psicanalista na cidade de Uberlândia.

Carla Rodrigues é professora de Ética no Departamento de Filosofia da UFRJ, pesquisadora no Programa de Pós-Graduação em Filosofia (IFCS/UFRJ) e bolsista de produtividade da FAPERJ. Coordenou um dos grupos de trabalho da Pesquisa Sonhos Confinados.

Carlos Henrique de Oliveira Nunes é psicanalista, graduado em psicologia. Mestrando do Programa de Pós-Graduação em Psicologia da UFMG, com ênfase em Estudos Psicanalíticos.

Débora Ferreira Bossa é docente na UEMG. Doutoranda pelo Programa de Pós-Graduação em Psicologia da FAFICH/UFMG. Psicóloga e mestre em Psicanálise e Cultura pela UFU.

Elisa Pires Atman é psicóloga pela UFMG e atua como psicanalista no Travessias – percursos em psicanálise.

Elizabeth Brose é doutora em Teoria da Literatura pela PUCRS, tendo pesquisado com bolsa Capes na Universität zu Köln e na Humboldt-Universität zu Berlin. Possui formação em Psicanálise na Escola de Psicanálise dos Fóruns do Campo Lacaniano – SP (EPFCL-SP) e pós-doutorado em Psicologia Clínica pelo Instituto de Psicologia da USP.

Emília Estivalet Broide é psicanalista, consultora e supervisora nas áreas de saúde, assistência social, educação e direitos humanos. Mestre em Saúde Pública pela Faculdade de Saúde Pública da USP, doutora em Psicologia Social pela PUC-SP, pós-doutoranda em Psicologia Clínica no Instituto de Psicologia da USP e membro do Laboratório Psicanálise, Sociedade e Política (PSOPOL – IP-USP). Professora do curso "Psicanálise nas situações sociais críticas" (COGEAE – PUC-SP).

Fídias Gomes Siqueira é psicólogo e psicanalista. Doutorando e mestre em Psicologia pela FAFICH/UFMG. Integrante do Núcleo Psicanálise e Laço Social no Contemporâneo (PSILACS – FAFICH/UFMG).

Guilherme Henrique Rodrigues é graduado em Psicologia pela UFMG e mestrando em Estudos Psicanalíticos pela mesma instituição. Pesquisador colaborador do Núcleo Psicanálise e Laço Social no Contemporâneo (PSILACS – FAFICH/UFMG).

Gustavo Andrade Soares é psicólogo pela UNESP-Bauru, pesquisador voluntário do Núcleo PSILACS (FAFICH/UFMG) e atua como psicanalista em Belo Horizonte.

Ilana Mountian é psicanalista. Pesquisadora do Laboratório Psicanálise, Sociedade e Política (PSOPOL/IP-USP). Membro do Fórum Lacaniano de São Paulo. Membro do Discourse Unit. Autora do livro: *Cultural ecstasies: drugs, gender and social imaginary* (Londres e Nova York: Routledge).

Isa Gontijo Moreira é doutoranda do Programa de Pós-Graduação em Psicologia da UFMG, com ênfase na área de Estudos Psicanalíticos.

Possui Mestrado (2018) e graduação em Psicologia (2015) pela mesma universidade. Atua como psicanalista em Belo Horizonte.

Isabela Mendes de Lemos é psicóloga, psicanalista, doutoranda do Centro de Estudos Sociais da Universidade de Coimbra (Portugal) e bolsista da Fundação para a Ciência e Tecnologia de Portugal. Membro do Laboratório Psicanálise, Sociedade e Política (PSOPOL – IP-USP).

Isabela Pinho é doutora em Filosofia pela UFRJ, com período sanduíche na Ludwig Maximilians-Universität München (2019). É autora de *Tagarelar (schwätzen): itinerários entre linguagem e feminino* (Relicário/PUC-Rio, 2021, prelo) e co-organizadora de *AGAMBiarra: escritos sobre a filosofia de Giorgio Agamben* (Ape'ku, 2020). Oferece cursos de extensão de filosofia e literatura na PUC-Rio.

Israel Tainan Lima e Chaves é psicanalista, graduado em psicologia. Mestrando do Programa de Pós-Graduação em Psicologia da UFMG, com ênfase na área de Estudos Psicanalíticos. Pós-graduado em Clínica Psicanalítica na Atualidade pela PUC Minas (2018).

Ivan Ramos Estêvão é psicanalista, professor doutor da Escola de Artes, Ciências e Humanidades e da Pós-Graduação em Psicologia Clínica da USP. Coordena o Laboratório Psicanálise, Sociedade e Política (PSOPOL/IP-USP). Vice-presidente da Rede Interamericana de Psicanálise e Política (REDIPPOL).

Jaquelina Maria Imbrizi é professora da UNIFESP – Campus Baixada Santista. Membro do Laboratório Psicanálise, Sociedade e Política (PSOPOL) do Instituto de Psicologia da USP; do Laboratório de Psicanálise da UNIFESP – Campus Baixada Santista; e da Rede Internacional Coletivo Amarrações: Psicanálise e Políticas com Juventudes.

João Pedro Passos de Queiroz é psicanalista e psicólogo, graduado pela UERJ. É membro da coordenação da Rede Clínica do Laboratório Jacques Lacan, do Instituto de Psicologia da USP, e participa das Formações Clínicas do Campo Lacaniano – SP.

Julia Werneck é psicanalista, graduada em psicologia pela UFMG e membro da Traço: clínica e transmissão em psicanálise.

Juliana de Moraes Monteiro é doutora em filosofia pela PUC-Rio (2019). Atualmente, realiza estágio de pós-doutorado no Programa de Pós-Graduação em Filosofia (IFCS/UFRJ) como bolsista FAPERJ Nota 10.

Keilah Freitas Gerber é graduada em Psicologia e especialista em Saúde Mental pela PUC Minas, mestre em Psicologia pela UFAL e doutoranda em Estudos Psicanalíticos pela UFMG. É autora do livro *Fazer-se um nome: pecado e reparação em Lacan* (Edufal, 2019).

Leônia Cavalcante Teixeira é psicóloga e psicanalista, professora do Programa de Pós-Graduação em Psicologia da UNIFOR, membro do Laboratório de Estudos sobre Psicanálise, Cultura e Subjetividade (LAEpCUS); do Grupo de Trabalho Psicanálise, Política e Clínica da ANPEPP; da Rede Internacional Coletivo Amarrações: Psicanálise e Políticas com Juventudes; e do Movimento Cada Vida Importa: a Universidade na Prevenção e no Enfrentamento da Violência no Ceará (MCVI).

Lohana Morelli Tanure é graduanda em Psicologia pela UFMG.

Luana Saturnino Tvardovskas é professora do Departamento de História da UNICAMP.

Mariana Desenzi Silva é psicanalista, psicóloga do Centro de Atenção Psicossocial Infanto-Juvenil (CAPS) da Vila Maria/Vila Guilherme. Mestranda do Programa de Pós-Graduação em Psicologia Clínica da USP. Membro do Laboratório Psicanálise, Sociedade e Política (PSOPOL – IP-USP).

Marta Quaglia Cerruti é psicanalista. Doutora em Psicologia Clínica pelo Instituto de Psicologia da USP. Pesquisadora do Laboratório Psicanálise, Sociedade e Política (PSOPOL/IP-USP). Professora e membro do Departamento Formação em Psicanálise do Sedes Sapienzi.

Olívia Ameno Brun é discente do Programa de Pós-Graduação em Psicologia da UFMG, com ênfase na área de Estudos Psicanalíticos. Bolsista CAPES. Técnica do projeto CAVAS/UFMG. Psicóloga, formada pela mesma Universidade.

Omar David Moreno Cárdenas é graduado em Psicologia pela Universidad del Valle. Mestre e doutorando em Psicologia (Estudos Psicanalíticos) pela UFMG. Pesquisador colaborador do Núcleo Psicanálise e Laço Social no Contemporâneo (PSILACS – FAFICH/UFMG).

Patrícia de Campos Moura é mestranda em Psicologia Clínica pelo Instituto de Psicologia da USP. Especialista em Psicologia Hospitalar pelo Instituto Israelita de Educação e Pesquisa do Hospital Albert Einstein. Possui graduação em Psicologia pela PUC-SP e em Publicidade pela mesma instituição. Psicanalista com formações clínicas no Fórum do Campo Lacaniano. Pesquisadora do Laboratório de Teoria Social, Filosofia e Psicanálise (LATESFIP-USP). Tem experiência em psicologia clínica, psicologia hospitalar e psicanálise lacaniana.

Patrícia do Prado Ferreira é psicanalista. Pesquisadora de Pós-doutorado no Laboratório de Psicanálise, Sociedade e Política (PSOPOL/IP-USP). Pesquisadora da Rede Interamericana de Psicanálise e Política (REDIPPOL).

Paula Gruman é psicóloga, formada pela UFRGS, e doutoranda em Psicanálise e Psicopatologia pela Université de Paris. Atua em consultório particular de psicologia e também como professora e tradutora de língua francesa.

Priscila Nobre David é psicóloga e psicanalista. Possui graduação em Cinema pela Fundação Armando Álvares Penteado (2006) e graduação em Psicologia pela Universidade São Marcos (2012). Mestranda em Psicologia Clínica no Instituto de Psicologia da USP, pesquisadora do Laboratório de Teoria Social, Filosofia e Psicanálise (LATESFIP-USP) e participante da coordenação da Rede Clínica do Laboratório Jacques Lacan (IP-USP).

Renata Bazzo é psicanalista, doutora pelo Departamento de Psicologia Clínica do Instituto de Psicologia da USP, com estágio na Universidade de Paris 7 Denis Diderot. Mestre em Psicologia Social pela PUC-SP, é pesquisadora no Laboratório de Teoria Social, Filosofia e Psicanálise (LATESFIP-USP). Publicou artigos e resenhas sobre psicopatologia, psicanálise e metapsicologia freudiana.

Rodrigo Alencar é psicanalista. Doutor em Psicologia Clínica no Instituto de Psicologia da USP. Pesquisador do Laboratório Psicanálise, Sociedade e Política (PSOPOL/IP-USP). Professor da Pós-Graduação da Fundação Escola de Sociologia e Política de São Paulo.

Rodrigo Gonsalves é psicanalista, graduado em Filosofia e Psicologia, mestre e doutorando em Filosofia, Teoria Crítica e Artes pela European Graduate School (EGS, Suíça), e mestrando em Psicologia Clínica pela USP. Membro do Laboratório de Teoria Social, Filosofia e Psicanálise (LATESFIP-USP) e do Laboratório Psicanálise, Sociedade e Política (IP-USP). Coordenador do Círculo de Estudos da Ideia e da Ideologia (CEII), coordenador do Instituto de Outros Estudos (IOE) e editor-chefe da Editora Lavra Palavra (lavrapalavra.com).

Sandra Luzia Alencar é psicóloga e psicanalista, doutora em Psicologia Social. Membro do Laboratório Psicanálise, Sociedade e Política (PSOPOL/IP-USP). Psicóloga na Secretaria Municipal de Saúde de São Paulo.

Sérgio Eduardo Lima Prudente é psicanalista. Professor Adjunto de Psicologia UFRN/FACISA. Pós-doutor pelo Instituto de Psicologia da USP. Pesquisador do Laboratório Psicanálise, sociedade e Política (PSOPOL IP-USP).

Tiago Ravanello é pós-doutor em Psicologia Clínica pela USP, doutor e mestre em Teoria Psicanalítica pela UFRJ, tendo parte de seu doutorado sido realizada na Université Paris X – Nanterre, e psicólogo pela UFSM.

Este livro foi composto com tipografia Adobe Gamond Pro e
impresso em papel Off-White 80 g/m² na Formato Artes Gráficas.